曹操的启示

赵玉平 著

电子工业出版社
Publishing House of Electronics Industry
北京·BEIJING

未经许可，不得以任何方式复制或抄袭本书的部分或全部内容。
版权所有，侵权必究。

图书在版编目（CIP）数据

曹操的启示 / 赵玉平著. -- 北京：电子工业出版社，2025.3. --（麻辣说三国）. -- ISBN 978-7-121-49642-4

Ⅰ．K827=342

中国国家版本馆 CIP 数据核字第 2025F7Q801 号

责任编辑：张　冉
特约编辑：王小丹
印　　刷：河北鑫兆源印刷有限公司
装　　订：河北鑫兆源印刷有限公司
出版发行：电子工业出版社
　　　　　北京市海淀区万寿路 173 信箱　邮编：100036
开　　本：720×1000　1/16　印张：16.75　字数：278 千字
版　　次：2025 年 3 月第 1 版
印　　次：2025 年 3 月第 1 次印刷
定　　价：79.00 元

凡所购买电子工业出版社图书有缺损问题，请向购买书店调换。若书店售缺，请与本社发行部联系，联系及邮购电话：(010) 88254888，88258888。
质量投诉请发邮件至 zlts@phei.com.cn，盗版侵权举报请发邮件至 dbqq@phei.com.cn。
本书咨询联系方式：(010) 88254439，zhangran@phei.com.cn，微信：yingxianglibook。

序言

写一本书是很难的事情。

写一本让人耳目一新、眼前一亮的书是难上加难的事情。

写一本有关曹操的,让大家耳目一新、眼前一亮的书,是难于上青天的事情。

如果你问我,写书过程中什么最难,我给出的答案是:投入最难。有太多的事情、太多的人,太多太多的请求、要求、乞求,都可能马上、立刻、随时随地把我从文字的世界中拉出来。我不得不出来,没办法不出来,也找不到理由不出来。

我是一个比较敏感的人,写作的时候怕打扰、怕分神、怕有人、有电视、有音乐、有电话,甚至有风声。世界没法躲避,生活没法躲避,日常工作没法躲避,所以只有一个选择,就是沉入无边的黑夜,去追寻星星点点的灵感。每天的深夜是唯一的选择,当全世界都沉睡了,我才有机会卸下自己所有的面具、头衔、责任、义务,全身心投入到文字的世界中。最艰难的时候,我甚至会拉紧窗帘,关掉所有的灯,在黑暗中点一支小蜡烛写作。我像一个原始人,在洞穴里,举着一支火把在写;我像一个流放者,在荒岛上,对着无边蛮荒在写;我像一个叛逃者,在奔走的路途中,躲着全世界在写。借用点广告语:

熬熬夜，透心凉；我要我的文字世界；我的地盘听我的；写作，飞一样的感觉；沟通从午夜开始。

因为家里空间不大，写作地点基本是阳台，席地而坐，用一方小地毯和一个蒲团构造出两平方米左右的小天地，然后安坐在上边神游三国。阳台上种满了植物，她们是我写作的陪伴者和见证者。有的时候实在没有想法了，我就只能呆呆地坐在植物旁边，一直坐到深夜，植物在对面枝繁叶茂、花果飘香，以无穷的生命力向我展示生活的多彩和造物主的神奇。

她们抚慰着我，她们启迪着我，她们警示着我。

写书不是我生活的全部，但无疑是我生活中非常重要的一部分。我像一个满身是汗的农民，咬紧牙关经历着春种秋收的考验，期待着满意的收成，并且不断地安慰自己，以这个收成为起点，便可给自己编织各种各样的梦想。

我为自己编织了各种各样的梦想图景，引导自己在艰难中前进。管理学称之为自我激励，我称之为画饼充饥。在黑暗中举起画饼充饥的火炬，我得以匍匐前进，痛苦、骄傲、充实而彪悍。

我一直在思考一个问题，对于"三国"这样一个群众耳熟能详、领导信手拈来、专家烂熟于心、媒体反复讨论的题材，我能做点什么？老生常谈、东施效颦、拾人牙慧，这些绝对都是半夜能把我吓醒的字眼。后来，我找到了一个属于自己的出口：以管理学眼光解读历史人物，寻找人物故事背后的必然性。

在历史的进程中，人物的命运一定有一些规律可循。这种必然性，是理解过去与未来的线索，透过历史人物和事件来分析规律和必然性，然后针对眼前的生活，探讨这种必然性的意义。

有了必然性，就会有价值；有了针对性，就会有特色。在历史和现实之间架起桥梁，发现必然性，展示必然性，分析必然性，便是我的出路所在。经过反复斟酌锤炼，我最后确定了三个基本支点：必然性+细节重建+联系实际，这是我在解读曹操过程中的主要模式。

讲到曹操创业起家，我们联系了现实。

——我们今天要讲的主人公曹操，小的时候就是一个典型的不良少年，但是后来人家华丽转身变成了成功人士，影响了中国历史。不良少年和成功人士之间到底存在着什么内在联系？曹操这种人是怎样变为成功人士的？哪些因素影响了他的转变，这种转变对我们今天的家庭教育乃至整个社会的发展有什么借鉴意义？

讲到曹操临终传位，我们强调了共性。

——三国当中我佩服三个人：第一个佩服孙坚，孙坚是英雄，自己儿子孙权、孙策也是英雄；第二佩服司马懿，自己了不起，儿子司马师、司马昭也很厉害；第三个佩服的就是曹操，他那么忙，工作压力那么大，整天四处出兵打仗，但是无论何时何地也没有忘记子女教育。你看人家的儿子，要文的有曹植，才高八斗；要武的有曹彰，武功盖世；要管理有曹丕，知人善任；做奥数有曹冲，聪明过人，什么题目都会做。所以曹操很了不起。什么叫从优秀到卓越？那是说你比周围人都强。什么叫基业长青？那是说你儿子比周围人的儿子都强。曹操子女教育做得相当不错，但是也带来一些烦恼：这么多优秀的儿子，让谁来接班？所以今天我们讲一讲曹操在接班人问题上遇到的麻烦和解决的方法。

讲耳熟能详的大型战役"水淹七军"，切入点是如何借势。

——俗话说"与其待时不如乘势",我们知道,顺流而下、顺势而为,永远是最快捷、最高效的办法,很多特别难办的事一旦乘势而上,就会变得顺风顺水、马到成功。那个局面用文辞叫"好风凭借力,助我上青云","两岸猿声啼不住,轻舟已过万重山"。所以中国人做事特别讲一个"势"字,成语当中有势如破竹、大势所趋、乘势而上、因势利导。势是什么东西呢?简单讲,它是一种外部条件的具备和成熟,《孙子兵法》专门有一篇就叫《势篇》,当中有一句经典名言,"善战者,求之于势"。真正靠势取得胜利,这才是最高的高手。这个"势"字应该包含四个要点:第一叫形势,要认清形势;第二叫声势,要打造声势;第三叫局势,要控制局势;第四叫趋势,要引导趋势。一个成功者一定是顺势、借势、造势方面的高手。我们在历史上发现曹操就是这种人,他在关键时刻往往能比别人更早地看到形势,更深谋远虑地谋划全局,他有很多特别有效的方法。

除了水淹七军,在诸如汴水大败、入主许都、收降张绣、大战官渡、火烧赤壁等重大历史事件的呈现方式上,都使用了上述的方法。同时,在描述人物和历史事件的过程中,我会力求尽量使用一些通俗易懂的语言。下边这段关于董卓的文字,是历经三个夜晚的煎熬锤炼出来的。

——公元189年秋天,东汉都城洛阳迎来了自己的毁灭者西凉军阀董卓。其实董卓并非不请自来,他是收到了洛阳管理层热情邀请后才赶来的。到了洛阳,董卓开始按自己的游戏规则行事,这个游戏规则特别简单,就一个字"杀",杀百姓、杀大臣、杀皇帝、杀太后,一切不听话的、看着不顺眼的、阻碍前进的，董卓一律杀。

董卓就像是一个来自大西北的猎人，带着弯弓、长矛、大刀进入首都。高层统治者的什么温文尔雅、礼尚往来、尔虞我诈、勾心斗角，董卓一律不懂，他名片上就一句话"我是一匹来自北方的狼"。大家看三国，说到搞管理，刘备会哭，人家搞管理靠的是艺术；曹操有监控，人家搞管理靠的是技术；董卓什么都没有，他搞管理靠的是武术！你同意不同意吧，把不同意的都杀了，咱们这方案就全票通过。

董卓就像一个来自乡野刚出锅的大号韭菜盒子，以无比生猛的味道PK掉了洛阳城所有温文尔雅的高级香水。洛阳城的高层管理者从来没见过这种人，在他们的眼睛里，董卓这人没文凭，没学历，没背景，没有什么政治斗争的经验，但是他有刀，有一颗凶狠的心。凭借着铁血的手段，董卓在很短的时间里就实现了他所有的政治理想和人生愿望。而洛阳城里那些曾经高高在上的管理专家、大师、统治者、高人，在刀尖之下只能俯首帖耳。真理是坚强的，但是在钢刀面前，人的脖子却显得十分脆弱。

《曹操的启示》这本书，已经是我个人解读三国的第三部作品。和前面写诸葛亮、司马懿的角度一样，本书的关注点还是人。在大时代波澜壮阔的历史画卷背后，我更关注一个人的心灵史。因为我深信，一切管理都应该是来自人、通过人、为了人的，奇迹是人创造的。纵观历史，那些伟大的成功说到底都是用人的成功；而那些重大的失败说到底都是用人的失败。所以分析人心、人性、人际关系是一本管理书永恒的主题所在。这样的主题再加上通俗化的语言模式，赋予了本书探寻历史必然性的基本叙述框架。

写作和录制《百家讲坛：曹操的启示》这个节目，从2012年春天开始，在夏天最热的时候收尾；而整理书稿、写这篇序言的时候是12月24日，不知不觉已经到了2012年的深冬。窗外残雪覆盖，天气严寒无比，我围着毯子坐在阳台上，眼前那些夏天曾经盛开的植物，有的已经凋零枯萎，有的依旧青葱绽放，有的则正在发芽生长。看着她们，禁不住有一种沧桑感，仿佛再一次看到了世事的变迁和历史的进程。

我在想，是否在人类经历自己的兴衰成败、凋零绽放的时候，也会有另一双眼睛，在深邃的夜空中注视着我们呢？

我在想，我们如此看曹操，后人也会如此看我们。其实，面对历史的必然性，即使大人物也都是渺小的。

造物主造就了一个人的兴衰成败、起落浮沉，恰如他创造了一棵树或一朵花一样。

书终于写好了，感慨很多，最后，我想感谢中央电视台《百家讲坛》栏目组和电子工业出版社的各位老师为这个专题的录制与出版付出的辛勤努力，感谢我的导师、我的学生和我的家人给予我的理解、支持和容忍，感谢观众和读者的厚爱。我会继续努力的！

赵玉平

2012年12月24日于北京

目 录

第一讲　不良少年能成才　　　001

第二讲　新官上任爱走火　　　016

第三讲　事业起步抓机遇　　　032

第四讲　快速成长想办法　　　055

第五讲　管理情绪有规律　　　071

第六讲　重大失误能补救　　　086

第七讲　创造机遇借资源　　　102

第八讲　优秀队伍靠引导　　　122

第九讲　掌握局面寻帮手　　　136

第十讲	善于倾听除盲点	150
第十一讲	扫平北方巧安排	166
第十二讲	风险失控败赤壁	180
第十三讲	动机管理善攻心	198
第十四讲	胜势之下留余地	212
第十五讲	把握大局善造势	226
第十六讲	费尽心机谋后事	242

第一讲

不良少年能成才

如何教育好"不良少年",一直是家长、社会普遍关注的话题,家中如果有这样的孩子,我们究竟该怎么办呢?三国时期的曹操小时候就是一个喜欢飞鹰走狗的"不良少年",他曾经荒诞到去抢别人新娘的疯狂地步,然而,这个常人眼里的"无赖"和"垃圾",在后来的人生中却连遇贵人,华丽转身,最终成长为纵横天下的时代英雄。究竟是什么原因促使曹操发生巨大转变?我们从中能借鉴到哪些引导孩子的好方法呢?

"治世之能臣，乱世之奸雄"，这是东汉末年人才专家许劭对曹操的精彩点评。到底是能臣还是奸雄，历史自有公论，纵观曹操一生，确实是优点与缺点同在，精彩与败笔并存。通过解读曹操的成长，我们能学到很多东西来指导今天的生活，正所谓回过头可以看到未来。

曹操算是一个成功人士，但是这位成功人士却有一段放浪形骸的少年成长经历，"浪子回头金不换"。一个不良少年，是如何成长为成功人士的？关键在哪里？专家权威的点评对一个年轻人的成长有何重要影响？所有这些，我们都要从曹操的一次出格行为说起。

细节故事

曹操抢亲

东汉桓帝末年，金秋时节的一个黄道吉日，天气晴朗，风和日丽，大汉都城洛阳城熙熙攘攘，一派安宁兴旺的景象。城南角上今天热闹非凡，鞭炮齐鸣，鼓乐喧天，原来是一户人家正在迎娶新娘。迎亲的，送亲的，吃酒席的，看热闹的，做小买卖的，摩肩接踵，喜气洋洋。

在人群之外不远处的一个角落里，神不知鬼不觉地来了两个年轻人。前边的一位，身长七尺，面貌白皙，细眼长目，眼神锐利；后边的一位比前边这位高半头，身材魁梧，宽眉方脸，举止矫健。这俩人在迎亲队伍的后边远远地观察着，悄声策划着，似乎有什么不可告人的目的。

这两位是谁呢？提起来可是大名鼎鼎，前边面容白皙的这位姓曹名操，字孟德；后边魁梧的这位姓袁名绍，字本初。两个小伙子都不到二十岁，却是大有来头。曹操[1]乃太尉曹嵩之子，祖父曹腾是四朝元老、皇帝亲信；而袁绍[2]乃当朝五官中郎将袁成之子，袁氏一门四世三公，名满天下。这两位少年公子可是洛阳城响当当的人物。不过这两位响当当的人物，今天要做的却是见不得人的勾当。

曹操和袁绍关系不错，脾气相投，俩人成天在一起厮混，玩鹰养狗，跑马斗鸡，聚的是天南海北的闲汉豪杰，喝的是黄河两岸的美酒佳酿，存的是图乐呵的心，做的是找刺激的事！不过哪有那么多刺激的事儿啊？话说这天，俩人能看的看够了，能玩的玩腻了，百无聊赖闲逛之时，发现城南角有人娶亲，这两位少爷突发奇想，决定"百万军中取上将首级"，来个偷营劫寨，把如花似玉的新媳妇劫持出来。这个玩法很刺激嘛！

商量好之后，二人支走了身边的贴身随从，然后把浑身上下收拾利落，就来到新郎官家附近埋伏起来，等天黑下手。

天黑以后，二人先使了一个调虎离山之计，在主人家墙外大喊："有贼啊，有贼！"屋里的人一听坐不住了，都出来抓贼。曹操乘机溜进屋里，拔刀劫持了新娘子。见得了手，袁绍大喜，在前边引路，曹操则在后边跟随，二人一前一后往回撤。但因为太慌张，天又黑，

---

1 曹操（公元155—220年），字孟德，小字阿瞒，沛国谯县（今安徽亳州）人。东汉末年著名军事家、政治家和诗人，三国时代魏国的奠基人和主要缔造者，后为魏王。其子曹丕称帝后，追尊他为魏武帝。

2 袁绍（？—公元202年），字本初，豫州汝南汝阳（今河南省商水县）人。为东汉末年割据势力之一，最盛时据有幽、并、冀、青等河北四州，成为东汉末年最强盛的势力，但在官渡之战中惨败给曹操后元气大伤，不久悲愤而亡。

路也不熟悉，走着走着俩人就迷路了，深一脚浅一脚，越走越找不着北。后边主人家抓贼的声音越来越近，慌张之中一个不留神，袁绍扑通一下掉进了荆棘丛中，越挣扎越出不来，口中连呼："孟德帮我，孟德帮我。"曹操还背着新娘子呢，见袁绍呼救，便使了一个匪夷所思的手段，他放下新娘，对着后边漫无目的正在乱搜的家丁们扯着嗓子就喊："抓到啦！抓到啦！贼在这里！"

袁绍一听吓得冷汗都下来了，情急之下，一咬牙，心一横，噌地一下从荆棘丛中跳了出来。曹操也顾不得和袁绍解释，一把拉住袁绍，转身就跑，乘着夜色的掩护，终于脱离了危险。

规律分析

应激反应模式

讲到这里，大家看到，曹操从小就算计袁绍，一直到官渡之战，袁绍也没有逃出曹操的手心。在这里，曹操其实使用了一个心理学策略。

研究发现，人在紧急情况下，会爆发出巨大的内在潜能。比如，李广一箭射穿巨石，武松在景阳冈赤手空拳打死老虎，一位普通妇女抬起汽车救出压在轮胎下的孩子……在紧急情况下，人往往会力气倍增。这突然爆发的巨大力量是从何而来的？

现代科学研究显示，这种现象并不神秘，它是人体肾上腺素的作用。人在紧急关头，肾上腺素会倍增。它能使人体血压升高，心跳加快，新陈代谢增强，内脏血管收缩，会有更多的血液集中到大脑和肌肉中去。此时力量自然要比平时大很多，而且劳累程度和疼痛感都会下降。上述一切变化都是紧急情况下身体内部的适应性反应，称为"应激反应"。

曹操其实就是在用"应激反应"激励袁绍。狗急了跳墙，兔子急了咬人……动物身上也有这种应激反应现象。曹操很懂心理学,他发现袁绍身陷荆棘丛中,一动也不能动,眼看家丁们马上就要来了,必须让袁绍尽快脱离险境,最有效的办法就是刺激他,让他爆发内在的潜能,所以曹操才大喊:"贼人在这里!"袁绍真急了,一下就跳出来了。

袁绍求救的时候,曹操没有按照常规跑上前去想办法帮助他,而是出人意料地大喊抓贼,这种反常规的行为模式,在生活中被称为"不按常理出牌",在管理上叫作"逆向思维"。一般有逆向思维的人,敢于突破,敢于创新,经常有出人意料的举动,使用别人意想不到的手段取得成功。曹操不简单啊,在十多岁的时候就颇有心机,足智多谋,而且具备了逆向思维。

联系实际

过度探索

我们这里讲的这个曹操抢亲的故事,记载在刘义庆所著的《世说新语》当中。从这个故事里,我们能看到,曹操当年是一个不良少年。《三国志》上说,曹操少年时游侠放荡,游侠我们没看出来,不过确实够放荡的,无法无天,胆大妄为。不过这种无法无天、胆大妄为的少年经历,对曹操日后的决策风格产生了重大影响。

探索是每个少年都会经历的成长阶段,我们经常听到有些家长这样描述自己的孩子——太淘气了,一点也不乖,总闯祸!其实,大家要注意,小孩子有两个特点:一个是喜欢探索,喜欢尝试;一个是没有规则意识,容易犯规。比如,在我们对小学的记忆当中,差不多每个人都容易记住这样的同学:特别喜欢做出格的事情,比如上房揭瓦、下课恶作剧、把青蛙装进老师的抽屉里。很多人会把这些犯规行为归结为道德问题或者性格问题,说"这是坏孩子",是"捣乱分子"。

其实，这些行为的本质是探索和尝试，是用自己的方式认识世界。

这种违反规则的探索活动背后，往往隐藏着一颗聪明、敏锐、充满热情的心。对儿童过度探索的行为，要合理引导，而不是无情打击。

家长和老师要做的，是讲明白规则，引导孩子以更合理的方式去探索世界，而不是压抑他的行为、打击他的热情。

曹操在成长过程中，有很多过度探索的行为，比较幸运的是，他受到的压抑、打击比较少，这对他思维模式的形成和发展起到了关键作用。多谋善断，善于分析问题，敢于突破条条框框，这些优点都是以此为基础形成的。

> **管理箴言**
> **对存在过度探索行为的儿童，要用教练的方式增长他的本事，以拉拉队长的姿态保护他的热情。**

少年曹操的成长过程给了我们很多启示，其中有三条非常重要的经验值得总结。

经验一
及时强化是行为改变的关键

说到曹操的身世，我们可以用一个词来形容——"若隐若现"。那真是"雾里看花，水中望月""月朦胧，鸟朦胧，曹操很朦胧"。

根据《三国志》记载，曹操字孟德，沛国谯县人，祖父曹腾在东汉桓帝时任中常侍大长秋，封费亭侯。曹操的父亲叫曹嵩，是曹腾的养子，官至太尉，关键在这句："莫能审其生出本末。"这句的意思是谁也不知道他是哪里来的。

不过《三国演义》里就说得比较清楚：曹操本姓夏侯氏，因为其父是中常侍曹腾之养子，故冒姓（假托他人姓氏）曹。小字阿瞒，一名吉利。《三国演义》的这个说法是有依据的，按照《三国志注》引述的吴人所作《曹瞒传》及郭颁《魏晋世语》的记载：嵩，夏侯氏之子，夏侯惇之叔父。太祖于惇为从父兄弟。这个记载和《三国演义》中是一致的。从三国的历史我们也可以知道，为什么曹操身边那么多夏侯姓氏的亲信将领，所谓"打虎亲兄弟，上阵父子兵"，都是一家人啊。那么，为什么《三国志》中没有写明，而是做了朦胧处理呢？其一，这段身世之谜，说小了是隐私，说大了就是丑闻；其二，万一有人利用血缘做文章，还可能引发政治风暴；其三，这段身世背后包含着一个无法回避的事实，就是曹操的祖父是个太监，这种宦官的家庭出身，是要遭人耻笑和反感的，是曹操非常不愿意提起的。后来陈琳在写《讨曹操檄文》的时候，揭露了这个身份，引发了曹操极大的愤怒，这件事也从另一个角度说明了曹操是非常避讳谈及身世的。

大家看，连亲生父母的信息都要隐瞒，这就是曹操的童年！所以，曹操小名就叫阿瞒，意思是一定要瞒住。单从这个名字当中，我们也可以感受到一种信息，就是曹操从小就要活在谎言和欺骗当中，越是身边人越要防备，见曹家人要说曹家话，见夏侯家的人要说夏侯家话，骗的都是自己身边最亲近的人，只有技巧，没有真诚。这样的成长经历，造就了曹操多疑狡诈的性格。

幼儿园里无小事，童年时代的经历会造就一个人的性格，而性格会造就一个人一生的命运。有一个例子最能说明曹操性格的形成过程，这个故事叫"曹操骗父"。曹操"好飞鹰走狗，游荡无度"，他的叔父很生气，常在曹嵩面前告状，曹操于是设了圈套戏弄叔父。一天，曹操与叔父在路上相遇，打完招呼以后，曹操一头栽倒在地上，口吐白沫，双腿弹蹬。叔父不禁大吃一惊，忙问怎么了，曹操说："突然中风了。"叔父信以为真，忙去告诉曹嵩。曹嵩闻讯匆匆赶来，却发现曹操一点中风的样子也没有。曹嵩纳闷了，对曹操说："你叔叔说你中风了，有这回事吗？"曹操说："我本来没有中风，只是叔叔不喜欢我,才到你那里说我的坏话。"自此,叔父再向曹嵩告状,曹嵩都不再相信了。

为什么曹嵩会这么轻易就相信了自己孩子的骗局呢?这里面的道理很简单,给大家讲一个基本规律:一个孩子朝你做鬼脸,这个鬼脸是可爱还是可恨的,不取决于鬼脸什么样,而取决于是你家的孩子还是别人家的孩子。所以,看待和自己有感情的人,人的判断力是最容易产生盲点和误区的。

曹操的父亲糊涂轻信,使得曹操的骗局得逞,这对于一个孩子的健康成长是灾难性的。心理学有一个基本的规律:行为是强化的结果。一种行为如果得到好处,受到鼓励,就会被保持和加强;一种行为如果受到惩罚或被批评,就会减弱或消失。

对于孩子的不良行为,家长需要及时做出评价和矫正。曹操的父亲没有担负起这个应尽的责任,所谓"养不教父之过",家长的疏忽大意,往往造成孩子人格发展的问题。

所以我们说,孩子是父母的镜子,下属是领导的影子。有什么样的父母就会有什么样的孩子,什么样的领导就会带出什么样的队伍。曹操的诡诈性格就是这样不知不觉形成的。

大家知道,东汉年间国家选拔人才,实行的是推荐制。必须有好的名声、有高人的推荐,才能获得进步的机会。少年曹操,宦官之后,出身可疑,背景复杂,行为不检点,诡计多端,这些都给他的成长和成名带来了阻碍。对于这样一个少年,谁会接受,谁能认可呢?

人要做大事,必须获得广泛的认可,做企业要传播品牌,做人要传播名声,传播了才会有影响力和号召力。传播的基本规律是:先有美誉度,后有知名度。这个顺序不能错。比如我先因为做坏事而在微博上出了名,然后再进军主持界,行不

管理箴言
传播的基本规律是:先有美誉度,后有知名度。

行？肯定不行！这是给主持界抹黑呀。

所以，只有家长的认可，孩子是没有发展的，要发展就必须有来自社会的认可。孩子有四种：社会上赞美，家长也夸，这叫好孩子；社会上赞美，家长却连训带骂，这叫苦孩子；社会上一片指责，家长也骂，这叫坏孩子；社会上一片指责，家长却闭着眼睛使劲夸，这叫被耽误的孩子。

曹操要发展，光有亲爹的赞美是不行的，还必须有来自社会的认可。找谁呢？研究发现，在人群中传播美誉度，意见领袖能起关键作用。什么是"意见领袖"？人群当中有一种人，大家没有想法时都要看这种人的想法，大家没有主张时都要看这种人的主张，一旦在他这里得到了认可，那很快就会得到众人的认可，这种人就是意见领袖。

如果你正在做的一件事情想获得大家的支持，或者你有一个产品新上市，想获得大众认可，最简单的方法就是说服意见领袖，让他在公开场合表态。曹操要借助的这位"意见领袖"，名字叫桥玄！

经验二
高人指点是确立目标的关键

少年曹操符合我们中国的民间俗话："七岁八岁狗也嫌""姥姥不亲舅舅不爱"。这孩子完全是一个不良少年，骗自己父母，劫持人家新娘，花天酒地，不务正业，简直可以进少管所了。

不过，即使这样，还是有人喜欢曹操的，而且很喜欢。这个人可不是一般人，他是东汉年间一位大名鼎鼎的人物，名叫桥玄。桥玄是东汉末年一位很有影响力的"意见领袖"。

根据《后汉书》记载：桥玄，字公祖，梁国睢阳人，清正廉洁，从地方官一直做到司空太尉，去世的时候，家境贫寒，柩无所殡，深受老百姓的爱戴。而且他会带兵，担任过安定边疆的度辽将军，立下战功。但是桥玄看到官场黑暗，奸臣当道，自己没有用武之地，又不肯同流合污，所以最后辞官隐居起来，正所谓"在山泉水清，出山泉水浊"，既然不能兼济天下，只好独善其身。

最能体现桥玄性格的是"舍子护法"的故事。桥玄的小儿子十岁的时候，独自外出游玩。突然有三个人拿着棍棒把他劫持了，并藏入桥玄府里的楼阁中，让桥玄拿钱赎人，桥玄坚决不答应。官兵赶来攻击劫匪，劫匪死了，桥玄的儿子也死了。于是桥玄面见皇帝请求皇帝下令：凡是有劫持人质的，一律格杀，不得拿财宝赎回人质，让罪犯有利可图。于是皇帝下诏发布了这个命令。自汉安帝以来，法律渐渐失去效力，京城里常发生劫持人质的案件，不管对方是不是富贵官宦人家。而从桥玄这次事件发生以后，这种事就再没有发生过。这就是不和违规行为做交易，不和恐怖分子谈判，舍子护法。

如果桥玄开微博，贴的标签应该是：清廉、反贪、尚武、敢作敢为。那么大名鼎鼎的桥玄是如何给曹操"加关注"的呢？而且他动不动就"圈"曹操一下，这又是为什么呢？桥玄桥玄，真是瞧着就很玄妙。

我们先来看看桥玄对曹操的评价——玄谓太祖曰：天下将乱，非命世之才不能济也，能安之者，其在君乎！说的是，曹操拜见桥玄，桥玄见到他感到惊异，对他说："如今天下将要大乱，需要命世之才，能够安定天下的岂不就是你吗？"

什么算是命世之才？调服众人号令天下者，为命世之才。大家看"命"怎么写——一个人字在上边，动一动口，他人只能俯耳听着。

桥玄对曹操真的是高看一眼。那么，桥玄为什么会欣赏出身浊流、行为

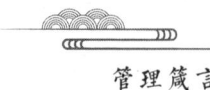

管理箴言
命世之才的特点是有能力、有个性、有平台、有变通，治世用方，乱世用圆，处末世方圆并用，君子用宽，小人用严，对常人宽严结合。

不端的少年曹操呢？分析起来这里边恐怕有两个主要的原因，各位注意，看人主要看两点：一是看外在，看资源背景；二是看内在，看性格能力。

我们先来看看曹操的背景。东汉末年宦官当权，引起了读书人的强烈不满，这些人包括耿直的官僚、在野的名士和京师的太学生，他们结合在一起形成了"党人"，自命为清流，视专权的外戚和宦官为浊流。东汉桓帝和灵帝时期，爆发过两次大的宦官和党人的斗争，最后都是党人失败，抓的抓，杀的杀，流放的流放，余者永远禁止当官，史称"党锢之祸"。

所以在汉末的政治舞台上，演技在清流读书人那里，而舞台却长期被宦官把持；清流有本事，没本钱；浊流有本钱，没本事。曹操什么样？曹操是个特例，他真的属于既有本钱又有本事、出身显赫的官宦家庭、有着清流的价值观和行为方式的一朵奇葩。在抱负上追随党人，在处世上带着宦官的自私与狡诈，曹操是一个党人与宦官的结合体，这就是曹操的特殊之处——既是演技派，又有上台的机会！

我们再看性格倾向。少年曹操敢作敢为，机警果断；懂兵法，能带兵。这两点都是桥玄喜欢和看重的，因为桥玄自己也有这两个优点。正所谓相似造就吸引，互补带来长久。桥玄一方面很欣赏曹操的性格和价值观，另一方面也很认可曹操的资源背景。桥玄认为，在目前这样的乱世，必须是既有性格又有资源的人才可以安天下。这是桥玄欣赏曹操的根本原因所在。

经验老到的桥玄给了少年曹操一个足以改变一生的重要建议，这个建议是什么呢？就是去拜访人力资源专家许劭[1]，争取在他的月旦评中占有一席之地。用现在的话说，就是争取进入权威专家许劭的

---

[1] 许劭（公元150—195年），字子将，汝南平舆（今河南平舆）人。东汉末年著名的人物评论家。据说他每月都要对当时人物进行一次品评，人称"月旦评"。他曾经评价曹操为"君清平之奸贼，乱世之英雄"。

人才排行榜，榜上有名，脚下才有路！

这就引出了关于成长的第三个经验——

经验三
权威的肯定是健康成长的关键

为什么非要许劭这样的专家给出权威评价呢？

这里有一个基本的规律，叫作权威效应。

根据《战国策·楚策四》记载，有一个善于鉴别千里马的大师名叫孙阳，被称为伯乐，他特别善于根据马的外貌特征鉴别马的素质是优是劣。凡是他相中的马，必定是千里良驹。曾经有人在街上卖马，等了三天也没人过问，于是这个人就请伯乐出来围着马转了几圈，这下立刻引起了轰动，马的身价飙升了十倍。这就是权威效应，人们在不具备专门知识的领域，特别相信专家权威，只要是权威的意见，往往会无条件认同。

所以桥玄才告诉曹操，要善于借助这种权威效应，获得伯乐许劭的认可是非常重要的。在桥玄的指点之下，曹操就去找许劭了。许劭字子将，汝南平舆人。少峻名节，好人伦，多所赏识。许劭和哥哥许靖[1]都喜欢评论乡党人物，每月月初都会公布对一些人的简要评价，这个评价影响十分广泛，在当时被称为"月旦评"，有点像我们今天的企业家排行榜。

大家注意，在现实生活中，有汽车排行榜、家电排行榜、富豪排行榜，其实人们都特别喜欢看排行榜。原因是什么呢？因为排行榜帮助人们简化思维，不必自己去调查太多的信息，立刻就可以看到简单

---

[1] 许靖（？—公元222年），字文休，汝南平舆（今河南平舆）人。三国时著名人物，年轻时即为世人所知。后经刘翊推举为孝廉，担任尚书郎。后受到益州牧刘璋邀请，相继为巴郡、广汉太守。刘备入蜀后，担任要职，位列三公。

结论，省去了很多麻烦。尤其是权威的排行榜，对人们认知的影响是非常大的。能在各大权威排行榜上占据一席之地，对于一个人乃至一个产品、一个企业的发展都有很好的宣传和推动作用。

东汉年间，许劭自己搞了一个很有影响力的人才排行榜，对每个人都给出一个基本的评价。桥玄凭借丰富的社会经验，看出了许劭这份权威排行榜对于曹操未来发展和个人品牌树立的巨大作用，所以才极力建议曹操去找许劭。

但是许劭也是清流中人，对官宦家庭出身的曹操有点偏见，不肯评价曹操。《三国志》记载：曹操常卑辞厚礼，求为己目。劭鄙其人而不肯对，操乃伺隙胁劭，劭不得已，曰："君清平之奸贼，乱世之英雄。"操大悦而去。大家注意，其实许劭对于曹操的评价有两个版本，一个是《后汉书·许劭传》里记载的"清平之奸贼，乱世之英雄"；一个是《三国演义》里记载的"治世之能臣，乱世之奸雄"。分析起来恐怕是前一个更贴切些，而且天下将乱，太平盛世一去不复返了，被评为乱世英雄，对于曹操来讲真是一个莫大的激励。

毫无疑问，许劭的评价对于"不良少年"曹操的人生进步产生了巨大影响。

心理学上有一种现象，叫作标签效应。其实，不少有经验的教师都有这样的感受：评价一个学生的时候，给学生贴上好的标签，就会产生好的效应；反之，给学生贴上坏的标签，则会产生坏的效应。

举个例子，让小孩子干活，先给他贴一个好的标签，说："宝宝最懂事了，每次都帮妈妈干活，真棒！"然后再说："来，这次也帮妈妈一个忙。"小家伙肯定兴高采烈地就来了！

相反，如果先贴上一个不良标签："告诉你，不好好学习的孩子，都是笨蛋。"接着说："来，快点写作业！"那孩子肯定会对你怒目而视，心里想的是"就不写作业"。

来自权威专家的评价，会极大地影响一个年轻人的行为。桥玄的

> **管理箴言**
> 标签效应是一种很强的心理暗示，好标签会引导出好的表现，坏标签会引导出坏的表现。

鼓励、许劭的认可，极大地影响了曹操，给他的成长灌注了正向而积极的力量。

给大家介绍一个意味深长的心理学实验：专家招募了一批行为不良、纪律散漫的人来工作，要求他们每人每月给家里写一封信，内容是提前规定好的，主要描述他们如何遵守纪律，听从指挥，努力工作。半年以后，奇迹出现了，原来散漫的人一个个都变成了信中所说的那样遵守纪律、努力工作的人。那么是什么让他们发生了变化呢？其实，就是信中他们自己给自己贴的那些积极的标签暗示和引导了他们的行为。

所以，请领导、老师和家长一定要记住，对孩子说话的时候要时刻不忘正面鼓励，尤其是对所谓的"后进生"。其实这些孩子身上有很多可以开发的优点，如果不负责任地给这些孩子贴上负面标签，他们很可能会破罐子破摔，自我放弃，这会毁了孩子的。相反，如果积极引导，肯定优点，多多鼓励，特别是在不经意中给他们贴上正面标签，他们就会在潜移默化中朝积极的方向发展。

> **管理箴言**
> 最善于激发潜能的领导，是使用惩罚和恶性批评最少的人。

"坏孩子"曹操没有被警告、记过、留校察看，没有被系上绿领巾、黑丝带，他得到了专家的支持和鼓励。这份宝贵的财富，在最关键的时候及时出现，引导少年曹操走上了成功之路。

一个腐朽集团会给自己培养掘墓人，曹操就是那个被培养的人。他出身宦官世家，但是调转枪口，朝着他所代表的集团开枪！曹操是党人和宦官的结合，这种结合一方面让他看起来像是一个怪胎，另一方面又是一种完美组合。既有浊流的资源，又有清流的态度。这种特殊背景

和他果敢机警、工于心计的性格，得到了社会名流以及权威专家的肯定，进而引起了各方面广泛的关注。在二十岁这一年，曹操终于得到推荐，步入仕途，开始了自己的事业。

俗话说"新官上任三把火"，刚刚进入仕途的曹操是如何为人处世，施展才华的？他又遇到了哪些意想不到的困难呢？请看下一讲。

第二讲

新官上任爱走火

"新官上任三把火",新领导上任往往精力旺盛,干劲儿十足,希望尽快做出成绩以证明自己的工作能力,但常常因为缺乏经验,不仅工作没干好,还惹了不少麻烦事儿,搞得上上下下都有意见。由于太过年轻气盛,初入仕途的曹操得罪了不少人,甚至差点儿断送了自己的前程。那么,新官上任的曹操究竟遇到了什么麻烦事儿?面对危机局面,他是如何想办法解决问题的呢?他又是如何克服急躁情绪,避免官场上的过火行为的呢?

凭借权威的推荐及家庭背景的支撑，曹操二十岁就当领导了。俗话说："一朝权在手，就把威风抖！"特别是一个年轻人，从不起眼的布衣寒士一下子变成手握权柄的领导，新官上任三把火，他肯定要树立自己的威信，但是往往也容易在树立威信过程中头脑发热，行为过火，摆谱耍威风，以致酿成灾祸。那么，初登仕途的过程中需要如何树立自己的威信？个人形象从何而来？在使用惩罚权的时候，需要注意哪些问题呢？

细节故事

五色棒杀人

公元174年的初秋，洛阳城北部尉的府衙内熙熙攘攘一派忙碌。按理说，北部尉的衙门不应该这么火爆，北部尉不过是一个小官，相当于洛阳某个区的公安局局长，品级是四百石，按现在的话说，相当于副处级，在高官云集的首都，一个副处级的公安局局长并不起眼。不过今天有点例外，北部尉的衙门热闹非凡，仔细看去，有人在搬砖瓦木料，有人在运沙土垃圾，往高处看，还有些泥瓦匠正在热火朝天地修缮外墙和大门，原来是在搞装修！

在忙碌的人群中，有一个年轻人格外引人注意，他中等个头，面容白皙，眼神锐利，说话声音不高，但是很有穿透力。只见他穿着崭新的官服，威武地手扶佩剑站在人群中，时不时发号施令，指点干活的人们小心这里、注意那里——这个人不是别人，就是新上任的洛阳北部尉曹操曹孟德。

这一年，曹操二十岁。二十岁的小伙子曹操，一上任就张罗着把原本破旧寒酸的衙署大门重新整修一下。

一个单位在社会上给人们留下什么印象，最重要的取决于三点，一是品牌印象，二是人员印象，三是外观印象。院子脏乱差，大门东倒西歪，进进出出的人员或者嘻嘻哈哈，或者吆五喝六，或者萎靡不振，白天院子里狗拉屎，晚上"霓虹灯"三个字有两个不亮，这样的单位一定不会给别人留下什么好印象。所以曹操"新官上任三把火"，第一把烧的就是改善"公司"的外观形象。

紧接着，曹操定制了十多根碗口粗的大棒，上边涂了五色，按照五行配五色，"红黄蓝白黑"对应"金木水火土"的原理，悬于衙门左右，号称"五色棒"，"有犯禁者，皆棒杀之"。怀抱五色棒，手握生杀大权，虽然只是个副处级干部，曹操的架势却高大而威风！其实，这种高大威风实质上体现的是曹操的底气不足。

看形象，曹操中等个头，形象一般，既没有关云长威武，也没有周公瑾帅气，属于相貌平平的那类人。看背景，曹操不像刘备可以沾皇亲，也不像袁绍那样家门四世三公、名满天下，曹操有宦官世家的背景，属于浊流，人人鄙视。

规律分析
弱势补偿，缺什么补什么

一个权威性不够的人，上任之后，肯定会做一些提升自己威慑力的事情，往往一不小心就会拍桌子瞪眼、下狠手；而一个权威性足够的人，上任之后往往会做很多亲民的事情，往往一不小心就会勾肩搭背、称兄道弟。这个规律在管理学上被称为"补偿效应"。

学校上课也是这样，足够有权威的老师，面带微笑，号称要和学生做好朋友、结忘年交；权威不够的老师，虎着脸拍桌子点名，号称狠抓挂科、铁面无私。这些都属于补偿效应，缺什么补什么。大家注意，补偿是可以的，但是不能过火，急于树立个人形象，往往容易动作变形，补偿过度，那就适得其反了，火候很重要！

曹操搞了装修，造了大棒，还觉得火候不够，他又烧了第三把火，就是杀人立威！太平盛世重礼教，天下大乱下狠手。治乱世要下狠手，这种理念在少年曹操的心中早扎下根了。

当时洛阳城晚上是实行宵禁的，夜里不能出来随意行走。这一天晚上，曹操带了一队人抱着五色棒，正在街道上巡查，忽然见到不远处有个人影，迎着官军巡查的队伍走过来，仔细一看，是一个五大三粗的闲汉，衣衫不整，浑身酒气，大摇大摆的。曹操大声呵斥道："什么人？敢违禁夜行，就不怕国法吗？"一般人听到早给吓跑了，偏偏对面这位不但不跑，反而站住了，带点挑衅的架势，对着曹操说："你干什么的？管得着吗？"

曹操怒火往上撞，立刻派人把这家伙捆起来了，一声"大棒伺候"就要开打。对面这家伙喊了一声，就这一声，举起的棒子又落下来，大家谁都不敢动手了，他喊的是什么呢？他喊的是："别打我，老子是蹇硕的叔叔。"

一听"蹇硕"二字，众人下不去手了。蹇硕是谁呢？这个人在当时的洛阳城可谓无人不知无人不晓，他是皇帝身边的大红人。本来宦官势力就大，而蹇硕又是宦官中的大红人，皇帝对他言听计从，宠爱有加，得罪了他，就等于找死啊。而且还有一层，大家知道，曹操也是宦官家族出身，曹操祖父曹腾是伺候过五个皇帝的大宦官，正所谓"自己人不打自己人"，所以大家才住手了。

联系实际

新官树形象

但是谁也没想到，这位年轻的曹少爷专门要朝自己人开火，因为曹操最恨的就是有人拿"宦官"二字跟他套近乎。一上来就跟曹操拉关系——"嗨，曹处，听说你爷爷是太监啊，呵呵，告诉你个秘密，我侄子也是！"这就出大事了。

人际关系的基本原则就是：套近乎可以，但千万不要揭短套近乎。举个例子，女人年龄快四十了，捯饬得如花似玉，您却这样套近乎："大姐，看样子您有四十了吧，打扮得真好看，看着一点也不像啊。告诉您一个秘密，我也快四十啦！咱们是同龄人啊！你们家老大上中学了吗？"

曹操自命清流，他属于"自己以为是狗"的猫。一只自以为是狗的猫，最恨的是什么？就是照镜子。有人提醒他的出身，这是曹操最恨的。现在蹇硕的叔叔就触了他这个霉头，偏偏拿宦官身份来套近乎，曹操那个牛劲、那个轴劲、那个狠劲呼的一下全上来了。在火把的掩映下，曹操的眼睛里闪出一道寒光，嘴里只吐出了一个字："杀！"一顿大棒下去，此人就被打得血肉模糊，一命呜呼了。

> **管理箴言**
> 新领导上任，树立形象有个基本技巧："亲下得人，罚上立威。"

新领导上任，树立形象有个基本技巧：亲下得人，罚上立威。和基层职工亲近能收拢人心，朝手握权力的人发威可以扩大影响。某领导新上任，头天晚上在和门卫老大爷喝啤酒、啃猪蹄子、摆龙门阵，第二天开会就把几个中层干部训得起立罚站。这一下子，个人形象就树起来了！

曹操走的就是这个路线。"五色棒杀人"事件，第二天就轰动了整个洛阳城：宦官的孙子打死了宦官的叔叔，小狗咬死了大狗。人们觉得蹊跷、有趣，但更多的是叫好，这些宦官爪牙平日里欺压百姓、无恶不作，干了太多的坏事，打死了真是大快人心！"人在做天在看，恶有恶报，出来混早晚要还，喝凉酒花脏钱终究是病……"微博上的跟帖多达几千条！

有人叫好就有人烦恼，谁烦恼呢？曹操的爹。曹嵩没想到自己这个儿子这么莽撞，竟然把同一个阵营里的人给打死了，自己在这圈子里怎么交代？以后还怎么混呀？

曹嵩想的是小圈子，是个人私利；但是，曹操脑子里没有想这些，他想的是远大的政治抱负。打死蹇硕的叔叔，是他给天下人的一份政治宣言，这份宣言就写着八个字："划清界限，树立威信。"不被自己的出身和小圈子利益所束缚，能高瞻远瞩，追求理想，这就是我们从曹操新官上任三把火中看到的英雄气概。

新官上任的三把火是要烧的，但是必须有方法、有技巧，不然很容易烧火变走火，那么应该注意哪些问题呢？结合曹操上任的经验，我们强调三个要点。

要点一
设置容忍底线，赏罚严明

曹操的英雄气概，在整个宦官集团看来，说小了是愣头青的莽撞，说大了就是来自身边的一次公然挑衅。社会轰动了，官场震动了，整个宦官集团也被惊动了！出名是要付出代价的！曹操出名的目的是达到了，但是要为此付出什么代价，连他自己也不知道，曹操在不知不觉中把自己放到了一个危险的境地之中。

洛阳北部尉这个职务是不好当的，为什么呢？洛阳当时是帝国的一个县，但是是首县，因为洛阳是东汉王朝的首都所在。依汉代制度，县一级的一把手有两个副手，一个叫丞，一个叫尉，丞负责的是民政、财政，尉负责的是军事、治安。曹操担任洛阳尉当中的一个，负责北部地区的治安，叫洛阳北部尉，他的级别是四百石，也就相当于一个副处级的公安局局长。洛阳是都城，心脏地带啊，冠盖满京华，处处是权贵，这些人是惹不起的。可是首都地区的治安是不能不维护的，怎么办呢？所以非得有一个特殊的人，这个人得根子深背景硬，得点子多脑子快，得下狠手不信邪，才能镇得住局面。这是一个既需要本事，更需要本钱的职位，从这点上看，曹操真的很合适。

首先，曹操有本事，管理工作做得扎实到位。一到职，他就申明禁令、严肃法纪，造五色棒陈列在署衙外边，这叫提前预警。

管理箴言

一个管理者下狠手执行处罚，需要坚持四个基本原则：预警原则、平等原则、及时原则、相关原则。

大家注意，一个管理者下狠手执行处罚，需要坚持四个基本原则：预警原则、平等原则、及时原则、相关原则。

关于这四个原则，管理学有个著名的比喻，叫作"热炉原理"：设置惩罚机制就好比在屋子里放一个滚烫的热炉子，我们知道热炉会烫人，但是"烫人"恰好符合四个原则。第一个是预警原则，热炉在烫人之前，首先要让人感觉到热，警告大家别碰我。曹操把大棒立在门口，告示贴在墙上，就是预警。

第二个原则叫平等原则。什么人摸炉子都烫，不能因为是班主任、校长、富二代或圣人就区别对待。谁摸炉子就烫谁，这叫惩罚机制一视同仁。

第三个原则叫及时原则。摸一下炉子，半年后手上起了泡，那炉子就是妖精。处理一件事情，我们的意见叫"三天有下文，一周有结果"，这叫及时原则。

最后一个叫相关原则。就是谁来烤火，我烫谁。这叫谁的行为谁承担。

这四点曹操都做到了，属于按律而行，有理有据，有板有眼，做的都是分内之事。而且效果很好，"京师敛迹，莫敢犯者"。对改善京城治安状况起到了显著作用。在这样的情况下，那些痛恨曹操的人一时之间还真的找不出什么理由来陷害曹操。

分析完曹操的本事，还需要分析一下曹操的本钱：一、背靠大树好乘凉。曹操的祖父曹腾是皇上信任的宦官，历侍安帝、顺帝、冲帝、质帝和桓帝五个帝王，时间长达三十余年。深得皇帝信任和喜爱，饮食赏赐都与众不同。桓帝登上皇帝宝座就是曹腾的策划。他属于公司资深副总，能决定董事长人选，这样的权力和手腕非一般人能比。曹操的父亲曹嵩也做到了当朝太尉这样的高官。曹操的背景很硬，一般人是不敢碰的。二、朝中有人好办事。曹腾同一般宦官相比还是有所不同的，他对官僚士人并不抱一概排斥的态度，相反还比较注意推荐其中的贤能之士。所以，曹家是有一个自己的圈子的，有相当一批人是曹氏的支持者，其中有的感恩，有的趋炎附势，有的有共同利益，这个队伍很庞大，形成了一股势力。曹操在前边打拼，他可不是孤军奋战，虽然临门一脚是曹操射的，但"他不是一个人"！比如，推荐曹操担任洛阳北部尉的是当时的洛阳令司马防[1]，这位老先生是河南温县人士，就是司马懿的父亲。"权势权势"，权要靠势来支撑，曹家势大，影响深远。

从这一点来看，我们相信，曹操在担任北部尉之前，对形势是有个基本判断的，不打无准备之仗是他的特点。所以五色棒杀人并非曹操的莽撞过火，而是在形势判断基础上的一次大胆突破。当形势发展需要一个人挺身而出、力挽狂澜的时候，别的人胆大的在观望，胆小的干脆就

---

[1] 司马防（公元149—219年），字建公，河内温县（今河南温县）人，其父司马儁是东汉颍川太守。司马防生于汉桓帝建和三年（公元149年），卒于汉献帝建安二十四年（219年），终年71岁。有八子，就是历史上著名的"司马八达"，晋宣帝司马懿是其次子。

退缩了，而曹操果断出手，挺身而出，这份勇气和魄力令人佩服。

不过，曹操毕竟年轻，他对政治斗争的复杂性还是估计不足，《三国志》上记载，在曹操棒杀权贵之后，近习宠臣咸疾之，然不能伤。于是共称荐之，故迁为顿丘令。这一招叫作明升暗降。没等曹操从飘飘然的得意中缓过神来，一纸调令就将他赶出京城靠边站了。

曹操的第一个职业梦想是扮演"青天大老爷"，为民请命，为天下除奸，不过这个梦半路夭折。在去顿丘的路上，曹操安慰自己重新振作，他决心要把自己没有实现的梦想在顿丘变成现实；所谓"当官一任，造福一方"，有一片施展才华的天地就好，京城不行，在顿丘一样为人民服务嘛！不过，令他始料不及的是，有一场更大的政治风暴已经悄悄向他逼近！

要点二
抓住典型事件，追究责任

光和元年，也就是公元178年，朝廷出了一件天大的事情，汉灵帝的老婆宋皇后被当权的宦官王甫诬陷，打入冷宫而死。大家注意，一个家奴宦官，居然可以挑拨皇帝和皇后的夫妻关系，而且居然可以怂恿皇帝把自己的老婆整死，在今天看来，其本质就是因外人挑拨，老公把老婆打死，然而这样的事情一旦出现，我们往往恨的不是挑拨者，我们首先恨的是这个丈夫太糊涂、太心黑。因此，一个组织不怕出现阴险小人，就怕出现昏庸的领导。"兵熊熊一个，将熊熊一窝"说的就是这个道理。

昏庸的汉灵帝，做出了让亲者痛仇者快的事情，听信奸佞的谗言，害死了自己的老婆，同时，皇后的家属也受到了株连，皇后的父亲宋酆、哥哥宋奇一同被杀。一家人都死了，且死后无人收尸，后宫的太监们也有存有良知和正义感的，这些人怜悯宋氏一家无辜被害，

大家凑钱收尸，把皇后一家送回老家埋葬了。

这件事情直接影响到了曹操的职业生涯发展。为什么呢？因为曹操的堂妹嫁给了宋皇后的哥哥宋奇，这样一来，曹操就成了宋皇后娘家的亲戚。因为这层关系，曹操在这桩大案中受到株连，被免去了顿丘令的官职，遣返回乡。

曹操第一次出来做官，轰轰烈烈开始，却冷冷清清结束。他沮丧地回到了老家谯郡，闭门读书。残酷的现实无情地打击了刚二十出头的曹操，让他开始重新审视眼前的这个国家和这个政府，也重新反思自己的职业发展道路。理想是火热火热的，现实是拔凉拔凉的！

年轻人都要经历一个幻想—破灭—回归的成长过程。童年和少年时听了很多童话、很多美好的故事，使用"人分好人、坏人"两种思维方式来看待世界。等到步入社会才发现，现实根本没有童话里说的那么完美，有太多的不满意、太多的无可奈何，于是幻想破灭，备受打击。在这样的打击下逐渐清醒起来，通过学习和总结，一点一点积累经验，放下童话，重新认识世界，坚定信念去追寻理想。这样的过程完成得越早，一个人的成就就会越大。

二十岁的曹操正在经历着这个痛苦的转变过程。在老家蛰居的这段时间，曹操除了关注国家大事，还做了一件大事，就是娶了卞氏。她是曹操一生中的第二个女人。卞氏是歌女，容颜秀丽，而且秀外慧中，读书明理。在青年曹操最苦闷彷徨的时候，卞氏的出现犹如一片阳光给他带来了无限的温暖。而且卞氏以自己的方式影响了曹魏政权乃至中国历史的进程。这种方式，是一个女人特有的方式，什么方式呢？就是卞氏生了三个出色的儿子，分别是曹丕[1]、曹彰、曹植[2]。所以

---

1 曹丕（公元187—226年），字子桓，三国时期著名的政治家、文学家，曹魏的开国皇帝，公元220—226年在位。由于文学方面的成就而与其父曹操、其弟曹植并称为"三曹"。
2 曹植（公元192—232年），字子建，沛国谯县（今安徽省亳州市）人。三国时期曹魏诗人、文学家，建安文学的代表人物。后人因他文学上的造诣而将他与曹操、曹丕合称为"三曹"，南朝宋文学家谢灵运更有"天下才有一石，曹子建独占八斗"的评价。

有人问我：历史上最伟大的人是谁？世界上最温暖的地方是哪里？你觉得最好吃的菜是什么菜？我的答案是：最伟大的人是母亲；最温暖的地方是妈妈的怀抱；最好吃的菜，是妈妈做的菜。历史的进步离不开英雄、伟人，而这些英雄、伟人是母亲培养创造出来的。孩子有伟大和平凡之分，但是每一位含辛茹苦养育孩子的母亲都是伟大的。

在老家闲居了不久，曹操再次被拜为议郎。这是一个专门给皇帝做顾问、提建议的官职，其特点就是没有具体工作，专门负责上书言事。眼看着"青天大老爷"做不成了，他开始酝酿自己的第二个职业理想：扮演猎犬的角色，做一个正义的化身，像猎犬一样朝着邪恶和不公狂吠。

据《三国志》记载，当时朝廷主管基层干部考核的三公与宦官勾结，以权谋私，打击贤良。对于有宦官背景的，一律评优等评先进，进行破格提拔；对于没有宦官背景的一律交罚款才能过关，交不起罚款的下岗。用我们现在人的眼光想一想，那是一个多么黑暗的时代。

这种丑恶的行为令曹操切齿痛恨，他立即上书皇帝揭露问题。"奏上，天子感悟，以示三府责让之，诸以谣言征者皆拜议郎。"这次上书的矛头从表面上看，被陷害的人得到了保全，错误被纠正了，正义得到了伸张，但是从本质上看，事情远非这么简单。

我们要和大家探讨一下：一旦组织出现了不正常的现象，应该怎么纠正？

企业管理中，大家经常会遇到下属犯错误的问题，那么一个错误在什么情况下才算真正得到纠正呢？很简单，什么时候追查出主要责任者，并且在主要责任者承担了责任以后，错误才算是真正得到了纠正。

比如，我们举办一个大型活动，现场的设备没有及时到位，活动开始前，这个问题被发现了，在各方共同努力下，设备及时运到，活动如期举行了，那么算不算把问题解决了呢？不算！在活动如期举行

的同时，必须要搞清楚是谁的问题导致了设备没有到位，责任者要站出来承担责任，该检讨检讨，该扣奖金扣奖金，只有这样才算是把问题解决了。

我们来看看东汉政府的管理能力如何。那么多清廉的地方官受到了不公正待遇，莫名其妙说撤职就撤职了；紧跟着，便有人写内参反映问题，于是莫名其妙说恢复待遇又都恢复待遇了。整个事件不了了之，没有人出来承担责任。问题是由谁造成的，是什么原因造成的，没有人去追究。这样的管理如同儿戏！

我欣赏一种管理态度——出了问题，要给个说法！主管部门说："对不起，我们搞错了，给大家鞠躬道歉，下不为例！"这样行不行？这样不行。必须讲清楚为什么搞错了，是什么原因造成的，是谁的责任，让责任者站出来做检查并保证不再犯错，这才叫解决问题。

从曹操上书言事这件事情上，我们能明显感觉到东汉政府的腐败无能，上梁不正下梁歪。曹操对这种现状看在眼里，气在心头，但是"老虎吃天，无从下口"，此时的他还不知道自己应该和谁去斗争，以及用什么方法斗争。

明明看到了问题，却就是找不到解决办法，这是年轻人初入职场最苦恼的一件事。而且，就在曹操苦恼的时候，危险再一次降临到他身边！和曹操一起上书揭露贪腐的还有司徒陈耽，《后汉书·刘陶传》有关其记载写道："宦官怨之，遂诬陷耽死狱中。"曹操再一次侥幸逃脱，此后，他再也没有向皇帝提出任何新的意见和建议。

为什么呢？是不是工作完美无缺，再没有什么毛病可挑了？当然不是。世界上不存在完美无缺的事情，再精彩的工作，总有可以改进的地方。

如果对于一份事业，没有人挑毛病了，或者对于一个领导，没有人提意见了，那只有一种情况，就是失望＋绝望，对领导失望，对事业绝望。热爱，才会提意见和建议；不热爱，谁会多费口舌？

什么时候没有人提意见了？只有大家都失望了，对事业没感情了，没感觉了，心里想的是"爱咋咋地，我才不管呢"，这样的时候，才没有意见和建议了。李世民因为能听不同意见而开创大唐盛世，商纣王和汉灵帝都是因为无法接受不同意见而亡国的。

一个领导如果连续一个月没有听到意见和建议，一份事业如果在开会表决的时候，没有人提不同意见，这都是不正常的。可靠的事业，就是要参考各方面的意见；高明的领导，就是要倾听不同的声音。

> **管理箴言**
>
> 全票通过的方案往往不是骗局就是偏见，有不同声音才是正常的。可靠的事业，就是要参考各方面的意见；高明的领导，就是要倾听不同的声音。

听取批评有几种境界：一是听到批评心里高兴，即使说得不对也可供参考，说对了就改进，这样的人是圣人；二是听到批评心里不高兴，但是能虚心听，努力改，这样的人是高人；三是听到批评心里不高兴，听完也觉得没什么可改进，还挺烦恼，这样的人是庸人；四是听到批评立刻火冒三丈，一面笑里藏刀，一面打击报复，这样的人是恶人。恶人最终害的不是别人，是自己和自己的事业！

东汉末年，恶人当道，奸臣横行，曹操发现提意见不但得不到重视，还有可能遭受飞来横祸，他决定袖手旁观，再不发言。"是后政教日乱，豪猾益炽，多所摧毁；太祖知不可匡正，遂不复献言。"组织行为学有个简单结论：一个组织如果发展到有事业心和正义感的人都袖手旁观，不参与、不评论，那这个组织离末日就不远了。东汉末年的朝廷就是这种情况。

青天大老爷是做不成了，举奸查恶、匡扶正义的猎犬也做不成了，曹操感觉前途一片茫然。就在他因找不到方向而惶惑迷茫的时候，一份新的考验又来了。

要点三　打击歪风邪气，建设文化

中平元年（公元184年）的春天，以河南、河北为中心，爆发了轰轰烈烈的黄巾起义。

此时，曹操被重新启用，获得了骑都尉的职务，统领五千铁骑，参加了著名的长社之战，并且一战成名。历史再次给了曹操机会。根据《资治通鉴》记载：波才围皇甫嵩于长社。嵩兵少，军中皆恐。贼依草结营，会大风，嵩约敕军士皆束苣乘城，使锐士间出围外，纵火大呼，城上举燎应之，嵩从城中鼓噪而出，奔击贼陈，贼惊乱，奔走。会骑都尉沛国曹操将兵适至，五月，嵩、操与朱俊合军，更与贼战，大破之，斩首数万级。

此役之后，曹操因功被任命为济南相，也就是济南地方的行政长官，二十多岁的曹操成了坐镇一方的大员。乱世出英雄，灾难的降临总会给某些人带来意想不到的机遇。

曹操是如何治理济南的呢？裴松之注《三国志·魏书》上记载：长吏受取贪饕，依倚贵势，历前相不见举；闻太祖至，咸皆举免，小大震怖，奸宄遁逃，窜入他郡。政教大行，一郡清平。

曹操一上任就针对贪腐问题进行了坚决的处理，力度很大，以至于很多有问题的干部干脆逃到别的郡去了。当领导从带队伍入手，带队伍从抓干部开始，这是古往今来的基本经验。

如何看干部呢？有个经典故事：春秋年间齐国相国管仲病重，齐桓公想任用鲍叔牙接替管仲。鲍叔牙是管仲的好朋友，也是管仲的大恩人，此刻很需要管仲的支持，但是，管仲居然坚决反对齐桓公任命鲍叔牙，齐桓公也很惊讶。

其实，从个人感情、个人私利来看，管仲推荐鲍叔牙既可以利己，也可以成全朋友，更可以让自己的名声享誉天下。但是管仲没有这么做，因为他站在了更高的高度，他告诉齐桓公，虽然我们是好朋友，且他对我有大恩，但是以工作眼光看，鲍叔牙没有这个能力；以群众眼光看，鲍叔牙没这个胸怀。宁可辜负老朋友，在天下人面前担上忘恩负义的恶名，也不能支持这个任命！否则就是对不起天下，对不起事业。管仲是以事业眼光和群众观点去看干部，而不是以个人感情和私人利益看干部的。

管理箴言

所谓"公生明廉生威"，做到公，要从不掺杂个人感情入手；做到廉，要从不掺杂个人私利入手。

放下"小我"，站在"大我"的高度，才是领导看干部应有的高度。

整顿了干部队伍以后，曹操开始做第二件事情，就是搞文化建设。

改变人需要从改变制度入手，改变制度需要以改变文化为根。我们经常听到一些企业家谈文化建设，而文化看不见摸不着，应该如何建设呢？其实很简单，大家只要注意一句话就可以：精神的内容要有物质的载体。所以，文化建设要落实要落地，离不开三种事物：一是仪式典礼，二是人物故事，三是口号主张。比如，我们要弘扬严谨认真、关注细节的企业文化，就必须有榜样人物，有经典故事，召开专门的表彰会、报告会、宣讲会，形成一些朗朗上口的宣传语。这就是文化建设。

曹操到任后开始研究济南地方的仪式和故事，一研究，真发现问题了。曹操发现济南这个地方有很严重的不良文化。

初，城阳景王刘章以有功于汉，故其国为立祠，青州诸郡转相仿效，济南尤盛，至六百余祠。贾人或假二千石舆服导从作倡乐，奢侈日甚，民坐贫穷，历世长吏无敢禁绝者。太祖到，皆毁坏祠屋，止绝官吏，民不得祠祀。及至秉政，遂除奸邪鬼神之事，世之淫祀由此遂绝。(《三国志》)

当地祭祀祠堂的风气盛行，危害严重：第一，白白耗费钱财；第二，地方官员、豪强、巫师利用祭祀盘剥百姓；第三，鬼神思想泛滥，政府权威下降，人心浮动，百姓不安心生产。于是，曹操果断下令禁止过度的祭祀活动。此举获得了广泛的支持，大快人心。不过，曹操果断的治理工作，再次触动了当朝权贵的利益，最终，曹操不得已再次离开工作岗位，托病返乡。抱着"达则兼济天下，穷则独善其事"的想法，曹操在故乡谯郡，"筑室城外，春夏习读书传，秋冬弋猎，以自娱乐"。

算起来，自公元 175 年，曹操二十岁做洛阳北部尉，一直到公元 185 年，曹操辞官回乡，十年时间里，曹操先后做过管治安的北部尉、提建议的议郎、带兵的骑都尉、治理地方的济南相，他一直都很努力、很敬业，工作取得显著成效，但是每次都是不得已而离职，真是"干得有声有色，走得不明不白"。

青天大老爷没做成，战神没做成，父母官也没做成，三起三落的仕途，让曹操的理想破灭了，也让曹操清醒了。他明白了有实力才有发言权的道理，他也看清了权贵们的丑恶嘴脸。暂时的委曲求全，背后是东山再起的决心和更大的政治抱负，这一招叫作"以退为进"。在躲避灾祸的同时，曹操在积蓄力量等待机会。那么，曹操究竟等到了什么样的机遇？他又是如何抓住机遇的呢？请看下一讲。

第三讲

事业起步抓机遇

工作中，经常会有意外发生，要想合理、迅速解决问题，遇事能否善于思考往往成为成败的关键。在这方面，曹操就是一个能人。在战火纷飞的乱世，突发情况屡见不鲜，危急局面层出不穷，然而，曹操却常常能站在别人无法企及的高度上思考问题。正是因为善于思考，他才得以不断摆脱危机，有了后来的卓越成就。那么，曹操考虑问题的特点是什么？他究竟有哪些好的思维模式可供我们学习和借鉴呢？

有句话讲得好:"不怕眼前有山,就怕心里没路。"年轻人刚刚开始自己的事业,往往一片茫然,尤其是在遇到挫折和打击以后,极易头脑发蒙,不知道自己该往哪里走,不知道自己该如何做选择。其实,在事业起步阶段,最重要的不是你遇到了什么问题,而是你如何分析问题,这种思维模式特别重要。

关于这个思维模式,现代管理学专家的研究认为,最要紧的是弄清四点:一是你的优势在哪里;二是你的不足在哪里;三是外部机遇是什么;四是外部威胁是什么。成功的人都会根据这四点来判断形势,应对挑战,抓住机遇。现代管理学把这个方法称为 SWOT 分析法[评价优势(Strengths)、劣势(Weaknesses)、机会(Opportunities)和威胁(Threats)]。对这四点的分析会衍生出一系列很有效的策略。那么曹操是怎么做的,他采取了哪些策略,又出现了哪些问题呢?还是那句话:成功的关键,不在于你遇到了什么问题,而在于你怎样去分析问题。

细节故事

误杀吕伯奢

公元 184 年的夏天,洛阳城迎来了自己的毁灭者——西凉军阀董卓[1]。董卓进洛阳并非不请自来，而是在洛阳集团管理层的热情邀请之下，在夹道欢迎当中进入洛阳的。历史向我们证明了，成功的路往往是别人指引的，毁灭的路常常都是自己选的。

到了洛阳，董卓开始执行他的游戏规则——这个规则超级简单，就是一个字：杀！杀百姓，杀大臣，杀皇帝，杀太后，一切不顺眼的、不听话的、阻碍他前进的，都杀。董卓如同一个来自大西北的猎人，带着弓箭、长矛到城市狩猎。官场的那些尔虞我诈、虚情假意、礼尚往来，董卓理都不理，他的名片上只有一句话：我是一匹来自北方的狼……

董卓就像一捆来自乡野的大葱，以无比生猛的味道，PK掉了洛阳城所有温文尔雅的高级香水。温文尔雅的官僚阶层哪里见过这种架势，董卓没文化，没学历，没有什么政治手腕和管理技巧，他就会杀人，但是靠着这种简单直接的铁血暴力，他居然很快就爬上了权力的巅峰。而一向高高在上的官僚集团，此刻只能在刀尖下俯首帖耳。面对钢刀，真理是坚强的，但是人的脖子却显得十分脆弱！

曹操对宦官集团是鄙视，而对董卓是憎恨。见到老鼠，吐口唾沫，我们鄙视它；见到老虎，心里满是恨，要做的不是吐唾沫而是转身快跑，否则就要丢掉性命。从棒杀蹇硕的叔叔开始，曹操就没有怕过宦官集团这群卑鄙的鼠辈；但是这次，他真的有点怕董卓了，因为董卓不是鼠辈，董卓是禽兽，而且不是衣冠禽兽，这个家伙他是光膀子的禽兽！

三十六计，走为上策。尽管董卓想拉拢曹操，给他了骁骑校尉的头衔，但是曹操还是决定马上远走高飞。《三国演义》中有曹操献刀刺

---

[1] 董卓（？—公元192年），字仲颖，凉州陇西临洮（今甘肃岷县）人，东汉末年军阀和权臣，是中国历史上总体评价极其负面的人物之一。其倒行逆施招致全国其他割据军阀的讨伐。联军发生内讧导致军阀互相争战，董卓本人则被朝内大臣联合部下设计诛杀。死后其部下为把持朝政互相火并，皇帝流离失所，各地脱离中央控制，三国时代开启了。

董卓的一段描写,这一回叫"废汉帝陈留践位,谋董贼孟德献刀",说的是曹操刺杀董卓未遂,机警地以献刀为名保命,并乘马逃出洛阳。刺杀董卓这一段史书上未见记载,但是史书上记载曹操确实逃了,而且也确实遭到了董卓的追杀。

话说曹操离开洛阳城,日夜兼程行了三日,来到成皋,天色向晚,连日的奔波令曹操筋疲力尽、人困马乏。不过曹操有去处,他穿小径,进树林,左绕右绕,来到了一户人家。这家的主人姓吕,名伯奢,是曹家故友,曹嵩的结义弟兄。

见大侄子来了,吕老爷子喜出望外,立刻安排酒食,非常热情,跟曹操说:"老夫家无好酒,容往西村沽一樽来相待。"言讫,匆匆上驴而去。

吕伯奢这一走不要紧,一场悲剧就拉开了序幕。接下来的情节,《三国演义》是这样描述的:

操与宫坐久,忽闻庄后有磨刀之声。操曰:"吕伯奢非吾至亲,此去可疑,当窃听之。"二人潜步入草堂后,但闻人语曰:"缚而杀之,何如?"操曰:"是矣!今若不先下手,必遭擒获。"遂与宫拔剑直入,不问男女,皆杀之,一连杀死八口。搜至厨下,却见缚一猪欲杀。宫曰:"孟德心多,误杀好人矣!"急出庄上马而行。行不到二里,只见伯奢驴鞍前鞒悬酒二瓶,手携果菜而来,叫曰:"贤侄与使君何故便去?"操曰:"被罪之人,不敢久住。"伯奢曰:"吾已分付家人宰一猪相款,贤侄、使君何憎一宿?速请转骑。"操不顾,策马便行。行不数步,忽拔剑复回,叫伯奢曰:"此来者何人?"伯奢回头看时,操挥剑砍伯奢于驴下。宫大惊曰:"适才误耳,今何为也?"操曰:"伯奢到家,见杀死多人,安肯干休?若率众来追,必遭其祸矣。"宫曰:"知而故杀,大不义也!"操曰:"宁教我负天下人,休教天下人负我。"陈宫默然。

吕氏一门,好心没好报,本来是助人为乐,反而惨遭毒手。后来的人们，往往通过这个事件来评价曹操阴狠狡诈。不过，在误杀吕伯奢一家的事件中，除了性格问题，我们还可以看到一个重要的规律。这个规律对于一个年轻人的成长有着十分重要的意义，到底是什么规律呢？

首先，我们来分析一下误杀事件暴露出的三个基本信息：

一、曹操很紧张，这种过度紧张妨碍了他做出正确的判断；

二、曹操在应对暗杀方面，缺乏最基本的训练，缺乏必要的策略以供选择；

三、曹操对吕伯奢一家的近况缺乏必要的了解，在信息不对称的情况下贸然进吕家，而吕伯奢也忘记了向曹操介绍自己的家人。

规律分析

失策行为的发生

根据这三个信息，我们要引出年轻人身上常见的一种现象，这个现象叫作"失策行为"。

什么是失策行为？我给大家举个例子，昨天下午我从外地回来，赶时间去学校上课，下出租车的时候，我把东西忘在后座上了。这是一个朋友送我的几本书，放在一个很醒目的红白相间的纸袋里。很醒目，且就在我旁边，但是我给忘了。有意思的是，后备厢里的皮箱，还有旁边的一个不起眼的水壶我都没有忘。为什么不起眼的、不醒目的没有遗失，反而是手边的、醒目的东西给丢了呢？道理很简单，因为皮箱、水壶都是我常带的东西，我对他们很熟悉；而这个红白相间的手提袋是别人的东西，以前从来没有随身带过，我对它一点也不熟悉；它在我心里没有留下鲜明印象。人们特别容易在紧张的情况下，在不熟悉的重要事物上，产生行为失误，即失策行为。

解决这种问题，方法很简单，当"紧张"遇到"不熟悉"时，失

策就会发生。首先要避免紧张；其次是在紧张的情况下，尽量使用自己熟悉的装备，使用自己熟悉的策略，讲自己熟悉的内容，用熟悉来应对紧张！

回过头来我们分析曹操，首先，这次东行，他是孤身潜逃的，生死攸关，情况万分危急，所以他特别紧张；

管理箴言

人们特别容易在紧张的情况下，在不熟悉的重要事物上，产生行为失误，即失策行为。

其次，他对防备暗杀不熟悉，没训练过，对吕伯奢的家庭情况也不熟悉，吕老先生也没给他介绍。大家注意，这确实是十分的紧张遇到了十二分的没准备和不熟悉，才导致了误杀自己人的失策行为！只要有一点特种部队的反暗杀、反偷袭训练，曹操也不至于一上来就乱杀人。别人本来是要杀猪的，他却认为对方要杀自己。

联系实际

失策行为的防范

一个人在紧张情况下，应对不熟悉的人和事，往往会行为失策。比如赶飞机丢失行李，如果行李箱不是自己平时常带的那只，真的容易丢；再比如逛夜市丢孩子，如果把孩子托付给平时没怎么带过孩子的人，在那种拥挤紧张的情况下，真的容易丢。

时间紧迫、事情紧急的时候，一定要安排熟悉的人，使用熟悉的东西，才不会出问题，这是一条管理学的重要经验！我们给大家的建议是：做大事，一定要提前准备充分，对突发事件做预案、搞彩排、进行学习，所谓"冬练三九，夏练三伏"，强化训练才能防止失策的发生！

综上所述，"宁教我负天下人，休教天下人负我！"这句话一方面反映了曹操多疑和阴狠的性格，这种性格的阴影伴随了他的一生；另一方面，也反映了曹操准备不充分、应变能力不足的弱点。

曹操在人单势孤的情况下，一边小心保护自己，一边抢抓机遇推动自己事业的发展。他使用的策略分别是突破策略、弥补策略和抢抓策略。

方法一
突破策略：突破惯性做取舍

关于这个策略，我们要从东汉末年的政局说起。东汉末年，在国家管理方面，最大的挑战就是宦官专权。而宦官专权的内在原因是什么呢？就是皇帝年幼，处于弱势，每每造成外戚掌权，国家大权旁落，以致皇帝需要借助宦官来制约外戚，就是我们前边所说的"用棒子来打老虎"。但是等到把老虎打死了，棒子又横行内外无所制约了。

怎么办？我喜欢玩一种游戏叫"三国杀"，里边有一策很棒，叫作制衡。也就是不能一家独大，必须要制衡，相互制约才是平衡的发展道路。每当这个平衡被打破的时候，就会爆发灾难。

中平六年，也就是公元189年，这个脆弱的平衡再次被打破了。汉灵帝去世，何太后临朝，外戚大将军何进掌权。前边提到的汉灵帝当年宠信的小黄门蹇硕，现在已经手握兵权，做了上军校尉，权力甚至在何进之上。宦官集团和外戚集团明争暗斗，矛盾激化。此时，身为中军校尉的袁绍站到了何进一边，提出了铲除宦官集团的主张，受到何进的重用。何进集团一举诛杀了蹇硕，确立了优势。

不过袁绍的想法是完全铲除宦官集团，而何进本来是个屠户，何太后受宠、何进飞黄腾达都是依靠宦官，所以何氏家族和宦官集团有着千丝万缕的联系，以何太后为代表的当权者不肯全面铲除宦官集团。袁绍再三进言，都被否决，此时袁绍也开始动起了心思。《后汉书·何进传》记载："绍等又为画策，多召四方猛将及诸豪杰，使并引兵向京城，以胁太后；进然之。"

袁绍建议何进邀请在外掌握兵权的军阀入驻首都，要挟何太后就范，为铲除宦官创造条件。这个建议遭到有识之士的反对。(《三国演义》)主簿广陵陈琳谏曰："但当速发雷霆，行权立断，则天人顺之。"(《后汉书·何进传》)郑泰也劝何进"而反委释利器，更征外助，大兵聚会，强者为雄，所谓倒持干戈，授人以柄，功必不成，只为乱阶耳"。手握兵权，当机立断速速下决心行动就可以了，现在自己不做主，反而去招外人，各路豪杰汇聚了，肯定是强者为主，到时候哪里还有你说话的份儿啊？所以陈琳看出袁绍的这个主意好比是反着拿宝剑，把手柄朝着别人，肯定事情没做成，反而会出大乱子！但何进不听。

此时，身为典军校尉的曹操看得更清楚。《资治通鉴》上说——曹操闻而笑曰："宦者之官，古今宜有，但世主不当假之权宠，使至于此。既治其罪，当诛元恶，一狱吏足矣，何至纷纷召外兵乎！欲尽诛之，事必宣露，吾见其败也。"

曹操敏锐地指出，这类人存在很正常，问题的核心是权力太大、没有制约。只要把乱政的处治了，建立制度，日后加强监督就行了，既没有必要全杀光，也没有必要招外兵。用现代眼光看，这就好比针对出纳挪用公款，既没有必要从此消灭所有出纳，也没有必要找外人管事，使财务外包，我们只要把挪用公款的出纳处理了，然后加强平时的资金管理也就可以了。这才是正确的解决问题的方案。

能用说服教育，就少用制度手段；能用制度手段，就少用司法手段；能用司法手段，就不要用军事手段，这是曹操意见的核心。解决问题，要尽量发挥我们自己的优势，而不是借助外人的力量。

这些正确的意见都没有被何进采纳，最后何进还是把董卓招进了洛阳，结果给国家和关中百姓带来了灭顶之灾。我们认为，在这件事情上，袁绍是要负主要责任的。招董卓是袁绍出的一个大大的馊主意。

大家注意，我们搞企业，搞战略管理，经常会面临威胁，此时的对策是要运用自身优势应对威胁，而不是用别人的优势应对威胁，或者用一个大的威胁应对一个小的威胁。这都属于挖肉补疮，旧伤没好又添新伤的糊涂做法。

什么叫馊主意？自己团队可以解决的事情非要交给别人，而托付的那个人我们既不了解又无法掌控，这就是典型的馊主意。

那么，袁绍为什么要出这样的一个主意呢？是袁绍犯糊涂了吗？不是，袁绍一点也不糊涂，关于袁绍建议招董卓这件事，《后汉书·窦何列传》意味深长地写了一句："绍亦素有谋。"袁绍也经常琢磨事，他也想掌权，想在宦官和外戚的夹缝中闯出自己的一条路，但是自己的势力不足，影响力小，说话没人听。在这种情况下，引入新的力量，有助于改善自己的不利处境。恐怕这个才是袁绍的另一个小算盘。我想，袁绍确实是动了这样的念头的，他有私心。

> **管理箴言**
>
> 馊主意往往在有私心的时候产生。换句话说，馊主意是小算盘的副产品，先有小算盘，后有馊主意！

在我们身边，经常有这样的现象，明摆着是一个吃亏上当、捅娄子的事情，偏偏它就发生了，很多人拍着大腿说："这个差劲的方案，难为他们怎么想出来的，难道那些人就没有脑子吗？"其实人家有脑子，都是聪明人，只不过在决策的时候打上了小算盘，盘算着个人得好处、占便宜。一旦动了这样的小算盘，自然就产生了馊主意。

所以，我们提醒所有的聪明人，一旦手握权力，身居要职，能做重大决策，千万不要动私心盘算着占便宜，否则，就会做出事后令自己都非常惊讶的错误决定。

有人说，不怪袁绍，主要是董卓坏，一起来的还有丁原，丁原就是好人，就没有做坏事嘛。所以问题的本质不是引狼入室，而是狼子野心。

我们说，这个逻辑是有问题的，这就相当于说：因为有好人在，我们就不用锁门，如果丢了东西，不是我们管理不到位，而是因为贼太可恨了！大家想想，咱们过日子，不能因为世界上好人多，就一天到晚大开防盗门吧！所以，董卓固然可恨，但是轻率决策，不设防范，把董卓引来的人也难辞其咎。

董卓一开始的恶行可以概括成八个字"搜牢劫社、滥发货币"。对此，《后汉书·董卓传》就有记载：

> 是时，洛中贵戚室第相望，金帛财产，家家殷积。卓纵放兵士，突其庐舍，淫略妇女，剽虏资物，谓之"搜牢"。人情崩恐，不保朝夕。及何后葬，开文陵，卓悉取藏中珍物。又奸乱公主，妻略宫人，虐刑滥罚，睚眦必死，群僚内外莫能自固。卓尝遣军至阳城，时人会于社下，悉令就斩之，驾其车重，载其妇女，以头系车辕，歌呼而还。又坏五铢钱，更铸小钱，悉收洛阳及长安铜人、钟虡、飞廉、铜马之属，以充铸焉。故货贱物贵，谷石数万。又钱无轮郭文章，不便人用。时人以为秦始皇见长人于临洮，乃铸铜人。卓，临洮人也，而今毁之。虽成毁不同，凶暴相类焉。

问题是董卓的恶行是否遭到了反对呢？答案是没有。政府官员中居然没有人站出来反对董卓。那么是不是大家害怕董卓的实力，不敢站出来呢？我们可以先来看看董卓的实力到底有多大！我提供两个事实：

一、董卓实力有限。部队一共三千多人，左出右入，右出左入。"初，卓之入也，步骑不过三千，自嫌兵少，恐不为远近所服，率四五日辄夜潜出军近营，明旦乃大陈旌鼓而还，以为西兵复至。"三千多人，搞军事斗争是不够的，但是搞政治斗争，倒是绰绰有余了。

二、朝廷并非是案上的鱼肉。朝廷手里的部队至少在十万以上。除了首都日常的卫戍部队之外，公元184年三月，以河南尹何进为大将军，封慎侯，率左右羽林、五营营士屯都亭，修理器械，以镇京师。北苑五军的实力十分强大，朝廷掌握的部队几乎是董卓的几十倍。所以，其实董卓一开始根本就不具备左右政权、祸乱国家的实力！董卓得手的根本原因，不在于董卓实力有多么强大，而在于政府管理集团的集体不作为，没有采取任何行动，眼睁睁看着董卓一点点掌握了权力，一点一点日益猖獗起来。

那么，我们不禁要问一个问题了：为什么在一开始董卓比较弱小的时候，没有人站出来反对董卓呢？看着这个大奸贼在那里做坏事祸国殃民就没人管吗？

说到这个问题，大家都知道一个"骆驼进帐篷"的故事。董卓就是这只进帐篷的骆驼，他不是一下子就掀翻了朝廷这顶帐篷，不是一下子就把大汉政权给掀翻了。他是面带微笑一点一点挤进来的，而且一开始不但没有掀帐篷，相反他还参与了帐篷的维修工作。一开始，董卓甚至做了一些很符合民心的事情。《后汉书·董卓传》有记载：卓素闻天下同疾阉官诛杀忠良，及其在事，虽行无道，而犹忍性矫情，擢用群士。乃任吏部尚书汉阳周毖、侍中汝南伍琼、尚书郑公业、长史何颙等。以处士荀爽为司空。其染党锢者陈纪、韩融之徒，皆为列卿。幽滞之士，多所显拔。以尚书韩馥为冀州刺史，侍中刘岱为兖州刺史，陈留孔伷为豫州刺史，颍川张咨为南阳太守。卓所亲爱，并不处显职，但将校而已。

你看看，董卓任人唯贤，为国选材，人才都安排在高位，自己亲近的人却没怎么提拔。良好的干部政策是稳定队伍的要点所在，董卓这个策略是很成功的。在他实力比较小的时候，没有人站出来反对他。大家对董卓还都比较接受。

其本质，就是一开始先提小的要求，逐步加大，前边小的要求被答应了，后边大的要求也容易被接受。美国社会心理学家弗里德曼与弗雷瑟于1966年做过"无压力的屈从——登门槛技术"的现场实验，派人随机访问一组家庭主妇，要求她们将一个小招牌挂在自家的窗户上，这些家庭主妇愉快地同意了。过了一段时间，再次访问这组家庭主妇，要求将一个不仅大而且不太美观的招牌放在庭院里，结果有超过半数的家庭主妇同意了。

这个规律告诉我们：要别人做一件事又担心他拒绝时，可以先请他做一件类似的、较小的事情。只要对方答应了小要求，大的要求也很容易答应。这个策略也叫作"得寸进尺效应""骆驼效应"。"骆驼效应"对我们的启示很多。

启示一，在教育过程中，对有困难、有问题、有毛病的学生，不要一下子提过高的要求，要先提出一个只比过去有进步的小要求，当学生达到这个要求后再通过鼓励逐步向其提出更高的要求。这就是所谓的"随风潜入夜，润物细无声"。学生一旦实现了一个小目标，迈过了一道"小小门槛"，就会变得很有信心并很配合，这样一步一个台阶，一步一个台阶，不久就会取得很大进步。对"问题学生"的教育切忌急于求成、"恨铁不成钢"，而要富有爱心和欣赏心，看到他们的闪光点和发展潜力，对他们做出积极的鼓励性评价，哪怕是一个赞许的点头、一个满意的微笑、一句真诚的祝福，都可能唤起他们的自信，使他们看到自身发展的希望，从而积极健康成长。

启示二，在和人交往的过程中，如果担心别人拒绝自己的请求，可以先提个小请求，小请求被满足了，再提大的，就很容易成功！比如，宿舍里的女生想拉别人逛街，先不说逛街，先说："张姐，受累把那个毛巾递给我！"人家递了，然后再说："张姐，请问现在几点了？"人家又说了。两件事都做到了以后，第三次再说："张姐，陪我去逛街吧！"这就很容易成功。这种技巧也叫软化技巧，即先用小要求软化别人的心，然后再提大要求。

启示三，从另一方面来说，提醒大家，你答应过别人几次小的要求，就更容易答应大的要求。在重大问题的决策过程中，要小心那些给你提小请求的人，他可能正在使用"登门槛"的技术锁定你。答应过他的几个小要求之后，你就特别容易失去警惕性，中他的招。

董卓在一开始不占优势的时候，就使用了这种逐步扩张、逐步抓权力的办法，每次一点点，每次一点点，阻力很小，没有人强烈反对；等到局势已成、优势已定，再有人反对，已经晚了！

所以管理学有一个观点，突变不可怕，可怕的是渐变。这个规律后来被人们用一个生动的例子来总结叫作"温水煮青蛙"。把青蛙放到开水盆里，它立刻就能跳出来；如果把它放到冷水盆里，下边一点一点加热，青蛙很容易忽略温度的变化，直到被煮死，也想不到要跳出来。

> **管理箴言**
> 缓慢的变化比突变更可怕，因为突变能让人立刻想到反抗，而不知不觉的缓慢变化会让人逐渐忘了反抗。

东汉的"中央政权"就像是一只硕大的青蛙，被董卓笑眯眯地放在水盆里一点一点加热，因此一点一点走向崩溃，却根本没有想到要跳起来，哪怕挪动一下身体！

小到一个人的事业发展，大到一个国家、一个民族的进步，乃至我们整个地球的环境保护、人类的生存与发展，最可怕的就是温水煮青蛙。

要能突破这种麻木，要能在小问题上看到趋势，该跳起来时必须跳起来。做大事的人，要看到趋势，在小事情上保持拍案而起的勇气和力量！

此时此刻，面对董卓的暴行，终于有两个人拍案而起：一个是袁绍，另一个就是曹操。《三国志》记载：卓表太祖为骁骑校尉，欲与计事。太祖乃变易姓名，间行东归。董卓是想拉拢和提拔曹操的；但是曹操敏锐地看到了董卓必败的结局，留下来会有灾祸，就逃出了洛阳城。

想请大家注意的是，此时曹操的职务是典军校尉，是一个带兵的武职，手下最起码应该有1万多部队。但是曹操离开的时候，是一个

人化装改扮才得以脱身的，连一个警卫连都没有拉走。这件事情，一方面说明当时董卓的势力非常大；另一方面，也可以看到当时管理层的大多数人并不反董，最起码在关中地区，反董的势力根本成不了气候。

能在大家都很麻木的时候，突破惯性思维，毅然决然放弃荣华富贵，走上反董的道路，这是曹操让人佩服的地方。事实证明，曹操这一走是走对了，如果留下来，他就根本不可能有后来的英雄事业。

今天，我们很多人也经常面临何去何从的选择，曹操的做法对于我们做出去留选择有什么启示呢？是去还是留，要问自己四个问题。

现代人力资源管理论认为，干工作其实有"四个认同"：认同公司，认同领导，认同事业，认同职位。四个认同当中，必须有三个回答"是"，才可以留下来做长期打算。比如，请你上梁山，你就得问自己："是否认同梁山这家公司的团队和管理模式？""是否认同宋江这个领导？""是否认同梁山所做的事情？""是否认同让你当马军八彪将这个职位？"如果都答"是"，那就水里水去、火里火去，就上梁山了。董卓让曹操加盟自己的公司，曹操就思考了这四个问题——

是不是认同董卓的公司？不认同！

是不是认同董卓这个领导？不认同！

是不是认同董卓他们所做的事情？不认同！

是不是认同董卓给的骁骑校尉这个职位？这个倒是有点认同。

四个问题当中，有三个都是否定的。这份工作就不能做。

同理，如果你想长期从事一份工作，你也要问自己这"四个认同"问题。

方法二

弥补策略：利用联合拉资源

曹操逃出了洛阳城，一路东行就到了陈留。曹操此行没有回老家亳州，而是专门来陈留，目的很明确，他是来找一个人，此人姓张名邈字孟卓，官拜陈留太守。前边提到过，曹操少年时和袁绍关系密切，在这个小圈子当中，还有一个人就是张邈[1]，张邈、曹操和袁绍当年曾经是非常要好的朋友。现在的张邈，要队伍有队伍，要地盘有地盘，而这两样东西恰恰是曹操最缺少的。所以曹操来投奔张邈。张邈对董卓的倒行逆施也切齿痛恨，早有起兵的决心，曹操恰在此时到来，两个人一拍即合。

在张邈的帮助下，曹操散家财，合义兵，准备讨伐董卓。陈留当地的孝廉卫兹也慷慨解囊，散尽家财资助曹操。到了冬天，曹操终于组建了一支五千人的部队，这是曹操人生中直接掌握的属于自己的第一支部队。得到了曹操起兵的消息，老家谯郡也来人了，夏侯惇、夏侯渊、曹仁、曹洪、曹真和曹休带着老家的子弟兵也加入了进来，曹操军威大振，布告天下，公开打出了讨伐董卓的旗号，这一年是中平六年，也就是公元189年，大家注意，曹操是普天之下第一个公开打出旗号反对董卓的人。这个不简单啊。普天之下王侯将相文臣武将，位高权重、手握兵权的大有人在，曹操以一个师长的身份，五千人部队的实力，客居陈留的局面，就敢扯起大旗向董卓叫板！这份勇气是别人所没有的，这是一种什么精神？这是一种亮剑精神！能力有限，勇气无限，宁可被你打死不能被你吓死。

正是因为曹操的带动，才有了天下英雄的纷纷响应，到了第二年，扯起讨伐董卓大旗的诸侯已经有十多位。在形势不明朗、实力非常有限的情况下，能第一个站出来，这确实是英雄行为，普通人很难有这种做第一的魄力。许劭当年没有看错曹操，曹操也没有辜负许劭的点评。也或许正是许劭的点评，激发了曹操心中的英雄主义情怀，

---

[1] 张邈（？—公元195年），字孟卓，兖州东平郡寿张县（今山东阳谷）人，东汉末年陈留太守，曾参与讨伐董卓。在汴水之战后归附曹操，后跟随吕布投奔刘备，全家及弟弟张超都被曹操杀于雍丘。他本人亦在向袁术借兵的路上为部下所杀。

一个男人，是要有点英雄主义情怀的。做第一是需要胆识的，曹操能做第一，这就不简单！

第一个吃螃蟹的是英雄，第二个吃螃蟹的是凡人，第三个吃螃蟹的是美食家；第一个把女人比喻成花的是天才，第二个把女人比喻成花的是庸才，第三个把女人比喻成花的，那是抄袭。

而且曹操这个第一不是在自己地盘上做的，当时曹操根本没有自己的根据地。他属于在别人的地上种自己的庄稼。能够借势借力做第一，这就更加不简单。曹操利用张邈的资源来发展自己的势力，在这个过程中，他是有自己的盘算的：一、张邈绝对不会站出来做第一；二、自己做的事情会得到张邈的支持；三、和张邈的联合要有策略，拿捏好火候。

我们重点讲讲曹操的火候，曹操在《军策令》中说："孤先在襄邑有起兵意，与工师共作卑首刀，时北海孔宾硕来候孤，讥孤曰：'当慕其大者，乃与工师共作刀耶？'孤答：'能小复能大。何害？'"

这段话描述了一个场景，筹备起兵的时候，曹操亲自和营中的铁匠一起打造刀剑，身边人提醒他作为领导要抓大事，和铁匠制刀这种事情太细小了。曹操自己说：能做好小事才能做成大事。

这件事情给了我们一个很确定的信息，就是当张邈和卫兹倾尽全力帮助曹操组建军队的时候，曹操自己也没有闲在一旁，而是在基层一线做着更加艰苦细致的工作，一方面鼓舞士气，一方面也向帮助自己的人展示自己基本的态度。我们大家都要注意，在弥补策略当中，有一个最要紧的问题，就是受益者本人应该身先士卒，吃苦在前。

人家帮你盖房子，你自己却躲在一边睡大觉，帮你的人会怎么想？人家省吃俭用捐钱给你上学，你自己旷课打游戏，捐钱的人会怎么想？人家资助你创业，你自己却花天酒地不务正业，下次谁还会帮你？募捐的人省吃俭用，接受捐款的人却大吃大喝、大手大脚，这样的慈善能维持多久？

所以，在借助别人的平台、别人的资源开创自己事业的时候，必须注意的一个问题，就是一定要拿出吃苦耐劳、珍惜机会的基本态度。

比如搞卫生的时候，地毯上面散落的瓜子皮比凌乱的玩具更加难以清理，地毯好比一个人，瓜子皮是小毛病，一堆乱玩具是大毛病，小毛病往往比大毛病更加难以改正；很多人没有大毛病，甚至才华横溢，就是因为有一堆难以清理的小毛病，就被大家抛弃了，好比一块沾满了瓜子皮和米饭粒的华丽地毯。

> **管理箴言**
>
> 事业好比一片菜园，自己精心照料了别人才会主动帮你浇灌。千万不要偷懒怕麻烦，小毛病会丧失大机会。

方法三

抢抓策略：放下小我先动手

初平元年（190年）正月，各地诸侯群雄起兵，打出讨董的旗号，当中包括：渤海太守袁绍、后将军袁术[1]、冀州牧韩馥、豫州刺史孔伷、兖州刺史刘岱、河内太守王匡、陈留太守张邈、广陵太守张超、东郡太守桥瑁、山阳太守袁遗和济北相鲍信。大家推选袁绍做了盟主。盟军总数十多万人，声势浩大，而且得到了广泛的支持。

从战略上看，董卓盘踞洛阳，无险可守，又远离自己的根据地西凉，手下的部队参差不齐，政府官员也大多怀有二心。在做了一番仔细的形势判断之后，董卓决定，采取焦土政策，放弃洛阳，迁都到长安，争取战略上更为有利的态势。董卓以车驾先送献帝西迁。又以步

---

[1] 袁术（？—公元199年），字公路，汝南汝阳（今河南商水）人。三国初期军阀，以南阳多数人口之地作为领地，出身于官宦名门，袁绍之弟，趁乱世称帝，却得不到支持，最终屡次兵败后吐血而死。

兵、骑兵逼徙洛阳数百万人到长安,百姓被人踩死、被马踏死、饥饿而死、遭抢劫而被杀的堆满道路。董卓则留在洛阳毕圭苑,下令捉拿富翁,安插罪名将他们杀害,没收其财产,死者不计其数。又派吕布掘开先帝帝陵及公卿以下的冢墓,盗取珍宝。最后放火烧了洛阳城内全部的宫庙、官府、民居,洛阳二百里内,一片焦土,建筑物全部被毁,鸡犬不留。东汉开国以来,苦心经营两百多年繁华如梦的洛阳城就这样毁于一旦。董卓的暴行遭到了天下人的切齿痛恨。

至此,盟军真的是占尽了天时地利人和。但是比较奇怪的是,占尽如此优势,盟军却没有人挺身而出向董卓发起进攻。这其中的原因倒是很值得分析一下。

我来讲一个斗争模型:两山夹一沟,下边是万丈深渊,中间有一个独木桥,有一天,桥上面对面来了两只羊,一头黑羊、一头白羊。桥面很窄,只能容许一只羊通过,所以黑羊和白羊就这样头对着头、角顶着角,僵持在桥上了。黑羊说:"老弟,我有急事,你给我让一让。"白羊说:"大哥,我比你还着急,你给我先让。"两只羊面临的局面就是:如果有一方让步了,那双方都可以顺利通过;如果两方都不让步,那最后都会掉进万丈深渊,摔个粉身碎骨。大家估计一下,到底哪只羊会让?

为了方便大家做判断,我们需要给一些基本的类型信息。首先,大家想一下,如果黑羊是穷人,白羊是富人,那谁会让步?这个有争议的话,没关系,我们再加一个信息,如果黑羊刚刚破产了,白羊刚刚中了五千万的大奖,你估计谁会让步?如果黑羊刚刚失恋,白羊媳妇刚刚生了一对双胞胎,你估计谁会让步?如果黑羊刚刚被检查出得了绝症,而白羊刚刚得到消息要被提拔当局长了,你估计谁会让步?

现在问题很清楚了,答案就是:谁幸福谁让!研究表明,幸福感会降低人的斗争性!如果斗争的风险很大,而目前的日子又很好,谁也不会去冒险斗争的。

> **管理箴言**
>
> 两个规律：一、总是为鸡毛蒜的事情拍案而起，动不动就和别人拼的人，他的生活质量一定很低，都是可怜人呐；二、过好日子的时候，人们都比较温和，不爱冒险斗争。

由此得到两个规律：一、总是为鸡毛蒜的事情拍案而起，动不动就和别人拼的人，他的生活质量一定很低，都是可怜人；二、过好日子的时候，人们都比较温和，不爱冒险斗争。

按照这个规律大家可以分析分析各路诸侯面对董卓时的心理活动了。大家的日子本来都不错，自己的利益也没有受到多大损伤，要不要冒险去和董卓拼一下呢？所有人都会想，没这个必要吧。所以，这些既得利益者中，没有人想着国家、民族、老百姓。因此他们采取了等待观望的退缩策略。

曹操对这些人的行为很反感。《三国志》记载，曹操给各家诸侯做了形势分析，足见其战略眼光：（太祖曰）"举义兵以诛暴乱，大众已合，诸君何疑？向使董卓闻山东兵起，倚王室之重，据二周之险，东向以临天下；虽以无道行之，犹足为患。今焚烧宫室，劫迁天子，海内震动，不知所归，此天亡之时也。一战而天下定矣，不可失也。"董卓集团内部矛盾重重，外部倒行逆施，人神共愤，而义军人数众多士气正旺，正符合抓住机遇发挥优势的追逐策略。无奈盟军诸侯这些幸福的小羊们各怀心事、同床异梦，没有人真正想冒险出兵。最后曹操只能决定孤军前进，冒险出兵。

据《三国志·武帝纪》记载，大军到荥阳汴水，遇卓将徐荣，与战不利，士卒死伤甚多。太祖为流矢所中，所乘马被创，从弟洪以马与太祖，得夜遁去。在这次战斗中，曹操遇上董卓大将徐荣，双方交战，曹军因兵少不利，处于严重的被动局面，曹操更因坐骑受伤而险些被俘。关键时刻，曹洪[1]将马让给曹操，舍命相保，曹操才得以脱

---

[1] 曹洪（？—公元232年），字子廉，沛国谯（今安徽亳州）人，是曹操的从弟，三国时曹魏名将。

身。起家的部队打光了，老本儿赔得干干净净，军费的主要赞助商卫兹也英勇战死军前。曹军的以死相拼，给自己带来的是灭顶之灾，但是却给那些观战的诸侯带来了莫大好处。徐荣发现联军战斗力很强，这么一只小部队都这么能打，就放弃了偷袭联军核心大营的计划，引兵西去了。

汴水之战曹操胜利了，胜得很艰难，也很漂亮。有人说不对啊，前边你不是说曹操大败了吗？确实，曹操汴水之战在战术上是失败了，但是战略上却非常成功。我们可以这样说，曹操确实有战略眼光。用一次战术的冒险，取得了战略的成功，这是非常值得的。

下面，我们来讲讲什么是真正的战略眼光？"站在未来观现在，立足人心观未来，研究需求观人心，放下我执观需求。"我执就是对自我的执着在意，主要表现为两个障碍，一个是我有，一个是我想。我有和我想，会影响一个人看待问题的角度和深度。举个例子，大热天挤公交车，车上人挨人人挤人，你正要挤上去时，车上有人喊关门，你一定特别生气："关什么关，这人怎么这么自私啊，谁关我跟谁急！"这边贴挤剐蹭，终于上了车。一旦挤上了车，你的第一个念头也是让师傅赶紧关门！在短短十几秒之内，你变成了自己反对的人。为什么会有这么大转变？很简单，因为你有了座位，有座位当然就会按照有座位的思路来想问题，而不是按照追车人的思路想问题，这就叫"坐车不知道赶路的苦，饱汉子不知道饿汉子饥"。"我有"两个字会挡住一个人的眼睛，让人忽略那些"没有"的人的感受。

那什么是"我想"？再举个例子，早高峰挤地铁，车上人这叫一个多，人贴着人，挤得跟照片一样，而且是好多张照片叠在一起。你要下车时，车门一开，前边有个人动作极其迟缓，你这个着急啊，公司指纹打卡，迟到要扣钱的，月奖、季度奖、年终奖，扣起来要命啊！旁边几个人也特着急，大家齐心协力架着前边的人就下车了，直到下车，才知道人家根本就不下车。可大家顾不上多想，各自匆匆赶路去了。

当一个人着急想下车的时候，是顾不上考虑别人想还是不想的，这叫"想进来的只恨要出去的慢，想出去的只嫌要进来的烦"。"我想"两个字也会挡住一个人的眼睛，让人忽略那些"不想"的人的感受。

一个人如果不放下自己内心的"我有"和"我想"，就会经常只看到自己，而忽略别人，想事情、看问题就会变得狭隘和片面。尤其是从事管理的，如果放不下"我有"和"我想"，就不容易了解大家的需求，脱离团队、一意孤行，最后变成孤家寡人，不知不觉走到失败的边缘。

我们每个人都应该有这样的胸襟：放下自己，站在旁人的角度，考虑一下别人的感受。

曹操有一点很不简单，就是年纪轻轻就具备了战略眼光。为什么要在力量不具优势的情况下冒险追击敌人？站在未来看这个问题，无论眼前的追击胜利与否，自己都将成为天下诸侯中敢于向董卓进攻的部队首领，将来必定名满天下，人人支持，成为楷模。

站在人心看未来，人心向汉，大家都恨透了董卓，在此危急时刻，能勇敢地出击，无论成与败，都会成为人们心目中的英雄。而那些鼠目寸光、畏缩不前的人，最后会失去民心。

站在需求看人心，老百姓现在需要的是扫除残暴，恢复秩序，安全稳定有饭吃，能过太平日子。谁第一个站出来为老百姓实现这个梦想，谁就有号令天下的影响力！

放下我执看需求，虽然我们拥有的资源不多，虽然我们有自己的小算盘，想要抓住权力、壮大实力而不是为别的什么人实现梦想，虽然我们出击很危险，很有可能吃败仗，但是这些小算盘此刻都必须放下，此刻需要明知不可为而为之，明知不能成而成之。

其实，说白了，曹操在汴水战役前就想明白了一个问题，自己这次出兵根本不是为了追击董卓，而是要抓住自己的未来。各路诸侯，谁能第一个出击，谁就会成为天下人心目中的英雄，谁就会拥有壮丽的未来。大家看历史，曹操出击了，孙坚动手了，所以，曹氏和孙氏的事业都做大了，其他人前怕狼后怕虎，心怀鬼胎，保存实力，最后都被历史的车轮淘汰了。

"我有什么，我要什么"是小盘算，"天下人有什么，他们想要什么"是大算盘。做大事，必须有大算盘，放下小盘算。

曹操还没有到伟人和圣人的境界，但是他确实算是能人和高人。他敏锐地看到了冒险追击的价值和意义，毫不犹豫地做出了正确的抉择。

汴水之战，从战术上看是失败了，但是凭借这一次惨烈的失败，曹操在天下人心目中树立起了自己的个人威信和品牌形象。这笔无形资产，成为支持他后来事业做大的宝贵财富。这次失败，就相当于一次赔钱的广告，在天下人心目中树立了曹孟德三个字的品牌形象。

当诸侯们都想着占地盘的时候，曹操做了一件非常高明的事，就是占领人们的心。

世界上最遥远的距离，不是我们远隔天涯海角万里之遥，而是我站在你对面，你心里却没有我，这个距离才是最大的距离。现代商业竞争也证明了，成功的企业不是占领市场份额，而是占领大众的心。如果心里没有你，近在眼前也会熟视无睹；如果心里有你，千山万水也会执着追寻。与其站在对面被忽视，不如远在天边被惦记。品牌这两个字的精髓就在这里。袁绍、袁术等庸庸碌碌之人，沉溺于每天的

> **管理箴言**
>
> **只有大算盘没有小算盘是伟人，只有小算盘没有大算盘的是庸人；在大算盘中成就了小算盘的，是能人；为了大算盘放下小算盘的，是高人；能教育人人都放下小算盘成就大算盘的，那是圣人。**

置酒高会、推杯换盏当中,小富即安,错过了重大的发展事业的机遇。

大家看历史就会知道,整个讨伐董卓的战役,名义上是天下诸侯发起,但真正与董卓军交战的,只有曹操与孙坚两支军队。天下苍生、国家危亡、救民水火等口号被一些人整天挂在嘴上,但是也就是说说而已,实际上想的都是占便宜、捞好处、保存实力。

不过大家看后来历史的发展进程,我们可以看到,讨董联盟中那些企图保存实力的诸侯最后都消失在了人们的视野中,反而是当时被认为莽撞冒进的曹操和孙氏父子集团,最终能在三国初期混战中生存下来并独霸一方。

这个现象很有趣,也很深刻,它告诉我们,一个人干事业,要有远大的目标,要有理想,贪图小利不懂付出的人最终只会被历史淘汰。胸怀有多大,事业就有多大;目标有多高,成就就有多高。

讨董战役之后,天下形势发生了急剧变化。联盟中最有威望的两个人袁绍和袁术,最先挑起内斗,袁绍夺取了韩馥的冀州,接着与公孙瓒开战。而袁术则占据南阳,做起了皇帝梦。大汉王朝已经名存实亡,各地诸侯弱肉强食,割据和乱战的局面就此展开。表面上,大家还称兄道弟,忠于汉室,口口声声报效国家,骨子里却貌合神离,心怀鬼胎。曹操再一次清醒地认识到,靠当权派不行,靠造反派不行,联盟也靠不住,唯一的出路只有一条,就是自己拉队伍!有实力才有发言权,自己的未来,只能靠自己去创造。那么,在拉队伍的过程中,曹操又遇到了哪些问题,他采取了怎样的策略呢?请看下一讲。

第四讲

快速成长想办法

当今社会竞争激烈，很多企业都希望快速成长，但也有人为了图快而不择手段，想方设法寻找捷径，最终遭遇失败、得不偿失。怎样做才能既稳妥又快速地发展事业呢？曹操就是这方面的高人，在一穷二白的情况下，他想了很多办法，在竞争惨烈的乱世中快速地营造出乐观的前景，为将来的宏伟大业打下了坚实的基础。曹操快速发展事业的策略都有哪些呢？精明的他究竟是如何做到这一点的呢？

我们生活在一个高速发展的年代，公路是高速公路，铁路是高速铁路，吃面有速食面，吃药有速效胶囊，培训讲速成，结婚喜欢速配。在我们这个时代，大家干什么事情都希望快一点，再快一点。

当速成成为我们的梦想，浮躁也就成了我们的通病。不过有谁能放下自己的梦想呢？和很多人一样，曹操也希望速成，希望快速做大。曹操起点比较低，做的是个小公司，人不多规模不大，而且汴水一战打光了老本儿，公司几乎破产。如何迅速把事业做大，成了曹操最着急的一个问题。"一急有三乱，一忙有三慌。"曹操这一急，就给自己带来了意想不到的灾祸。

细节故事

扬州叛乱

东汉初平元年，也就是公元190年的春天，江南的扬州一派明媚春光。那景象真是暮春三月，江南草长，杂花生树，群莺乱飞，看不尽的江南美景。在扬州大路上，由南往北，浩浩荡荡来了一队人马，打的旗号不是汉家旗号，也不是扬州旗号，大旗上单绣"忠义"二字。旗下红马上端坐一人，细眉长目，三绺胡须，不是别人，正是官拜奋武将军的曹操曹孟德。往脸上看，曹操瘦了，五色棒立威那个时候他是个白面书生，现在又黑又瘦，军旅生涯打磨了他的筋骨，虽然

瘦了,但却结实了。他看上去虽很有精神但也掩饰不住倦容。

此刻的曹操没有心情看江南美景,他归心似箭,恨不能长出翅膀飞回洛阳前线去。汴水之战把老本儿都赔上了,辛辛苦苦训练出来的五千部队损失殆尽。这次来扬州招募部队,幸亏刺史陈温的大力支持,才得以在很短的时间内就招募到五千生力军。刺史陈温、丹杨太守周昕送给曹操士兵四千余人。

这段时间,也不知道前线战况如何,形势又发生了什么新变化,曹操的心情忽而高涨,忽而沉重,忽而豪情万丈,忽而忧心忡忡。

心里再急,路还是要一步一步走。行军到傍晚,曹操选了一块平川之地安营扎寨,埋锅造饭。他传下军令,三军早早安歇,明天要倍道而行,加快行军。

江南的夜晚来得温和甜蜜,夕阳沉落,倦鸟归林,夜色像一块黑色的大幕慢慢覆盖了山川大地,也覆盖了曹操的大营。一切都显得那么安宁沉静,但是就在这份安宁的背后,巨大的危险在不知不觉中悄悄降临了。

当天晚上,曹操旅途劳乏,一沾枕头就睡着了。正在睡梦当中,耳边就听到海潮一样的喊杀声,满鼻子都是烟熏火燎的味道,曹操本能地一挺身从床上坐了起来。只见大帐外火光冲天,半个大帐都燃烧起来了,曹操脑袋嗡的一声,心想:坏了,难道是董卓的部队来偷袭了不成?他连忙整理一下衣服,也顾不得随身物品,拔剑在手,就往外闯。只听帐外"腾腾腾"的脚步声,一员大将大步流星地闯进来——此人身高八尺,体格粗壮,阔口环眼,满脸络腮胡子,头发匆匆盘在头上,手执宝剑,浑身是血迹,眼睛都杀红了。来者不是别人,正是曹操的心腹大将夏侯惇!夏侯惇进帐大呼:"扬州兵造反了,正在攻打中军!主公快走!"

来不及多说,夏侯惇在前,曹操在后,二人冲出大帐。只见帐外一片混乱,叛军正在大帐周围和曹操的亲兵血战,整个大营都乱套了。曹操把牙关一咬，随着夏侯惇杀入人群。

扬州兵为什么造反？

我们看京剧里的曹操厚底靴，大白脸，戴冠穿蟒，是个文官打扮。其实曹操不白呀，曹操有功夫，做大事没功夫哪行，平时强身，临危救命。《魏书》记载：兵谋叛，夜烧太祖帐，太祖手剑杀数十人，余皆披靡，乃得出营。曹操手舞宝剑，一连砍倒了数十人，在叛军当中杀出一条血路，终于脱离了险境。天亮时检点身边的军卒，原本的五千多人仅剩下五百多人。扬州招兵差一点变成了扬州招祸。曹操这个悔恨呀！

规律分析

刺猬效应

首先我们可以想一下，曹操为什么要去扬州招兵？这属于舍近求远，放着好好的河南兵不招，非要到江南去招，这其中有什么玄机呢？

除了我们都能想到的人口锐减、兵员紧张这些原因之外，还有一个重要因素，其实说起来也很简单，曹操是"兔子不敢吃窝边草"，因为眼前这些草都被狼占着，当时曹操没有自己的地盘，在别人的地盘上擅自招兵，等于在太岁头上动土，会带来很多麻烦。

那么，曹操为什么不联合其他诸侯一起招兵呢？比如张邈、袁绍，这些人是愿意和曹操拉近距离的，只要曹操提出要求，估计他们是会答应的。曹操为什么不这样做呢？这是曹操的另一个心结，就是不想和袁绍他们走得太近。

我们需要先介绍一个小规律，叫刺猬效应。冬天来了，两只困倦的刺猬为抵御寒冷而挤在一起。可是，由于靠得太近，它们身上锋利的长刺刺痛了对方，无奈之下，它们只好保持足够的距离，忍受着寒冷。可是天气越来越冷，两个小家伙谁都受不了刺骨的寒风，下意识

地又凑到了一起。经过一次又一次的分开、靠拢，两只刺猬终于找到一个相互之间最合适的距离：既能够互相取暖又不至于被刺痛。

刺猬效应反映了人际交往中的距离规律，即每个人都需要在自己的周围有一个由自己把握的自我空间，它就像一个无形的"气泡"一样，为自己"割据"了一定的"领域"。

所谓距离产生美，每个人在和陌生人交往的过程中都要掌握"距离"的分寸，随着关系的改变调整距离，让人觉得舒服、安全，这才是友谊长久之道。在实际生活当中，我们每个人在把握人际关系，特别是亲密的情感关系的时候，都要注意这个刺猬法则，给对方留点空间。把握感情就如同攥一把沙子，攥得太松它会漏掉，攥得太紧它也会漏掉，要不松不紧，有一个合适的度。

而且，对于曹操来说，他考虑的不光是感情问题，还有实力问题。拉队伍干事业，有了空间才有自我，一旦把自己和其他某个强大的诸侯紧紧连在一起，保不准什么时候，人家就把自己给吃掉了。依靠他人可能会失去自我，独立自主才是真正的自强之路。

联系实际

联盟要有基础，人托人不可信

曹操扬州招兵，还有一个原因，就是曹洪和当时的扬州刺史陈温有点交情。所以，凭借曹洪这个二传手的介绍，曹操才得以找陈温帮忙。

这也反映了曹操在仓促之间，急于扩大队伍的紧迫心理。所谓"饥不择食，慌不择路，寒不择衣，贫不择妻"，曹操太缺乏支持，太需要人帮忙了，就没有考虑更多的问题，以致扬州之行差点儿把命搭上。

稍微有点常识的人，都能想到，这种人托人的关系，在小事情上还可以，大事情上一定会有问题，即使当场办成了也会存在很多后遗症！

举个例子，比如你的一个好朋友联络你，说有一个很棒的项目需要找合作伙伴，项目的发起人之一是他的朋友，给你们牵牵线搭搭桥，请你到他那里投资。这个事情能不能做，靠谱不靠谱？

经验告诉我们，这个事情十有八九是不靠谱、不能做的。因为那个所谓的投资人你从没接触过，一没了解，二没感情，三没信任，全靠中间人的一面之词，中间人是你们之间唯一的纽带，而这个纽带到底是铁链子还是纸链子，谁也说不清。

在这种情况下，如果你听信一面之词，见了一面，热乎乎地喝了几杯茶，火辣辣地喝了几盅酒，心一热，眼一花，就把资金投进去了，那就要出大问题了。

> **管理箴言**
>
> 重大的合作，一定要找有感情基础和利益基础的人，不能依靠人托人两张皮的模式。利益上有交集，感情上有基础，为人处事有了解，这样的人才能成为合作伙伴。

重新考虑合作对象，有两个人进入了曹操的视野。一个就是袁绍，此时的袁绍坐镇冀州，拥兵几十万，又是讨伐董卓的盟主，这个平台足够大。而且曹操和袁绍彼此了解，私人关系不错，之前袁绍还给曹操弄了一个奋武将军的头衔，早在洛阳就和袁绍关系亲密，并且形成了一个小的集团。世界很大，生活很小，天下打来打去，其实就是小伙伴之间的竞争。

唯一的问题是，目前曹操和袁绍的共同利益不多。只要能找到利益的交集，合作还是很可靠的。互相需要是合作的基础，任何单边的需要都不会带来长久的合作。

另一个人选就是陈留太守张邈。张邈和曹操也是从小的好朋友，在重大问题上观点比较接近，而且目前张邈正需要帮手来守住自己的地盘，他对曹操的需求比袁绍强烈。尽管张邈的资源和实力不如袁绍，但是可靠程度比袁绍要好很多。

曹操现在是满汉全席要吃，煎饼果子也不放过。何况张邈不是煎

饼果子，还算得上是四菜一汤呢。当然要吃！

因此，他对张邈也摆出一副很真诚的合作姿态，不过这份姿态的要点就是一边讲感情一边拿东西，能拿什么拿什么，你的就是我的，我的还是我的，连你也是我的，曹操就是这个态度。著名的大将典韦[1]其实就是张邈的人，也被曹操直接拿过来用了。

扬州拉队伍失败之后，曹操有了新的发展策略："上靠袁绍，下拉张邈，吞吃黄巾，扩张地盘。"这个策略在很短的时间内一一得到了落实。曹操刚逃出洛阳的时候，那真是形单影只，如惊弓之鸟、漏网之鱼，这一年是公元190年。但是在不到三年的时间里，他就兵强马壮，谋士如雨，猛将如云，雄霸一方。究其原因，是因为在事业起步阶段，有几个常见的问题曹操处理得都很得体、很到位，抓住了机遇，快速成长。下面我们来分析一下曹操快速成长的几个关键点。

要点一

背靠大树好乘凉，妥善处理联盟矛盾

初平二年的夏天，轰轰烈烈的讨伐董卓行动告一段落，诸侯各自回到了自己的根据地，董卓回到了长安。七月，袁绍从韩馥手里得到了冀州，实力更加强大。

此时的曹操也面临着何去何从的选择。各路诸侯都有自己的根据地，曹操没有，他的职务是奋武将军，还是代理的，而且是袁绍给的。说通俗一点，曹操就是一个平头百姓，自封了一个职务而已。

曹操有两个地方可以去，一是回到故乡谯郡，在那里建设根据

---

[1] 典韦（？—公元197年），陈留己吾（今河南商丘市宁陵县己吾城村）人，表字不详。东汉末年曹操部将。相貌魁梧，膂力过人。建安二年（公元197年），张绣背叛曹操，典韦因保护曹操而战死。小说《三国演义》中称之为"古之恶来"。

地，二是继续跟着好朋友张邈，在陈留发展。这两条路曹操都没有选，谯郡太小，张邈太弱。曹操选了一个更大更强的伙伴袁绍，他决定投靠袁绍。前边我们说过，找到利益的交集才能合作，互相需要是合作的基础，任何单边的需要都不会带来真心投入。

曹操终于找到利益的交集了。《三国志》记载：黑山贼于毒、白绕、眭固等。十余万众略魏郡、东郡，王肱不能御，太祖引兵入东郡，击白绕于濮阳，破之。袁绍因表太祖为东郡太守，治东武阳。

袁绍的南大门东郡被黑山贼袭扰，原来的东郡太守王肱根本无力抵抗，就在袁绍为此焦虑的时候，曹操率领本部人马及时赶到，没有耗费袁绍的一兵一卒，就打败了黑山贼，于是袁绍也投桃报李，顺势推荐曹操做了东郡太守。有了这个职务，曹操终于有了一个可以安身的根据地。

曹操投靠的时机选得非常好，在别人有需求的时候上门为人家解决困难，把事情办好以后，再谈合作。这就是所谓的先做贡献，再提要求。

不过，好事情来了，烦恼也跟着来了。什么烦恼呢？就是张邈和袁绍起了纠纷。《三国志》记载：袁绍既为盟主，有骄矜色，邈正议责绍。绍使太祖杀邈。袁绍和张邈闹意见，自己不动手，偏要曹操动手杀了张邈。这摆明了是借刀杀人、一箭双雕。曹操夹在张邈和袁绍之间，进退两难。袁绍有力，张邈有理，二人均和自己有情，并且此时都对自己有用，有力有理有情有用，曹操纠结于这"四有"之间，稍有不慎就会引火烧身、陷入被动。

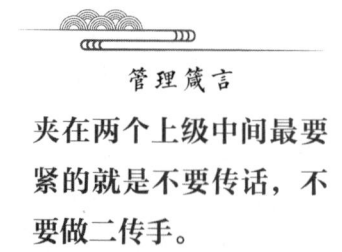

管理箴言
夹在两个上级中间最要紧的就是不要传话，不要做二传手。

几乎所有在职场上摸爬滚打过一段时间的人，都会遇到类似的问题：夹在两个领导之间怎么办？下面我们就来分析分析其中的奥妙。

先讲一个基本原则，比如一个儿子

夹在老婆和老妈之间，或者一个媳妇夹在婆婆和娘家妈之间，最要紧的事情是什么呢？很简单，不要做二传手。

当儿子的，最错误的做法就是把老婆说的一五一十告诉老妈，把老妈说的一五一十传给老婆，传过几次以后，两个人非打起来不可。因为这种"二传"的话，在失去了特定的情境、对象和角色之后，特别容易引起误解。举个例子，比如你媳妇和你说："你看咱妈穿的那件羽绒服多寒酸啊，咱俩赶紧给买件新的吧。"这本来是好意吧。可是一旦二传，保准就变味了，你和老妈说："妈，我媳妇说了，你这件衣服很寒酸，要不买件新的吧？"你想想老妈心里是个啥滋味？好话直接变成了坏话。

所以，夹在两个领导之间，特别是在很多方面有分歧的领导之间，千万不能当二传手。一定要好话多说，坏话少言，息事宁人，装聋作哑。一旦当了这个二传手，那就是"猪八戒照镜子里面外不是人""小耗子进风箱，两头受气"。

为了保持和张邈、袁绍的稳定的联盟关系，曹操首先要做的，就是不把这二人对自己说的话来回传递，管住自己的嘴。

当然，有了不当二传手的原则还不够，在两个领导之间当"夹心"，还要使用三个夹心技巧。

一、真诚而不主动。上级因为纠纷主动来找你时，记住，首先一定要真诚地表态：领导和自己说这个事情，说明领导对自己十分信任，要感谢领导的信任。同时绝对不要主动介入矛盾纠纷，防止出于善意而进行所谓的"调解和劝架"，这都是十分错误的，因为此举不符合自己下属的身份。

二、安慰而不评判。表态是表示对领导的心情十分理解，接着建议考虑利害关系，不要就谁对谁错发表评论。

三、内外有别、曲直有别。沟通的时候，要给大领导出气，给小领导出路，对直接领导表忠诚，对非直接领导谈理解，对占理的领导讲情义，对不占理的领导讲利害。

具体到曹操身上，就是不拍胸脯硬充调解人，不当着任何一方的面评价矛盾冲突，每次都痛陈联盟的重要、兄弟之情的宝贵。《三国志》记载，曹操对袁绍说："孟卓，亲友也，是非当容之。今天下未定，不宜自相危也。邈知之，益德太祖。"

这样的策略保证了曹操在两个实力比自己强的靠山之间，能保持一个比较独立和安全的发展空间。有了这个空间之后，曹操就做了第二件事：快速扩张自己，积极拉队伍。

要点二
借势借力拉队伍，快速整合新员工

怎么借势拉队伍呢？《孙子兵法》有一句话很值得思考：激水之疾，至于漂石者，势也。如何让石头在水面上浮起来？玩过打水漂的人都知道，答案是角度和速度。只要角度合适，速度足够，石头就会漂起来。但这说的是小石头，如果是大石头呢？那就要靠水流本身了。当水势很大，激荡奔流的时候，石头就会漂起来。

管理箴言
小事可以造势而为，大事只能顺势而为。

一个善于借势的人，只有抓住主要矛盾，迎合大趋势，顺势而为，才能实现速度快、效果好、成本低。曹操就是这样的借势高手。在发展的过程中，曹操准确抓住了当时的一个大势，就是黄巾起义军和地方政权之间你死我活的斗争，曹操很好地利用了这个矛盾，借助镇压黄巾军来快速发展自己。

首先，曹操借助镇压黄巾军的长社之战起家；其次，在走投无路的时候，他借助镇压东郡黄巾军获得了根据地；最后，通过镇压兖州的黄巾军，壮大队伍，扩张地盘，一下子就成了一方诸侯。这个发展模式，有点像魔兽游戏中的打怪升级，力量不够、资源不足的时候，就去打怪，打着打着就又有装备又能补血，还增长功力，实在是太合算了。

曹操对黄巾军的屡战屡胜引起了一个人的关注，这个人叫鲍信，官拜济北相。公元192年四月，青州黄巾军经过整顿后，向兖州进攻，在东平附近消灭了兖州刺史刘岱的主力部队，杀死了刘岱。之前，作为刘岱下属的济北相鲍信曾经劝谏刘岱："今贼众百万，百姓皆震恐，士卒无斗志，不可敌也。然贼军无辎重，唯以钞略为资。今不若畜士众之力，先为固守。彼欲战不得，攻又不能，其势必离散。然后选精锐，据要害，击之可破也。"岱不从，遂与战，果为所杀。此时刺史被杀，主力被歼，兖州空虚，人心惶惶，在这样的情况下，曹操派遣陈宫做说客说服了兖州的治中别驾。鲍信作为兖州实力派，主动到东郡请曹操做了兖州刺史。这个情节叫作鲍信献兖州。

凭借鲍信等人的大力支持，曹操终于从无家可归的游击队队长变成了坐镇一方的诸侯。

我们看到，其实在曹操事业起步阶段，有三个人起到了关键作用，一个是张邈，一个是袁绍，一个就是鲍信。借助这三个人的资源、平台和大力支持，曹操才能在短短的三年之内，重兵在握，坐镇兖州，威震天下。

获得地盘的同时，曹操还积极进行了人才招聘工作。袁绍那里来了一个谋士，名字叫荀彧；张邈那里来了一员大将，名字叫典韦；鲍信那里招了一员大将，名叫于禁[1]。大家看，曹操挖墙脚的功夫十分了得。他对三个人的联合策略就是联而不合，保持独立发展，并且在借力借势的同时，也借人。只要是合适的人才，一律来者不拒，放下包袱，广开贤路，为我所用。

---

[1] 于禁（？—公元221年）字文则，泰山钜平（今山东泰安）人，三国时期曹魏武将，曹操称其堪比古时名将。然而在建安二十四年（公元219年）的襄樊之战中，于禁在败给关羽后投降，致使一代名将晚节不保。谥曰厉侯。

在拉队伍的同时，曹操对兖州境内作战的黄巾军进行了积极的诱降，一边交战，一边谈判。经过好几个月的酝酿，公元192年冬天，强大的青州黄巾军终于接受了曹操的收编。

黄巾军三十万，随军男女百余万口，曹操从中选拔精锐，对其重加编制，号称"青州兵"。曹操在《让县自明本志令》一文中说，当初被举孝廉时，只是想当一名郡守，得一个清官的好名声。任济南相除残去秽，以为强豪所忿，恐致家祸，故以病还。后迁为典军校尉，意欲为国家讨贼，立功封侯，死后墓题汉故征西将军曹侯之墓。不久，起兵讨伐董卓，他的志向也是有限的。等到领兖州牧，破降黄巾三十万众，才有了平定天下的势力。平定袁术、袁绍、刘表之后，遂有"平天下"之志。

收降青州黄巾军以后，吸取黄巾军没有根据地、缺失粮草的教训，曹操依靠"男女百余万口"的基本劳动力和生产技术，于公元196年在许下、范县、东阿屯田，兴修水利。当时屯田分军屯和民屯两种。无牛的公家贷牛，所获公家得六成，私人得四成；有牛者所获平分。取得初步成果后，遂在北方普遍推广，数年所在积粟，仓廪皆满。屯田的好处是不仅能供应连年战争的军粮，还发展了生产，减轻了农民的负担，避免了农民远道运输，也使百姓富足、生活水平提高，为曹操统一北方打下了经济基础。

先生存后发展，温饱问题永远是第一位的重要问题。通过屯田，队伍的生存问题解决了，然后要考虑的就是发展问题。

青州黄巾军从目标、文化和管理模式上都和曹军完全不同，在很短的时间内，曹操需要对青州黄巾军进行整编，重打锣鼓另开张，进行全面的整合。

这个问题我们今天的很多企业也会遇到，两个公司合并了，或者收购了一个新公司，如何快速整合一大批新加入的员工，这确实是一个很有挑战性的问题。

一要精选，曹操对三十多万人的部队进行了甄别精选，只留下少部分精锐，大部分都加入了屯田。

二要分层，曹操的军队分为亲军、中军、外军，亲军保卫曹操本人，由曹姓子弟带领；中军骨干就是青州兵，直接归曹操指挥；外军由各个大将组建和统领，分片驻扎，保卫地方。

三要派将，曹操给青州兵选派得力的主帅，首先派的是夏侯惇，其后还派过臧霸和吕虔等人。

四要独立，考虑到青州兵文化信仰、行为风格和管理模式的特殊性，他们在短时间内很难和别的部队融合，因此曹操没有把青州兵和原来的部队混编，而是独立建军，保持其建制。互派干部交流，队伍建制保持独立，这就防止了新队伍和老队伍之间产生摩擦碰撞。

这些措施都是非常有效的。另外，每当引进新的管理模式和文化作风的时候，必须要注意宣传发动和全面推进，并把握尺度，"政策和策略是我们的生命"。在这里还想给大家推荐几条新员工整合技巧：

一、先打雷后下雨，先有宣传发动，再组织实施；

二、雷声大雨点小，宣传发动轰轰烈烈、热热闹闹，真正实施的时候要积极稳妥，稳步推进；

三、雷震千里，雨润一寸，宣传发动的时候，可以振臂高呼，热血沸腾，讲一千里、一万里之外的事情，但真正组织实施的时候，要考虑眼前人的局部利益，让他们得到实惠。

要点三

打铁先要自己硬，要迅速把间接知识转化为能力

打败和收编青州黄巾军，是曹操人生和事业的一个巨大转折点。

曹操在对黄巾军的作战当中，表现出了卓越的军事指挥才能。《三

国志》有记载：遂设奇伏，昼夜会战，战辄禽获，贼乃退走。购求信丧不得，众乃刻木如信形状，祭而哭焉。追黄巾至济北。乞降。冬，受降卒三十余万，男女百余万口，收其精锐者，号为青州兵。

没有这么强大的指挥能力也不可能战胜彪悍的青州黄巾军。而当时曹操很年轻，才三十出头。一个这么年轻的小伙子是如何具备这么出色的军事才能的？

首先，曹操当年辞官归乡的时候，有过一段闭门读书的经历，他在学习知识方面是下过很多苦功夫的。拜议郎，常托疾病，辄告归乡里；筑室城外，春夏习读书传，秋冬弋猎，以自娱乐。其次，曹操读书，不光读书上的内容，而且对书中的内容进行理解和评判，能形成自己的观点，这是非常难能可贵的。

才须学也，学贵识也。学习最重要的是能形成自己的观点。曹操在这一点上做得很棒。他把自己对于兵书战策的学习成果整理成了著作，直到今天依然是兵法经典。曹操的兵法著作有《孙子略解》一卷，《兵书接要》十卷，《兵法接要》三卷，《兵书要略》九卷，《兵法》一卷。现在我们研究《孙子兵法》，最早的注解本就是曹操所作。

不过以上两点并不足以支撑曹操能力的提升，只能说明他在知识上积累了、进步了，但是曹操是如何在很短的时间内，把所学的知识迅速转化成能力的呢？这个问题很值得我们探讨。

我们也看到现在很多人的学习都是知识上渊博，能力上平常，缺乏必要的转化。这一点在年轻学生的身上尤为突出。所以这个问题对于我们很多人来说都是非常有借鉴意义的。关于这个问题，我们要从一个有趣的研究说起。

专家分析两个跆拳道选手的功力，一个人成绩中等，综合评分是C，一个战绩出众，是高手，综合评分是A。专家先让两个人进行理论试卷的笔答，发现笔答成绩差别并不大；接着进行无主题访谈，就是随便聊聊专业，结果发现了两个人在知识转化上的一个重要的差别。

举个例子，比如聊到跆拳道的一个经典动作劈腿踢，评分 C 的选手讲到了三个原则，一是身高优势，二是姿态优势，三是先动优势，有了这三个条件才可以使用劈腿踢。这个讲得很到位吧，不过高手 A 完全不是这么理解的。他怎么理解的呢？他谈到了三个场景，一是第一次被这一招打倒是什么情况；二是自己第一次使用是什么感受；三是自己用得最成功的一次是什么样子的，他讲了三个生动的场面。

这个差别很值得我们注意。要想尽快把知识转化成能力，就不能死抠书本，只背诵那些条文，什么三原则、四法则、五要素、六标准，这些应试的东西不能帮你快速把知识转化成能力。那要怎么学才能快速转化呢？答案是："让你的知识活起来"。

所以在学知识的时候，一定要学案例、学场景、学人物、学故事。现在我们特别强调案例式教学和体验式教学，其立足点就在这里。

> **管理箴言**
>
> "让你的知识活起来"，把知识点和生动的场景、人物、故事，特别是亲身体验相结合。有直接经验就结合直接经验，没有直接经验就结合间接经验。

人们为什么需要通过案例和故事来提升能力呢？现代心理学研究发现，人们在真正采取行动的时候，需要做一系列瞬间的片段决策，形成一个决策链条来指导自己的行动。而这种片段的决策链条，并非是系统思考和逻辑判断的结果，它来自大量的隐喻、暗示、联想、类比等，这种现象被称为内部感觉法。有了这种内部感觉，行动力就会增强，实际操作能力就会提升。

我们相信，曹操具备一般读书人不具备的学习方法，所以他才能迅速把学到的知识转化成能力。而这个学习方法中的一个很重要的内容就是我们上面所讲的内部感觉式的学习。只有把知识和直接的体验及间接的经验相结合，才在很短的时间内完成了个人能力的迅速提升。

这一点从曹操青少年时期的性格和生活方式上，也可以看到端倪。曹操从小就不是一个死学书的人，他喜欢尝试、探索，喜欢冒险，喜欢观察人、接触社会，读书的时候对生动鲜明的人物故事也是津津乐道，这些都为他以后的成长打下了坚实的基础。

公元187年至公元190年这三年的时间对于曹操来说，是危机四伏的三年，也是波澜壮阔的三年，曹操凭借自己敏锐的眼光、过人的能力，借人、借势、借力，在夹缝中求生存、谋发展，实现了快速成长。当年离开洛阳的时候，他单人独骑，只是一个潦倒的前国家公务员。在不到三年的时间里，曹操就把自己打造成了手握重兵，坐镇山东，傲视群雄的一方诸侯。事业的快速进步，让曹操一边踌躇满志、野心膨胀，一边得意扬扬，有点飘飘然。这种情绪管理的失控，紧接着就给曹操带来了意想不到的危机和灾难。那么，新的危机是怎么发生的？曹操经得起灾难的考验吗？请看下一讲。

第五讲

管理情绪有规律

生活中，我们有喜、怒、哀、乐等各种情绪，管理好自己的情绪，在理智的状态下做出决定，是每个人立足社会的必修课。成功的管理者不仅要控制好自己的情绪，更要为整个团队的进步做好情绪铺垫。情绪管理失控，一怒之下殃及无辜，反映了管理者在性格上的不成熟。曹操一生犯过若干战略错误，血洗徐州就是典型的例子。由于一时糊涂，动了愤怒和贪婪之心，他把自己送入事业的低谷。我们能从曹操的惨痛经历中学到哪些教训呢？

俗话说得好："寒暑由天造，祸福自心生。"这句话的意思是：寒来暑往是自然规律，它的轮回交替由大自然决定；吉凶祸福是人世变化，它的产生和消除往往就在当事人一念之间。一个想要成就一番事业的人遇到的最大挑战，不是事情难做，而是心念难调。往往是千般谨慎，前途未卜；一念之差，事业崩盘。现代管理研究发现，每一个成功者需要具备的最最基本的四个管理基础是：时间管理能力、沟通管理能力、健康管理能力和情绪管理能力。其中，情绪管理是最容易被忽视的，往往一念之差，管不住自己的情绪情感，事业就会出现大问题。

但是实际上，人生的旅程不可能一帆风顺、处处花开，难免遇到各种各样的问题，喜怒哀乐、悲恐惊疑随时都会发生。如何在情绪出问题的时候进行自我调整，这是对每一个奋斗者的巨大考验。曹操就遇到了这样的考验。这一讲我们的内容要从徐州大战说起。

细节故事

张翼德[1]大战于禁

东汉初平四年，也就是公元193年初秋时节，徐州首府郯城的城外烽烟四起，喊杀连天，放眼望去，只见一支几千人的骑兵部队正在

---

[1] 张飞（？—公元221年），字益德（《三国演义》《华阳国志》中字翼德），涿郡（今河北涿州）人，三国时期蜀汉重要将领。官至车骑将军，封西乡侯。

快速攻击一大片军营，准备突破包围圈进入城中，而围城部队正像潮水一样从三面涌上来进行顽强的阻击。

战场核心地带，有两员大将正打得难解难分，左边一位豹头环眼，胯下乌骓马，手使丈八蛇矛；右边一位方面短髯，胯下青鬃马，手使点钢枪，这两个人是谁？一个是要救援徐州的大将张飞张翼德，一个是曹操手下攻打徐州的大将于禁于文则。张飞是刘备[1]这次救徐州的先锋，于禁是曹操这次打徐州的先锋，两个人抖擞精神，大战在一起。刚打了几个回合，刘备挥兵赶到，于禁抵挡不住两路进攻，败阵而走，曹军的阻击阵形被冲出了一个缺口。

城头上焦急等待的徐州刺史陶谦大喜，连忙大开城门迎接救兵，远处观战的曹操不禁暗自赞叹张飞武艺高强。而在离战场更远处一个高坡之上，还有几个人正在立马观战，其中一位卧蚕眉，丹凤眼，面如重枣，手使青龙偃月刀，另一位银盔素甲，剑眉虎目，白马长枪。这两位一说大家就知道，前一位是关羽[2]关云长，后一位是赵云[3]赵子龙，都是赫赫有名的大英雄。他们正和北海相孔融、青州刺史田楷一起为刘备打接应，准备里应外合大破曹操的攻城部队。而曹操那边，虽然于禁战败，但是虎豹骑、青州军都已整军列阵，大将典韦和夏侯惇、夏侯渊、曹仁、曹洪、李典、乐进等人也早已摩拳擦掌，准备上阵厮杀。

此时的徐州，英雄云集，正要上演一出刀光血影的龙争虎斗！

在三国历史上，曹操集团和刘备集团的顶尖高手集体出场捉对厮

---

1 刘备（公元161—223年），蜀汉昭烈帝，字玄德，涿郡涿县（今河北涿州）人，据说是汉中山靖王刘胜的后代，三国时期蜀汉开国皇帝，政治家，公元221—223年在位。史家又称他为先主。
2 关羽（？—公元220年），本字长生，后改字云长，河东解（今山西运城）人。东汉末年蜀国著名将领，自刘备于乡里聚众起兵开始追随刘备，是刘备最为信任的将领之一。
3 赵云（？—公元229年），三国常山真定（今河北正定南）人，字子龙，初从公孙瓒，后归刘备。曹操取荆州，刘备败于当阳长坂，他力战救护甘夫人和刘备的儿子刘禅。他曾以数十万骑拒曹操大军，被刘备称赞为"一身都是胆"。

杀，这还是第一次。

曹操事业刚刚起步，为什么要冒险把全部家底儿都搬出来攻打徐州呢？这件事情要从曹操的父亲曹嵩说起。曹操打出讨伐董卓的旗号起兵以后，作为家属的曹嵩为了躲避报复，就带着一家人到了山东的琅琊郡。东汉初平四年，也就是公元193年，曹操遣泰山太守应劭，往琅琊郡迎接曹嵩。

曹嵩带着曹操的弟弟曹德及一家老小四十余人，从者百余人，车百余辆，径望兖州而来。道经徐州，太守陶谦，字恭祖，为人温厚纯笃，向欲结纳曹操，正无其由；知操父经过，遂出境迎接，再拜致敬，大设筵宴，款待两日。曹嵩要行，陶谦亲送出郭，特差都尉张闿，将部兵五百护送。曹嵩率家小行到华、费间，时夏末秋初，大雨骤至，只得投一古寺歇宿。

当天晚上，张闿等人动了杀人劫财的歹心，趁着风雨未息，杀进后院。曹嵩正坐，忽闻喊声大举。曹德提剑出看，就被搠死。曹嵩忙引一妾奔入方丈后，欲越墙而走；妾肥胖不能出，嵩慌急，与妾躲于厕中，被乱军所杀。

应劭死命逃脱，投奔袁绍去了。张闿杀尽曹嵩全家，取了财物，放火烧寺，与五百人逃奔淮南去了。后人有诗曰："曹操奸雄世所夸，曾将吕氏杀全家。如今阖户逢人杀，天理循环报不差。"当下应劭部下有逃命的军士，报与曹操。操闻之，哭倒于地。众人救起。操切齿曰："陶谦纵兵杀吾父，此仇不共戴天！吾今悉起大军，洗荡徐州，方雪吾恨！"

这一段是《三国演义》关于曹嵩之死的来龙去脉。其实，按照史书记述，曹嵩之死大致有两个版本。一种和《三国演义》的记载是基本一致的，陶谦的部将杀了曹嵩，这个版本以《吴书》和《后汉书·陶谦传》为代表。还有一个版本，说陶谦因为怨恨曹操几次前来进攻徐州，所以派轻骑追杀了曹嵩一家。曹嵩一家的被杀，是陶谦一手策划的。这个版本以《三国志·武帝纪》《后汉书·应劭传》《世说新语》为代表。

到底真相是什么，后世仁者见仁，智者见智，众说纷纭。所以有人说，历史是由胜利者书写的，如何描述完全取决于胜利者的需要；还有人说历史是一个任人打扮的小姑娘，她就在那里，你想怎么打扮就可以怎么打扮。

我们活在真相当中，但是未必能看到真相。关于曹嵩之死的争议一直存在，但是接下来，关于曹操报仇的过程，各方的记录却保持了高度的一致，都指向了一个不容回避的事实——曹操对徐州百姓大肆屠戮。

《三国志·武帝纪》：所过多所残戮。

《资治通鉴》：初，京、雒遭董卓之乱，民流移东出，多依徐土，遇操至，坑杀男女数十万口于泗水，水为不流。操攻郯不能克，乃去，攻取应、睢陵、夏丘，皆屠之，鸡犬亦尽，墟邑无复行人。

《后汉书·陶谦传》记载说，从此徐州五县的城堡，便再也看不见行人的足迹了。原先三辅地区遭受郭李之乱，百姓流亡到徐州依附陶谦，这回都被曹操歼灭了。那真是见人杀人见鸡杀鸡，一个活口都不留，本是世外桃源的徐州一下子变成了人间地狱。

规律分析

踢猫效应

后世的史学家对曹操滥杀无辜的行为无不切齿。不管曹嵩一家被杀是陶谦干的，还是他的部下干的，曹操因为和陶谦有仇，就拿徐州的无辜百姓出气，向他们讨还血债，这有什么公道和天理良心可言？这件事充分地暴露了曹操残暴阴狠的性格。

其实，关于曹操这次征徐州，还有三点值得分析。第一，青州兵不好管理，作战过程中的滥杀滥抢没有得到根本的治理，有些管理失控。第二，曹操急于扩张地盘，虽然队伍大了，但是一百多万青州兵的家属等着要吃要喝要地种，这个庞大的队伍既是资源也是危险。曹操相当于将自己置于火药库旁边，管好了是胜利的法宝，管不好是上西天的隐患！曹操急于安置这个烫手山芋。第三，曹操一怒之下滥杀无辜，也反映了他作为一个管理者，情绪管理失控，无论是性格上还是政治上都不够成熟。

为什么这么说呢？我们要引入一个管理学的现象，叫作踢猫效应。

老板骂了员工阿三；阿三很生气，回家跟老婆吵了一架；老婆觉得窝火，正好看到儿子写错了作业，"啪"地一下就给了儿子一巴掌；儿子很委屈，回头看见自家的猫趴在桌下，抬腿就踢了猫一脚；那猫无辜被打，惊慌失措，冲到外面街上，正遇上街上开来的一辆车；司机为了避让猫，一打方向盘，却把路边的一个行人撞成了重伤。灾难就是这样发生的！

"踢猫效应"告诉我们两个规律：第一，人们在生气的时候，会把怒火转移到弱者身上，无辜的弱者常常是愤怒的牺牲品；第二，在一个团队中，坏情绪是会传染的，往往会造成巨大灾难。生活中要防止环境污染，更要注意防止情绪污染。

每个人都要学习如何对消极的事物做出积极的反应，遇到不痛快的事情，不要打击弱者，不要"踢猫"。心理学研究发现，当一个人的情绪变坏时，潜意识会驱使他选择下属或无法还击的弱者发泄。于是，糟糕的心情会沿着由等级和强弱组成的社会关系链条依次传递，由金字塔尖一直扩散到最底层，最弱小的那些元素就成为最终的受害者。

回头看曹操，他在父亲被杀之后火冒三丈，最后这些愤怒就都被发泄到了无辜的老百姓身上，这就是典型的踢猫效应。滥杀无辜的后果是非常严重的，给曹操后来的事业发展带来了巨大影响，真是一时愤怒铸成大错。

联系实际

如何控制愤怒

大家看《论语》，孔子佩服颜回是因为颜回有两个优点：一个叫"不迁怒"，一个叫"不二过"。什么叫"不迁怒"？就是自己情绪不好的时候，不把怒火转移到别人身上，不是通过伤害别人来发泄怒火，而是能够自己化解不良情绪。什么叫"不二过"？就是犯了第一次错误，吸取教训，保证同样的错误不犯第二次。这是一个成功者应该具备的基本态度和自我管理方法。

有人做过一个比喻：人生犹如跌宕起伏的海洋，人就是那航海的船，而情绪无疑就是那船上的帆。只有我们适时地调整帆的方向，也就是学会控制自己，才能避免可能发生的"船毁人亡"事故。

关于如何控制自己的怒火和其他不良情绪，我们给大家推荐六种有效的方法：

转移法：听听音乐、看看电影、读读书，转移一下自己的注意力。

冷却法：当场不要做决定，让自己的情绪冷却一下，然后再出面处理问题。

换位法：生气发脾气的时候，假设自己是对方，设身处地想想对方的感受，念念"己所不欲勿施于人"。

回避法：生气的时候离开现场，换个地方处理问题。

预设法：提前在纸条上写上制怒的座右铭，等到要发怒的时候拿出来看看，自己提醒一下自己。

榜样法：找一个榜样人物，学学他处理情绪问题的方法。

喝茶需要喝茶的心境，喝咖啡需要喝咖啡的心境，干事业需要干事业的心境。心境，就是一种事前的情绪准备。情绪准备得充分，事情就会做得精彩。

🌥 故事

将军裴旻请吴道子作壁画，吴道子说废画已久，没有感觉，希望裴旻舞剑助兴。裴旻飞身上马，走马如飞，剑在手中左旋右抽，忽地将剑抛向高空，距地面有数十丈，落地如电光下射。举起剑鞘，宝剑不偏不倚，正好插入鞘内，由于力量奇大，把剑鞘整个给贯穿了。惊险绝伦的场面让数千人齐声喝彩。吴道子看了这样的舞剑英姿，一时灵感大兴，遂挥毫作画，"飒然风起，为天下之壮观"，完成了一幅杰作。

吴道子看了舞剑之后灵感爆发才能作画，这就是情绪准备。

泰戈尔穿洁白的袍子，在清晨如水的晨曦中写诗，才能写出美好的诗句：我的心／对着昨天的眼泪微笑／仿佛／雨后潮湿的树木／在阳光里熠熠生辉。某演员为扮演唐三藏，一直坚持吃素，这也是情绪准备，这样才能更好地表现出唐三藏艰苦卓绝、舍身求法的精神气质。

这些例子都告诉我们，现代情绪管理的一个非常重要的规律：要想把事情做得更好，必须要提前做好充分的情绪准备。个人需要情绪准备，团队更需要。成功者，不仅仅要管理好自己的不良情绪，更需要为整个团队的进步做好情绪准备，这才是真正迎接挑战的姿态。

关于这一点，我这里有一个案例：甲组，开窗看到脏乱差的环境中一对夫妇在激烈地争吵，孩子吓得哇哇哭；乙组，开窗看到优美的风景，蓝天白云，花朵盛开，草地上有小孩子在荡秋千。结果，乙组的工作效率比甲组明显高很多。

生活还是那个生活，我们还是那个我们，任务还是那个任务，为什么大家的过程和结果如此的不同？其实，只不过是有的人开错了窗户。

领导要做的，就是在合适的时间，给大家打开一扇合适的窗户，

防止不良情绪的污染，保持整个队伍以良好的心理状态投入工作。关于如何做好团队的情绪准备，防止不良情绪的污染，结合曹操这次兴兵报仇，我们介绍两个防止自满、怀疑等情绪污染的基本方法。

方法一
做好危机感管理，
注意最得意的时候也是最危险的时候

曹操攻打徐州两次，第一次就是在初平四年（公元193年）秋，击败徐州牧陶谦，攻拔十余城。但关键时刻刘备出手援助陶谦，且曹操部队的供应出了问题，大军快没粮食了，《三国演义》上写的是曹操于是卖了一个顺水人情给刘备，就引军撤退了。不过，曹操撤退是假，积蓄力量等待时机是真。第二年春天，曹军卷土重来，这一次势头更猛，拔五城，大败陶谦和刘备的部队，一路攻无不克，战无不胜，兵锋所指，直达东海一带。

眼看徐州就要落入曹军之手，就在曹操最得意的时候，一件意想不到的事情发生了。

一骑从根据地兖州飞奔而来的快马和马上一个普普通通的骑兵小校在转瞬之间就改变了战场形势。

都说"煮熟的鸭子飞了"，鸭子煮熟了还能飞吗？当然不能！但是等着吃鸭子的人能飞。为什么要飞呢？很简单，他家后院起火了，要去救火！

这一次，曹操面对的局面就是煮熟的鸭子吃不到嘴里，自己却必须飞了。

骑兵小校带来了留守兖州的荀彧的十万火急的密信，信上说，根据地兖州突然发生了由张邈、陈宫发动的叛乱。张邈、陈宫二人拥立吕布为兖州牧，迅速向曹操的地盘展开进攻。用现代的短信语言描述，就是"后院起火，速归"。形势到底有多危急呢？我们来看一组数据，东汉时兖州位于山东西南部、河南东北部，包括五个郡三个诸侯国，一共八十个县。曹操接到军报时，兖州还在他掌握之中的只有三个了，一时间战场形势发生逆转，曹操从高歌猛进到腹背受敌，随时都有被吕、陶两军消灭的可能。为了扭转极其不利的局势，曹操只能回师兖州，与吕布展开了一场历时一年的兖州争夺战。

而这一切都是由于曹操错误地估计了形势，过于疏忽大意。

一时的成功往往会带来很大的问题。这就好比下棋，在全局优势的情况下，特别容易麻痹大意，在局部出漏招，给敌人以可乘之机。

这里我们要给大家介绍一个规律，叫作走直路效应。

有一个城市在建设高速公路，设计方案出来后，请一位资深专家进行评估。结果专家给方案打了不及格。设计方不明白，认为自己的设计挺好的，于是询问专家设计方案到底哪方面有问题，应该如何改造。专家的答案出人意料，专家说："加两个转弯一个坡道，就及格了。"设计方说："不对呀，这路又平又直，不是挺好的吗？不出事故。你加了拐弯坡道，不就容易出事故吗？"专家说："你说错了，正相反，路越平越直，越容易出事故。道路稍微有几个拐弯，稍微有一点起伏，能调动司机的注意力，反而不容易出事故。"在现实生活中，常开车的人都有这种感受，走一段笔直宽敞、前后无人的大路，会越走越困，一会儿一个瞌睡，特别容易出问题。有人也调查过，发现其实在下雨天车祸的发生率要比晴天低，因为天气不好，大家都很警觉，反而是晴朗的天气，走在阳光大道上，心神容易松懈。大家注意，高速公路隔一段都会有一个警示、一个拐弯或者一个起伏，其实就是为了提高人的警觉程度和精神投入！这个就叫直道危险。交通是否安全一方面取决于路况，但是更主要的是取决于开车的人本身！

所以，一个人干事业，最危险的时候就是走上阳光大道，一路被鲜花掌声包围着的时候，很多人都是在这样的大道上高歌猛进、勇往

直前时一路冲到山沟里去的。

在占据优势的情况下，要提高警觉程度。比如打麻将，什么时候最危险？听牌的时候最危险，听牌的时候，也是最容易给别人点炮的时候。这叫离胜利最近的时候危险最大。最顺利、最接近胜利的时候，也是最需要小心谨慎的时候。在没有任何困难和压力的情况下，人特别容易松懈，容易疏忽，一不小心就摔了大跟头。这就是古人说的"生于忧患死于安乐"——安乐了，就要出大事了。所以直路效应告诉我们，一定要保持危机意识。困难和压力是好事情，它能推动我们提升警觉性，振奋精神，不断进步。

谈危机、谈压力、谈竞争，在航行最顺利的时候，提醒大家看到天边的乌云、海上的风暴，这都是非常必要的管理手段。

年轻的曹操对于危机感管理缺乏足够的重视，一路乘胜追击、赶尽杀绝，而忽略了潜在的危机。兖州反叛对于曹操来说犹如晴天霹雳，使他受到了很大的打击。

接下来，顺着曹操所受的情绪打击，我们要讲第二个团队情绪管理的基本方法。

方法二

做好成就感管理，注意给待遇更要给体验

曹操遭受的打击不仅仅是因为兖州反叛，更是因为兖州反叛的两个组织者，一个叫张邈，一个叫陈宫。这两个人的背叛是曹操无论如何也想不到的。张邈和陈宫都是曹操非常信赖的人，这两个人的背叛，让曹操有点措手不及、晕头转向。所以，伤害和打击往往都来自身边。真正能深深欺骗我们的都是我们最信赖的人，真正能深深伤害我们的都是我们最挚爱的人。

其实，说起来，张邈和陈宫与曹操的关系都非同一般。张邈和曹操本是生死兄弟一家人，张邈字孟卓，东平寿张人也。《三国志》说他"少以侠闻，振穷救急，倾家无爱，士多归之"。前文我们提到，当年曹操、袁绍和张邈是铁三角。曹操被董卓追杀逃离洛阳，首先想到的不是投奔自己的故乡，而是到陈留投奔担任陈留太守的张邈。在张邈的帮助下，曹操才得以起兵创业。

曹操一征徐州的时候，嘱咐家里人"如果我回不来了，你们就去投奔张邈"。大家想想，这是多大的信任，有托孤之意。等到一征徐州结束，曹操收兵回来，《三国志》则记载：后还，见邈，垂泣相对。其亲如此。这是什么感情？这是同志加兄弟的深厚感情。

再说陈宫，陈宫本是核心干部中的顶梁柱。京剧中有个著名的传统剧目《捉放曹》，说陈宫是东汉末年中牟县县令，因曹操杀伯奢，陈宫不齿其所为，便毅然离开曹操。《三国演义》用的也是这个情节。

不过历史上的真实情况并非如此。曹操任东郡太守时，陈宫才"参加革命"，这个时间在杀吕伯奢之后。初平三年（公元192年），兖州刺史刘岱在同黄巾军的战斗中身亡，兖州局势混乱。陈宫借机四处游说，推荐曹操入主兖州，试图协助曹操成就"霸王之业"。又通过外交手段，为曹操收取了因刺史刘岱跟青州黄巾军作战时战死而处于无主状态中的兖州，并且争取到了济北相鲍信的支持，让曹操得以担任兖州刺史，讨平盘踞兖州一带的青州黄巾军。曹操对陈宫是非常欣赏的，出征的时候，特意留下陈宫守住后方。

所以我们看到，张邈和陈宫，对曹操而言，一个是生死兄弟，如同手足；一个是队伍骨干，如同顶梁柱。

这么值得信赖的手足兄弟和班子顶梁柱为什么会突然变心、投靠他人？曹操亲身体验了一把无间道的感觉。

关于张邈、陈宫背叛曹操的动机，我们概括成一句话就能说清楚：举义得民心，滥杀失民心，杀人很痛快，后果很严重。被杀的人

再没什么想法了,而观众会有很多想法。

据史学家研究,兖州反叛的原因有两个:其一,曹操下令处死兖州名士边让等人,理由仅仅是因为他们说了一些批评的话,而张邈、陈宫和被杀的几位名士素有情谊;其二,曹操两次领兵征伐徐州,一路大屠杀,手段极为残忍。这种暴行遭到了广泛的谴责。张邈和陈宫感到跟着曹操干事业没有保证、只有风险,没有前途、只有耻辱。上述两个原因直接导致了张邈和陈宫的背叛。

其实类似这样的情况不光古代有,今天也有。比如公司刚刚成立,才把市场做出点眉目,一夜之间常务副总就携带整个市场部跳槽到了竞争对手那里,这种打击我相信没有哪家公司能扛得住。公司在发展过程中,创业的元老突然辞职,甚至在辞职过程中还带走了公司大部分的队伍和资源,这种事情也是屡见不鲜的。

如果有机会穿越到公元194年的兖州,我相信,曹操对于这个话题一定也是非常感兴趣的。那么我们现在就和他探讨一个深层次的问题——"创业的元老为什么会变心"。

研究一个人,最主要的是研究他的需求。需求规律告诉我们:常人要待遇,高人要体验。

高人离不开体验。关于"体验"二字,我们听过很多次,但是其重要价值往往容易被忽略。我们举几个日常生活中的例子来说明物质收益与精神体验的内在关系——喝水,喝的是健康;喝茶,喝的是文化;喝酒,喝的是感情;喝粥,喝的是营养;喝饺子汤,喝的是家的温馨;喝西北风,喝的是个性!有一天,你看见我一个人坐在北三环一个小咖啡馆的角落里听着蓝调音乐,在喝一杯冷饮,你说:"哟,赵老师,喝冷饮呢!"我会告诉你:"哥喝的可不是冷饮,哥喝的是寂寞。"这就是体验!

干工作也是一个道理,不光要完成任务,得到收入;还需要有精神感受,有心灵体验。

曹操滥杀带来了巨大的恶果，这个恶果就是让队伍中的文臣武将体验到了罪恶，感觉到了耻辱。这可就要命了。有人干工作是为了温饱，有人干工作是为了体验。普通人干的是职业，高人做的是事业。事业和职业最大的区别就是：职业是为了挣口饭吃，事业是为了实现自我、体验成功。

好的领导，不仅要善于给利益，而且要善于给意义。万丈高楼平地起，在盖大楼的时候，领导要做的是给大家展示一幅壮丽的画卷，让大家热血沸腾、激情澎湃。比如宋江在梁山扯起替天行道的大旗，用理想和信念激励了无数英雄上山聚义劫富济贫！一支队伍能不能吸引到高人，不取决于你碗里盛的是什么饭，而取决于你手里打的是什么旗。

高人难以驾驭的一个重要原因就是他们是为自我实现而工作的，他们需要高层次的体验。具体来讲：一、不能只给待遇不给体验，光发工资是不行的；二、给体验不能只给低级的体验，要给归属感、荣誉感、崇高感和成就感；三、一旦给予得不及时，就会引发其离职。而高人影响力大，位置关键，他一走，结果相当于抽掉一块砖，倒塌一面墙，垮掉一栋房。

曹操在讨伐董卓过程中，原本已积累了足够的声誉。第一个起兵讨伐，第一个奋力追击，陈留起兵，汴水血战，这让天下人都认为曹操是忠君爱国、保境安民的义士啊！

然而，两战徐州，曹操把自己之前积累的美誉败得干干净净，反而还给自己争取到了刽子手和杀人魔王的头衔，一下子从神族降为人族，又从人族变成了兽族。跟义士干事业，体验到的是崇高、正义，越辛苦越光荣；跟魔头干事业，体验到的是血腥、罪恶，越前进越厌恶。

现代管理，特别强调无形资产的管理。企业品牌和产品品牌的知名度、美誉度，都是千金难买的宝贝。所以，汴水之战，曹操军事上失利了，但政治上成功了，收获了巨大的无形资产；徐州之战，军事上取得了巨大成功，但是政治上失败了，以致丢掉了全部的无形资产。

干事业就是这样，无形的资产往往比有形的资产更重要。在取势和取地之间保持平衡，才是真正的战略高手。曹操由于一时糊涂，动了愤怒和贪婪之心，自己把自己送入了事业的低谷。强者往往都是这样自己打败自己的。

　　有一段很值得思考的对话——孩子问勇士："我们摔不倒巨人，怎么办？"勇士说："没关系，我们等着巨人自己把自己绊倒。"曹操就是这样自己把自己摔趴下的。

　　曹操一生犯过若干次战略错误，血洗徐州是很典型的一次。如果说汴水大败是战略思维不成熟导致的，那么血洗徐州就是情绪控制不利导致的。曹操并没有把杀几个老百姓太当回事。大家可以注意到，汉代的地方官叫"牧"，牧羊的牧，这个字很说明问题，在那个时代，掌权的是牧羊人，老百姓就是待宰的绵羊，哪个放羊的逢年过节不杀几只羊呢！所以曹操并没把杀人当作太大的问题。

　　曹操没有想到，对待老百姓的态度问题才是最关键的战略问题，曹操在徐州战场上暴露出的血腥、残忍、阴狠，给他带来了意想不到的灾难，直接结果就是名声扫地，骨干叛乱，根据地易手。所以，征徐州，说明此时的曹操在军事指挥上虽然成熟了，但在带队伍的技巧上还很不成熟。作为一个团队的带头人，他既没有管好自己的不良情绪，也缺乏足够的团队情绪管理方法，所以徐州失败我们可以总结为"情绪失控遇挫折"。幸好有一个铁班底帮助曹操力挽狂澜，那真是凭空伸出拿云手，来救天罗地网人，有了铁的班底才有从头开始的机会。那么在关键时刻，是谁挺身而出帮助曹操的呢？面对盖世英雄吕布吕奉先和他手下的西凉铁骑，曹操到底能不能夺回兖州呢？请看下一讲。

第六讲

重大失误能补救

人非圣贤，孰能无过。可是人一旦遭遇挫折和失败，最大的麻烦是陷入自责和悔恨，无法从痛苦的情绪中走出来。其实，即使高人也不是从来不犯错的人，而是出错之后能保持清醒，用高明的办法补救错误的人。痛失兖州是曹操事业早期的一次重大挫折，但这样的经历也教会了他很多东西，他虚心听取别人的建议，终于走出了危机。失败过后，聪明的人能积累属于自己的独一无二的秘诀，从容应对未来的挑战。我们不妨从曹操身上学习他应对危机时的策略。

做事业，光有理想不够，还要有本钱，这个本钱就是人。人事人事，先人后事，有人才能做事，不懂人就做不成事，在人上最容易出事，这叫人事。所谓"得一人安天下，失一人乱天下"，这个经验教训对于曹操来说，是刻骨铭心的。失了陈宫和张邈，也就丢了兖州根据地，曹操的事业刚有点起色又陷入了低谷。当管理发生重大失误，出现重大问题的时候，需要做出补救。什么叫高人？不是不犯错误的人，而是犯错以后能用高明的方法补救的人。下面，我们来看看曹操是怎么补救的。

细节故事

濮阳遇险

东汉兴平元年（公元194年）八月的一个夜晚，一轮明月高挂在濮阳城的上空，城外黑沉沉的旷野里，万籁俱寂，连往常的蛙鸣也没有。借着月光，隐隐约约能看到一大片移动的暗影。仔细看去，有一支几万人的大军正在逼近濮阳城，这支队伍伪装得很好，偃旗息鼓，人和马都没有一点声音，几乎和黑夜融为一体。微弱的月光照在铁甲和钢刀上，隐隐反射着一片寒光。

队伍的最前方，站着曹操曹孟德。黑暗中的曹操一言不发，左手按着佩剑，右手执着马鞭。曹操身后，一字排开站着曹仁、曹洪、夏侯惇、夏侯渊、李典、乐进等十几员大将，这些人像钉子一样一动不动地笔直立在黑暗中，如同泥塑木雕。大家虽然没有动，但是心都提到了嗓子眼，只等曹操一声令下，就杀进濮阳。此前趁曹操出征徐州之际，陈宫联合张邈背叛曹操，帮助吕布占据了兖州。消息一出，众将的肺都气炸了：我们在前边玩命，这些小人在背后捅刀子，有本事你明着来啊！此刻大家都憋着一口气，准备和吕布、陈宫决一死战。

不一会儿，有人来报，各部人马都已就位，几万人和曹操一样，一齐抬起头，紧盯着濮阳城的东门。忽然，只见城楼上火光一闪，瞬间，一大堆篝火就熊熊燃烧了起来，在漆黑的夜里，红色的火蛇舔着天空，格外显眼。曹操的眼睛瞬间就亮了，他翻身上马，大吼了一声："众将，杀！！"十几员大将，几万人的部队，像决堤的洪水，咆哮翻卷着，冲向濮阳城。按照提前的约定，濮阳城内的田大户作为内应，负责给大家偷开城门，然后举火为号。果然，冲到城前，只见城门大开，吊桥已然放下，曹操的队伍骑兵在前，步兵在后，潮水一样灌进了濮阳。

为了激励将士，曹操下令，放火将东城烧毁，此战有进无退，定要一战成功，不取胜决不回头。如果此役获胜，曹操就可以创造一个类似于"破釜沉舟"的经典战例。

本来，这一切是有可能的，都是按照曹操事前的计划发展的，直到雨点一样的乱箭从黑暗中射过来为止。这一顿乱箭把毫无防备的曹军给射蒙了。没等回过神来，吕布的西凉骑兵就从四面扑了上来。曹操脑中闪过一个念头——糟糕，中计了！

俗话说：不怕没好事，就怕没好人，这个田大户其实是吕布安排的间谍，此次向曹操献殷勤，是一出典型的反间计，曹军杀入濮阳城就遭到了伏击，被吕布打了个措手不及。曹操抵挡了几下，发现不妙，赶忙在亲兵的掩护下向城外突围。且战且走，身边的人越打越少，眼前的路越走越生，曹操有种不祥的预感！忽然，对面又冒出一队骑兵，没等曹操反应过来就把他围在中心，曹操眼睛一闭，心想：完了！没想到，纵横天下，今日死在濮阳。

惊险的事情往往都有意想不到的结局，吕布的骑兵没有想到眼前的这个小个子就是大名鼎鼎的曹操，居然大声喝问："曹操在哪里？"曹操反应也够快，抬手随便一指，说："那个骑黄马的就是。"这帮人信以为真，舍下曹操去追那个骑黄马的，曹操才得以脱险。幸亏那时候的科技不发达，没有电影、电视、网络、微博，不然，曹操之命休矣。

好不容易跑到了城门口，却发生了一件令曹操哭笑不得的事情。这里倒没有吕布的埋伏，却有曹操刚才自己放的大火，火势很旺，挡住了去路。现在曹操面临的选择就是自助烧烤或者等着一会儿被别人烧烤。

与其死在乱军之中，还不如拼上一把。曹操把心一横，冲进了火海，结果被烧伤了左手，从马上掉了下来。危急之中，司马楼异身手敏捷，把曹操扶到马上，护送着他逃回了大本营。

《献帝春秋》曰：太祖围濮阳，濮阳大姓田氏为反间，太祖得入城。烧其东门，示无反意。及战，军败。布骑得太祖而不知是，问曰："曹操何在？"太祖曰："乘黄马走者是也。"布骑乃释太祖而追黄马者。门火犹盛，太祖突火而出。

濮阳遇险是曹操职业生涯中第二次遇到生命危险，上一次是荥阳大战在汴水河边被董卓的部队打败。两次危险，有个共同特点，都是轻兵冒进，中了人家埋伏！

不过两次的冒进却有不同，汴水那次，是主动追击，明知山有虎，偏向虎山行；濮阳这次却是被动挨打，被人家略施小计，瓮中捉鳖。

规律分析

急躁情绪

老谋深算的曹操居然这么轻易就上当了，为什么？曹操是多奸诈的人啊，心眼多到什么程度，用老百姓的话说：眼睫毛是空心的，掉地下一根头发，你捡起来看，都是双管的！他为什么会上当呢？

其实，田氏之所以能诈降成功，主要是利用了曹操的两个弱点：一是激动，老巢被占，气急败坏；二是疲惫，千里回师，人困马乏。那真是心里憋着气儿，浑身没有劲儿，急急忙忙慌了神儿，又激动又疲惫。人在这样的状态下是很容易上当受骗的！为什么呢？我们来分析一下。

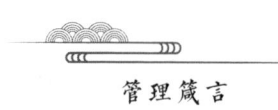

管理箴言

头脑一热，选择必错。激动时要尽量避免进行选择和行动，等心情平静了再说！每临大事有静气，大战之前心如止水，这是非常关键的心理素质。

原因一，激动：激动破坏判断力。专家是这么做测试的：找两组同学，一组唱两首让人平静的歌曲，另一组唱两首让人激动的歌曲，比如来个有节奏、有点味道的，之后再安排这两组同学判断产品。结果发现平静组的同学思路清晰、判断准确；而激动组的同学一激动，判断力下降，对单价和品质的差异都不敏感了。这个结果告诉我们，头脑一热，选择必错。

原因二，疲惫：疲惫更容易让人失去主见。专家是这么测试的：找两组同学，一组睡眠充足，另一组睡眠不足，在吃饭的时候特意安排服务员强烈推荐"本店招牌菜"，其实就是一个又贵又难吃的菜。结果，充分休息的那一组立刻就回绝了这个推荐；而疲惫不堪的那一组，在纠结了一会儿之后，居然接受了推荐。这说明，人在疲劳的情况下更容易被花言巧语迷惑。死缠烂打是容易得手的！

激动了容易失去判断，疲惫了容易缺乏主见，这都是很典型的决策现象。管理专家提醒大家，决策时一定要保持心理状态的平稳，比如买大钻戒、逛街买衣服时。要保证重大决策都是在心情平静、身体平稳的时候做出的。如果累了、烦了，就去睡一觉，睡醒了再做决定，一切都来得及，别慌！

联系实际
危机应对，跳槽带来的烦恼

陈宫突然跳槽和吕布占领兖州，给曹操带来了巨大考验。这样的考验恐怕很多公司都遇到过，关键岗位的员工突然辞职，导致公司人心惶惶。其实失去一两个人并不可怕，可怕的是队伍失去士气，大家对工作产生动摇，对未来失去信心。现实层面的危机不要紧，一旦引发心理层面的危机，这才是最要命的！所谓"一石激起千层浪"，一个人行为异常，十个人心理遭殃！一旦出现关键岗位员工跳槽的问题，领导必须要在第一时间出手，开展思想稳定工作。此时此刻，再没有什么比稳定军心更重要的了！

那么曹操是怎么稳定人心的呢？从《三国志》中，我们可以看到他使用了三个基本的技巧，"承认"、"分离"和"示范"。首先是承认事实，承认自己遭遇了挫折，承认对手取得了优势，但是强调自己的挫折是暂时的，对手的优势是可以改变的。其次是分离，把目前的状况和最糟糕的状况区分开，特别是要强调对手的错误给自己提供了机会。这是增加信心、保持士气至关重要的手段。《三国志》记载，太祖曰："布一旦得一州，不能据东平，断亢父、泰山之道乘险要我，而乃屯濮阳，吾知其无能为也。"最后是示范，在危机时刻，领导要满怀信心，亲自带队伍攻打敌人，身先士卒，不怕危险。

在稳定人心的同时，曹操也采取了进一步应对危机、解决问题的办法。

方法一
合理授权，充分依靠铁班底

曹操之所以能最终度过危机，完全有赖于他有一个过硬的班底。

力挽狂澜的人是荀彧。看三国的人,大家都知道,荀彧是曹操的智囊文胆,在曹操的事业发展中起到了至关重要的作用。

张邈、陈宫悄悄把吕布迎来之后,派人对荀彧[1]说:"吕将军来助曹使君击陶谦,宜亟供其军食。"荀彧多聪明,一下子就知道出大事了。他表面上装作不知道的样子,还给吕布张罗粮草呢,暗地里迅速安排兵力加强守备,并且派人火速去请东郡太守夏侯惇。夏侯惇在关键时刻来得快、做得狠,在荀彧的安排之下悄悄进城,当天晚上就把参与叛乱的数十人都斩杀了,鄄城这才算守住。

在鄄城刚刚稳定的同时,离鄄城最近的范县和东阿同时告急。在陈宫的谋划下,吕布把守军将领靳允的家属,包括母亲、妻妾、子女全抓了,威胁靳允放下武器,声称若不投降就撕票。荀彧为难了。关键时刻,谁能说服靳允为了曹操而放弃自己的老婆、孩子呢?

英雄总是在关键时刻出现的。危急时刻,真的有英雄站出来了,这个人的名字叫程立。程立是东阿本地人,身高一米八左右,相貌魁梧,有胆有识,口才也好,他来找荀彧毛遂自荐。荀彧心里并不是太有底,但是也只好冒险一试,死马当成活马医。

程立跑到范县,对靳允展开了舌战攻势。分为以下四步。

第一步,理解感受:吕布抓了你家属,现在你一定魂不守舍、心乱如麻。

第二步,稳定情绪:这时候很容易做出错误的决定。所以现在你一定要冷静、冷静、再冷静,听我来分析局势。

第三步,对比敌我:陈宫叛变,拥护吕布,各郡县纷纷响应,看上去很美,其实没有想象的那么有前途。你想想吕布是个什么样的人,刚愎自用,不能任用下属,没有政治头脑,一介匹夫,根本不可

---

[1] 荀彧(公元163—212年),字文若,颍川颍阴(今河南许昌)人。东汉末年曹操帐下首席谋臣,杰出的战略家,被曹操称赞为"吾之子房"。官至侍中,守尚书令,谥曰敬侯。因其任尚书令,居中持重达十数年,被人敬称为"荀令君"。

能有大的成功；而曹将军的英勇神武、智慧谋略摆在那儿，这才是命中注定成大事的人，吕布根本就不是他的对手。

第四步，讲明利害：将军你固守范县，我守卫东阿，必能为曹操创造绝世功劳。如果听从汜嶷的主意叛变，将来有一天你会有灭门之祸，请将军好好考虑！

这一番游说取得了意想不到的效果，靳允当即决定断绝和叛军的来往，坚决支持曹操。紧接着，这位程大谋士在表现了过人的口才之后，又表现了高明的军事谋略，他及时派出骑兵，毁掉了仓亭津口的渡桥，使得叛军无法渡河，保住了东阿县。这位程先生在关键时刻的作用，那真是：挽狂澜于既倒，扶大厦之将倾。靠着荀彧、夏侯惇和程立等人的努力，曹操终于保住了最后的立足点。

兖州反叛让曹操清醒了许多，他开始总结和反思。失败是最好的老师，它教会我们许多书本上学不到的东西。用今天的眼光来看，除了反思自己的滥杀行为之外，曹操肯定还想到了第二个问题，这个问题就是：干事业关键时刻要靠谁？我们每个想做大事业的人都要提前好好想想这个问题。靠谁呢？要靠自己的铁班底。

> **管理箴言**
> 平时做好本职工作，关键时刻能挺身而出，担负起力挽狂澜的重任，这样的人就是你的铁班底。

有人会问，班底和班子有什么不同，是不是有队伍的人一定会有班底？答案当然是否定的，有队伍的人未必有班底，把班子搭好的人不一定能把班底搭好。一般人只能做岗位职责之内的事情，多了他是不负责的；班底指的是那些热爱事业、忠诚无私，既能把岗位职责之内的事情做好，也能在关键时刻主动负责；把岗位职责以外的事情做好的人。

天下兴亡，领导责任——这是下属思维。

天下兴亡，各有责任——这是班子思维。

天下兴亡，我的责任——这是班底思维。

这就是我们常说的"位卑未敢忘忧国""身无分文心怀天下""风声雨声读书声声声入耳，家事国事天下事事事关心"。一个组织要有一个组织的班底，一个民族要有一个民族的班底。班子的特点是有限职务，有限负责；而班底的特点是有限职务，无限担当！有一部电影叫《潜龙轰天》，军舰被劫持，舰长和其他人都被控制了，关键时刻一个在底舱做饭的厨师挺身而出，力战恐怖分子，拯救了大家。大战恐怖分子，既不是厨师的职责，也不是厨师应该具备的技能，但是这位厨师就做到了，而且做得非常精彩、及时。那么我们就可以说，这位厨师就是铁班底，有了他，我们这艘军舰就经得起风雨的考验。曹操在兖州叛乱的关键时刻，终于认识到了班底的重要性。他看到荀彧和夏侯惇这样的人才是自己真正的铁班底和顶梁柱。

班底的特点，一是态度忠诚，经得起考验；二是责任心强，点点滴滴都放在心里，边边角角都看在眼里，会替事业考虑，替团队分忧；三是专长突出，他们的专长不局限在眼前的岗位之内，而是能适应团队发展的战略需求，关键时刻能挺身而出。

一般来说，班底由两种人构成：一类是谋才，比如荀彧，另一类是干才，比如夏侯惇。我们给一个形象的说法，谋才是"摇扇子的"，干才是"抡板斧的"。做事业必须有由这两类人搭建的一个铁班底才行。大家看《水浒传》，宋江身边也有这两个角色，摇扇子的是智多星吴用，抡板斧的就是黑旋风李逵。这两类人的管理要点是：对于摇扇子的谋才，要说清楚"为什么"，理念一致了，后面他自己会有很多办法，不用教，而且人家比领导想的办法还多；对于抡板斧的干才，要说清楚"怎么干"，把流程和目标都讲清楚，至于前因后果、来龙去脉、意义价值，就不用费那么多口舌了，他不懂也没关系，只要他相信你懂就可以了。做事业的规律就是：容易找到人，不容易找到人才；容易找到人才，不容易建立班子；容易建立班子，不容易建立

班底；只要有了班底，心里就会有底。身边不光要有人，还必须有班底，文武搭配，性格互补，由领导居中调度。只有这样，事业的大船才能禁得住惊涛骇浪的考验。

方法二

多样激励，
善于制造认同感

要做一个公司，干一番事业，能不能论坛上发个英雄帖，从网上随便招几个人，凑在一起事情做起来？这样肯定不行。团队是分层次的，必须要研究多样化的激励方法，要根据人员的层次需求进行有针对性的管理，这样才是做事业。

团队需要有四种人。

一是人物：能力和态度都是一流的，大事小事都很优秀。

二是人才：能力很棒，态度不稳，安排合适了才出成绩。

三是人精：能力具备，但精于算计，给多少待遇，就付出多少，绝不多干。

四是人手：态度好，比较忠诚，但是能力有限，只能做一般工作。

总结：人才需要归属感，人物需要成就感，人精和人手只要有待遇就可以了。

那么什么是归属感和成就感呢？专业的表达很抽象，我给大家一个简单的定义：做事情让别人认可，被他人接受和喜欢，这就是归属感；做事情让自己认可，自己很有兴趣、很喜欢，这就是成就感。

比如我讲课，讲完后大家很认可、很喜欢，于是我对这个栏目还有在座各位就会有归属感；讲完了，我自己很认可、很喜欢，这个课程就让我很有成就感。

再举一个例子，在教育过程中，如果教师善于激发兴趣，让学生充分发挥自己的特长，达成阶段性的目标，学生的成就感就会上升；如果老师对学生充分地信任和理解，引导学生互相帮助、互相支持，团队内部归属感就会上升，大家会为了集体荣誉而努力。归属感和成就感是培养造就高层人才的有效手段。因此，激发兴趣，传递认可，这是每一个教育者和管理者都必须做到的基本动作。做不到，队伍就带不好，管理就不合格。我们看看曹操是怎么做的。

> **管理箴言**
> 激发兴趣，传递认可，这是每一个教育者和管理者都必须做到的基本动作。

一、使用贴标签的方式，强化认可，建立特殊归属感。例子是"程立改名"。曹操从徐州收兵回到兖州地界，听完荀彧的详细汇报之后，对于东阿人程立在关键时刻的贡献十分赞赏和感激。《三国志》记载，曹操握着程立的手激动地说："微子之力，吾无所归矣。"据说，程立曾经做过一个很壮丽的梦，梦见自己登上泰山，双手捧日。他把这个梦告诉了荀彧。此刻，荀彧又把这个梦告诉了曹操。曹操大喜，捧日之人捧的是我曹孟德，那我不就是那轮红日嘛。在这样的艰难时刻，曹操心里感觉到了极大的安慰和满足。他对程立说，你不要叫程立了，因为你做梦梦到手捧一轮红日，我们就在你这个立字上加一个日字吧。大家注意，立上加日，念"昱"，于是程立当场就改名叫程昱。就这样，荀彧和程昱成了曹操打天下、成霸业的左膀右臂。

二、使用给平台的方式，充分展示和发挥特长，激发强烈的成就感。例子是"典韦提拔"。东汉献帝兴平元年（公元194年）八月，曹操和吕布于濮阳展开大战。吕布置军于濮阳西四五十里，曹操前往夜袭其屯，翌日清晨破之。曹军尚未及时回还，而吕布救兵已至，双方三面会战。当时吕布亲身搏战，自早上至日落双方鏖战数十回合，互持甚急。曹操临时招募破陷敌阵的人选，典韦先占应募，另外带领其余应募者约数十人，尽皆重装两件盔铠，不执盾牌，一律只持长矛撩戟。同时西面战情告急，典韦突进挡敌，贼军弓弩乱发，矢箭如雨，典韦全然无视，对随从说："贼军来到十步之内，便告诉我。"不久随从说："十步了。"典韦又说："五步之内再告诉我。"随从畏惧，立即便说："贼军来到了！"典韦手持十余支小戟，大呼而起，以戟掷敌，所投者无不应手而倒。战了多时，吕布军众撤退。此时刚好是日暮之时，曹操才得以引军而去。曹操拜典韦为都尉，引置于左右，让他带领亲兵数百人，常在军中大帐巡绕。典韦人既壮武，其所带领的亲兵又都是严格挑选的战卒，每次战斗，典韦部队都常先登陷阵。典韦后来又迁为校尉。他的性格忠诚谨重，常于早上侍立终日，夜晚便宿于帐左右，甚少归府私寝。其人甚好酒食，饮食分量兼人，每有赐食于前，便大饮长喝，左右相属之人都为典韦供给自己的酒食，曹操大壮其为人。典韦又喜欢携着大双戟与长刀等，军中有谚曰："帐下壮士有典君，提一双戟八十斤。"

归属感和成就感让曹操身边的班底各个死心塌地，无论是摇扇子的程昱还是抡板斧的典韦，在关键时刻都一心一意追随曹操！

方法三
放下架子，虚心接受好建议

当领导需要有"三心二意"——信心、雄心、虚心；老百姓的民意和身边人的建议。必须要学会虚心听取他人的建议，这一点是所有成功者的共同特征，从曹操到李世民都是如此。高人做事情，为什么一定要多听建议呢？

有一则"博士跳河的故事"：有一个博士分到一家研究所工作，在这里，博士是学历和理论水平最高的。有一天，单位搞活动，大家到后面的小河钓鱼，正、副所长一左一右，坐在博士的两边。不一会儿，只见正所长放下钓竿，说了声"上厕所"，一哈腰一提气，踩着水面"噔噔噔"就到对岸去了，过了一会儿又踩着水面"噔噔噔"回来了，朝大家笑了一下，坐下接着钓鱼。博士眼睛瞪得大大的，心想：乖乖，铁掌水上飘啊？不会吧？

过了一会儿，副所长也站起来，说了声"上厕所"，一哈腰一提气，踩着水面蹭蹭蹭就走到对岸去了，过了一会儿又踩着水面蹭蹭蹭就回来了，朝大家笑了一下，坐下接着钓鱼。博士心想：哈，原来都是高手啊！

又过了一会儿，博士也内急了。博士心想：我就不信你们都能过去，我就过不去？流体力学我学得最好了！博士一咬牙一提气，对着水面"嗖"地一跳，只听"咚"的一声，他就掉进了水里。同事们一看就急了：有什么想不开的，钓不着鱼也别自杀啊！大家七手八脚将他拉了上来。所长问："你为啥要跳河呀？"博士说："我才没跳河呢，我是想和你们一样也来个水上漂，到对面上厕所。"旁边一个老同志说："傻孩子，哪有什么水上漂啊，这小河里有个漫水桥，这两天下雨涨水，桥面被水漫过了一点点，刚才他们都是踩着桥过去的呀。你咋就不问一声呢？"

这个故事告诉我们，现实永远没有想象的那么复杂，但是现实中一定有很多想象不到的隐蔽事实。面对现实，我们要做的，不是研究什么复杂的规律，而是要争取多了解一些想不到的事实。一定要多听、多看、多请教。理论有盲区，常常可以用另一个理论来弥补；事实有盲区，却只有付出惨痛的代价！无论你有多高的理论和智慧，你永远需要向别人学习，学的不是理论而是基本事实，因为总有很多

管理箴言

懂得规律的人要学会尊重事实，懂得强大规律的人更要学会去尊重最简单的事实；要学会尊重事实，首先要学会尊重知道事实的人。

简单但是重要的事实，是你所不知道的！如果不向他人请教，我们就会为自己的无知付出代价。

曹操在重新夺回兖州的过程当中，听取了两个关键的建议。

第一次接受建议在《资治通鉴·汉纪》中有记载：

冬，十月，操至东阿。袁绍使人说操，欲使操遣家居邺。操新失兖州，军食尽，将许之。程昱曰："意者将军殆临事而惧，不然，何虑之不深也！夫袁绍有并天下之心，而智不能济也；将军自度能为之下乎？将军以龙虎之威，可为之韩、彭邪？今兖州虽残，尚有三城，能战之士，不下万人，以将军之神武，与文若、昱等收而用之，霸王之业可成也，愿将军更虑之！"操乃止。

袁绍让曹操把家属作为人质送来邺城，自己就派人发粮草，帮助曹操。曹操差点儿就同意了，关键时刻，程昱提出了不同意见：一、袁绍有吞并天下的心思，您也有，而且他的才能不如您，如果现在让人家攥住了家属，以后必然进退两难、受制于人；二、我们现在还有三城之地，精兵万人，文臣武将皆能为您效命，这些资源翻盘足够了，根本不用这样去求别人。

第二次接受建议是在公元195年，布将薛兰、李封屯巨野，曹操攻之，布救兰等，不胜而走，操遂斩兰等。操军乘氏，以陶谦已死，欲遂取徐州，还乃定布。《三国志·荀彧传》中记载：

荀彧曰："昔高祖保关中，光武据河内，皆深根固本以制天下，进足以胜敌，退足以坚守，故虽有困败而终济大业。将军本以兖州首事，平山东之难，百姓无不归心悦服。且河、济，天下之要地也，今虽残坏，犹易以自保，是亦将军之关中、河内也，不可以不先定。今已破李封、薛兰，若分兵东击陈宫，宫必不敢西顾，以其间勒兵收熟麦，约食畜谷，一举而布可破也。破布，然后南结扬州，共讨袁术，以临淮、泗。若舍布而东，多留兵则不足用，少留兵则民皆保城，不得樵采，布乘虚寇暴，民心益危，唯鄄城、范、卫可全，其余非己之有，是无兖州也。若徐州不定，将军当安所归乎？且陶谦虽死，徐州未易亡也。彼惩往年之败，将惧而结亲，相为表里。今东方皆已收麦，必坚壁清野以待将军。将军攻之不拔，略之无获，不出十日，则十万之众，未战而先自困耳。前讨徐州，威罚实行，其子弟念父兄之耻，必人自为守，无降心，就能破之，尚不可有也。夫事固有弃此取彼者，以大易小可也，以安易危可也，权一时之势，不患本之不固可也。今三者莫利，原将军熟虑之。"太祖乃止。

荀彧的建议有三条：

一、兖州大而徐州小；

二、出征徐州，后方空虚，吕布会乘虚而入；

三、打徐州，未战先困，战而难胜，胜而难久。

所以，以大易小可也，以安易危可也。而现在很明显是舍大取小，舍安取危，这是不行的！在程昱和荀彧的积极建议之下，曹操集中力量终于又夺回了兖州，扭转了被动局面。

曹操在听建议的时候，做到了一个关键点，什么关键点呢？就是管理者听建议，最要紧的是放下架子，离开位子，学会换个角度思考问题，这样才会成功。

我们随时都有三位最宝贵的老师，一位叫"失败"，一位叫"问题"，一位叫"群众"。向失败学习，带着问题学习，学不懂就深入一线请教群众，这永远都是取得进步的好方法。

痛失兖州是曹操事业早期的一次重大挫折，但是这个挫折也教会了曹操很多东西。共识往往来自成功，秘诀常常来自失败。显然，当你领先了，有人会学着你的样子往前跑，但是当你摔得很惨，没人会学你的样子再去摔那个大跟头！人们都喜欢复制成功，但是没有人会故意去复制失败——在失败中，我们常能积累一些属于自己的独一无二的东西。善于总结失败的人才会拥有秘诀！与其向别人请教秘诀，不如自己经常总结失败的教训。

人生就像是走路，被眼前的石头绊倒了，你要做的是站起来，越过它，继续前进。如果被绊倒了，就痛哭流涕、悔恨交加，甚至围着石头破口大骂、不依不饶，那就真的要耽误行程了。我们看到，有些人被一个石头给绊倒了，大半辈子都咬牙切齿围着那个石头转，那才是真的失败。

> **管理箴言**
>
> 听建议的时候，不要怕别人态度不好。事业起步的时候，要特别感谢那些对你板着脸的人。作为成长中的小树，浇凉水让你成长，浇开水让你受伤，热乎乎带着一团火来的人，会毁了你！

人遇到挫折和失败时，最大的问题是无法从痛苦和悔恨的情绪中走出来。如果因为错过月亮而闭门流泪，那样就会错过太阳。有人会说："这些说起来很容易，但是我做不到啊，我不是那种人。"这样的想法本身就是典型的自我放弃。其实，我想告诉大家，只有"真的想"，才可能"真的行"，如果"真不想"，一定"真不行"。你说："老师，我行，但我就是不想！"那我告诉你，你不是在骗自己，就是在骗别人。

曹操在挫折和失误面前没有放弃，他稳定情绪，痛定思痛，通过依靠铁班底、多方采纳正确意见、深度激励核心骨干的措施，迅速扭转了被动局面，他想到了，他也做到了。经过半年多艰苦卓绝的战斗，曹操终于打败了吕布，重新夺回了兖州。此时，天下形势又发生了新的变化，董卓死后，李傕和郭汜祸乱长安，天子汉献帝被迫东归洛阳。洛阳城残破不堪，政府物资匮乏，迫切需要地方势力的支持，但是各路诸侯犹豫观望，既没有雄心入主洛阳，也没有壮志为国分忧。此时此刻，曹操开始谋划起兵以来最宏大的一个计划，就是西迎天子，问鼎核心权力。那么曹操是如何克服重重阻力，抓住机遇实现这一目标的呢？请看下一讲。

第七讲

创造机遇借资源

机遇往往青睐那些有准备的人，而生活中还有一些人，他们能在困境中设法创造机遇。曹操就是这方面的高人。在东汉末年的乱局中，没有根基的他转战四方，迅速抓住了稍纵即逝的机会，并且在此基础上创造和发掘出了更多的机遇，终于成功进入东汉政府的管理层，挟天子以令诸侯，成为世人瞩目的实权派人物，为他后来宏伟的事业奠定了坚实的基础。曹操究竟是如何寻找和创造机遇的呢？他的表现又能给我们带来哪些启示？

"规律每天发生，故事各有不同。"一个人的成功离不开机遇，但是我们在前进的道路上，应该如何寻找和利用机遇呢？很多人都为此而困惑，甚至有很多人抱怨自己从来没有遇到过真正的机遇。大家注意，机遇，机遇，机灵的人才会遇到！等待机遇的人是常人，抢抓机遇的人是能人，创造机遇的人是高人。机遇属于有准备的人，更属于创造它的人。等待使人变成奴隶，只有创造才能使人变成主人。这一讲我们就要谈谈创造机遇的话题。

细节故事

董昭诈名写书信

公元196年初夏时节，历经战火洗礼的洛阳城残垣断壁，满目疮痍，已经完全没有了当初的繁华景象，残破不堪的城市中只有路边的树木花草依然像当初一样枝繁叶茂。在城东一处仓促修复的院落里，有一个人正在伏案写作。只见此人中等身材，面容清秀，猛然看去，眉眼之间长得有点像曹操。他不但长得像曹操，而且此刻写的书信，模仿的也是曹操的口气，信的落款居然也是曹孟德。

这真是一出超级模仿秀！曹操是什么人？阴狠猜忌，要是让他知道有人胆敢冒充自己，那肯定是要格杀勿论的。这出模仿秀是冒着生命危险的！不过造假者并不紧张，甚至有点悠然，一会儿闭目沉思，一会儿低语推敲，仿佛是在做一件很轻松很享受的事情。三国时期英雄不少，但是敢大白天公然假冒曹操的只此一人，而且其假冒行为非但没有被追究，相反还得到了曹操的丰厚奖励，这就更加高明了。

这个人是谁呢？说起来他可是三国里有名的人物，此人姓董，名昭，[1]字公仁，济阴定陶人。本来在袁绍手下做地方官，但是看到跟着袁绍没有前途，就投奔了朝廷，被任命为议郎。议郎这个职位，我之前提到过，曹操在遭受排挤的时候也曾经担任过，其实就是一个有职无权的闲散官职。

这位闲散的议郎董昭，为什么要模仿曹操呢？其实董昭此刻在做一件对他自己、对曹操，乃至对中国历史进程都有深远影响的事情。这件事情还要从当时洛阳的局势说起。

自王允巧用连环计杀死董卓之后，董卓部将李傕和郭汜占领长安城，要挟皇帝、侮辱大臣、残害百姓，搞得长安城乌烟瘴气、民不聊生。国人总结说"君子远亲而近敬，小人远诽而近斗"，正人君子离得远了依旧保持感情，离得近了懂得相互尊重；奸邪小人离得远的时候，说坏话打击对方，离得近了，容易起纠纷。李傕和郭汜这种人，不但跟外人相处不长久，跟自己人也没法长久相处。占据长安没多久，二人就互相起了猜疑，互相攻打，好好的长安城变成了战场。

好端端的大汉都城，洛阳毁在董卓手里，长安毁在李傕和郭汜手里。究其根本，都是当初袁绍给何进出主意，招外兵进京城导致的后果。何进是做什么的？以前是个屠户，杀猪的。成天跟猪打交道的人，让他管偌大一个国家，又没有经历过什么专门的管理培训，简直是开玩笑。这就是我们反复强调的一句话，一切成功，说到底都是用人的成功，一切失败，说到底都是用人的失败。

长安待不下去了，为了躲避李傕和郭汜，天子汉献帝就带着百官避乱到了洛阳。经历了董卓迁都之后，洛阳城已经被洗劫一空，人烟

---

[1] 董昭（公元156—236年），字公仁，济阴定陶（今山东定陶）人。东汉末期人物。先后侍奉袁绍、张扬、曹操、曹丕、曹叡等。

稀少残，垣断壁，乌鸦满天，野狗遍地。汉献帝到洛阳后是什么惨状呢？"是时，宫室烧尽，百官披荆棘，依墙壁间，州郡各拥强兵，委输不至；群僚饥乏，尚书郎以下自出采稆，或饥死墙壁间，或为兵士所杀。"《资治通鉴》

在这样的情况下，朝廷连最基本的温饱问题都解决不了，迫切需要地方的鼎力支持。董昭看到了这个局势，他就冒充曹操的名义，给当时握有兵权、控制朝廷的杨奉（杨奉兵马最强而少党援）写了一封信，信是这样写的："吾与将军闻名慕义，便推赤心。今将军拔万乘之艰难，反之旧都，翼佐之功，超世无畴，何其休哉！方今群凶猾夏，四海未宁，神器至重，事在维辅；必须众贤以清王轨，诚非一人所能独建。心腹四支，实相恃赖，一物不备，则有阙焉。将军当为内主，吾为外援。今吾有粮，将军有兵，有无相通，足以相济，死生契阔，相与共之。"《三国志》

这封信为曹操后来迎汉献帝到许昌奠定了基础。按照《三国志·董昭传》的记载：奉得书喜悦，语诸将军曰："兖州诸军近在许耳，有兵有粮，国家所当依仰也。"遂共表太祖为镇东将军，袭父爵费亭侯；昭迁符节令。

董昭成全了朝廷，成全了曹操，也成全了自己。

规律分析
人为什么会喜欢胜利者

这里，我们要考虑一个问题，董昭为什么会喜欢曹操？其实，在现实生活中，有个有趣的现象：一般来说，喜欢弱者的人会被大家看成是善良的人；而喜欢强者的人，往往会被鄙视，大家都觉得他趋炎附势。那么董昭主动向曹操靠拢，他是不是趋炎附势的小人呢？

其实董昭不是趋炎附势的小人，董昭主动靠拢曹操，其实这里边还有一个更有趣的组织行为学原理。根据这个原理，我想告诉大家，在当时形势下，如果你是董昭，你也会喜欢曹操。

这个原理就是——"相关的时候喜欢强者，无关的时候喜欢弱者"。

先说"无关的时候喜欢弱者"这个原理吧。根据这个原理，我想告诉大家，我们生活在一个同情狼而不是同情羊的时代。举个例子，以前我们认识狼，看的是小红帽与大灰狼的故事，现在不是了，现在孩子们看的是《喜羊羊与灰太狼》的故事。在《喜羊羊与灰太狼》里，喜羊羊每次都能战胜灰太狼，而且灰太狼每次都被外边的敌人和自己的老婆欺负得很惨！惨到不行，惨到崩溃，惨到我们都替他崩溃！

在这个故事的叙述框架当中，大自然的强弱规律发生了颠倒，羊变成了强者，狼变成了弱者。根据人类"无关爱弱"的原理，在与自己无关的情况下，人总是同情弱者。于是电视机前边的观众，看着看着，就会把灰太狼当成同情的对象！不信，大家就到街头或者学校去采访一下，看看有多少人同情灰太狼——这个同情的比例会非常之高！

而且还有过这样的议论——灰太狼太可怜了，被欺负得那么惨，我希望让它吃到一次羊吧，要不然也太过意不去了。

所以，如果我们一味弱化狼，在宣传中让狼扮演弱者，那么狼就会成为人们同情的对象，孩子们的价值观就有可能被颠覆——同情狼而不喜欢羊。这就是"无关爱弱"造成的。

我们在宣传羊战胜狼的同时，也必须要表现狼的强大、凶狠，这样才能使大家不去怜悯狼。怜爱怜爱，因怜会生爱，怜悯久了，就会有感情。在羊和狼的斗争中，如果观众怜悯狼，此事还可以理解，怜悯久了要是让孩子们真的都爱上了狼，那就可怕了。

下面来介绍另一个原则："相关爱强"原理。如果一件事情与我们的利害相关，我们就爱那个强者，而不是同情那个弱者。

再举个例子，我参加了学校组织的有关专业教学的辩论，第一场遇到了弱者，当场把对手批驳得很惨。结束之后，好几个同学给我发邮件或在我微博里留言，大概意思都是劝我说：赵老师啊，得饶人处且饶人，那个老师多可怜啊，你看你把人家给挤兑得话都不会说了，愣把"我们都是一家人"，说成了"我们一家都是人"，这样不好吧？第二场的时候还是适可而止吧。结果第二场比赛之前，学校教务处宣布，我们这些参加辩论的老师中，优胜者在这个学期要担任大家的专业课老师兼辅导员。这个消息一传出来，局势立刻就变了，原来劝我适可而止的学生，都支持我说：赵老师，别手软，一定要下重拳，上来就把他拿下！我们给你加油！

大家看看，如果是一个无关利益的比赛，那么弱者会收到很多同情；但是如果是和观众切身利益相关的比赛，那么大家就会转而支持强大的一方。我们把这个规律总结为"无关趋弱，相关爱强"。

比如，您喜欢篮球，偶然看电视时看到一场和你无关的篮球比赛，你一定很同情那个弱者，希望弱者翻盘，最后时刻爆发，把强大的对手打败。这在拳击比赛中尤其明显，我们总是希望那个被打得鼻青脸肿的弱者能突然爆发，一下子把强大的对手打趴下。但是如果是利害相关的时候就不一样了，如果主办方忽然宣布"谁胜利了，谁就有可能成为我们这个城市的形象代言人"，一般人都会立刻转向为强者加油！

这就是人们的心理规律，它能在不知不觉中影响我们的行动，左右我们的选择。

当年，董昭是袁绍的手下，他当然希望袁绍强大，这样自己的事业才会蒸蒸日上；后来董昭看到袁绍没有前途，他辞官而去，来到朝廷，这个时候曹操远在东海岸边欺负陶谦，董昭就会比较同情陶谦，等吕布把曹操打得很惨的时候，董昭作为观众又会比较同情曹操。但是等到政府被迫东迁，脱离了李傕和郭汜的控制，山东地区的胜利者将有可能影响政府前途的时候，董昭在这种利害相关的情况下，自然就会喜欢强者。

> **联系实际**

帮过我们的人会继续帮

到了洛阳以后,曹操亲切召见了董昭,然后和董昭讨论下一步的计划。根据《三国志》记载:

太祖朝天子于洛阳,引昭并坐,问曰:"今孤来此,当施何计?"昭曰:"将军兴义兵以诛暴乱,入朝天子,辅翼王室,此五伯之功也。此下诸将,人殊意异,未必服从,今留匡弼,事势不便,惟有移驾幸许耳。然朝廷播越,新还旧京,远近跂望,冀一朝获安。今复徙驾,不厌众心。夫行非常之事,乃有非常之功,原将军算其多者。"太祖曰:"此孤本志也。杨奉近在梁耳,闻其兵精,得无为孤累乎?"昭曰:"奉少党援,将独委质。镇东、费亭之事,皆奉所定,又闻书命申束,足以见信。宜时遣使厚遗答谢,以安其意。说'京都无粮,欲车驾暂幸鲁阳,鲁阳近许,转运稍易,可无县乏之忧'。奉为人勇而寡虑,必不见疑,比使往来,足以定计。奉何能为累!"太祖曰:"善。"即遣使诣奉。徙大驾至许。

在迁都许昌的过程中,曹操担心杨奉依靠强大的军事实力从中作梗,董昭敏锐地分析,表示杨奉之前尽心帮助过我们,这次只要有话好好说,他还会继续帮助的。

在这里,董昭解释了一个有趣的规律,叫作自我承诺,就是过去帮过我们的人,未来会倾向于继续帮助我们。

有一个"父子求救"的故事:话说"福无双至,祸不单行",有一家私人企业要破产了,关键时刻,企业创始人又得了重病,垂危之际他把三个儿子叫到病床前商量如何应对危机。

他告诉儿子们,现在帮手有三个人选:甲是我们帮过的人,当年他有困难的时候我们给过他无私的帮助;乙是帮过我们的人,上一次遇到困难,就是他帮我们度过危机的;丙是我们和他一起帮过别人的

人，我们当年曾经一起做过慈善事业。"

大儿子说选甲，我们有恩于这个人，现在他一定会报恩的。

二儿子说选乙，上次他都帮了我们，这次一定也会帮的。

三儿子说选丙，一起做过慈善，说明他有帮助别人的实力和动机，这次一定会帮我们的。

父亲说："好吧，既然大家都有自己的选择，那么就请你们去找这三个人，看看谁能给我们的事业带来帮助。谁成功了，企业就由谁来继承。"

于是三个儿子分头出发去请人。大家想一想：甲、乙、丙三个人，到底谁会帮助他们，是老大请到的甲呢，还是老二请来的乙呢，还是老三请来的丙呢？

天使的特点就是，她过去曾经帮助过我们，将来还会帮助我们。过去帮过我们的人，在未来帮助我们的可能性更大。

所以请人帮忙有一种技巧，就是在提大请求之前，先提个小请求，一旦小请求被答应了，别人有了帮助我们的思维模式，那么再提大请求，也就容易获得帮助。

以前我读博士的时候，有一个同学，经常让我帮他查资料，他的方法就是这样。首先提个小请求，比如"帮我看看几点了"，或者说"师兄，麻烦你把那本资料书借我看看，还有把那本也借我看看"，再请教我"用什么方法做文献综述呢"，最后才说："师兄，我遇到了很大的困难，请你帮个忙，帮我查查这个资料吧，谢谢啊！"

董昭是高明的谋士，他帮助曹操的方法充分体现了在资源不足的情况下，如何去创造机遇，就是一个"借"字！

我们经常说，有条件要上，没有条件创造条件也要上。如何创造条件上呢？最有效的一个方法就是借。董昭是个借资源的高手。一借名义，借曹操的名义给杨奉写信，使自己顺理成章变成了曹、杨二人的联络官；二借资源，借曹操的资源解除朝廷的危机；三借权力，借杨奉之手接纳和提举了曹操；四借局势，借解决后勤补给困难的机会，使自己走上了重要的管理岗位。

不过得到好处更多的是曹操，借着董昭这个渠道，曹操终于被朝廷接纳并摆在了一个重要位置上。有了朝廷的支持，各方面工作开展起来就比较顺利了。这为他下一步迎立天子创造了有利条件。那么让我们来看看，曹操走到现在这一步，用了哪些策略呢？

策略一

借马拉车，充分利用关键人员

所谓借马拉车，说的就是我们自己没有合适的马来拉车，那就需要借别人的马。我们有一个工作目标，但是缺乏合适的人员来完成这个目标，怎么办？那就要借助别人的干部、别的团队中的人员来帮助我们完成这个目标。

在曹操实现迎驾洛阳，迁都许昌，最终获得朝廷实际控制权这个目标的过程中，有四个人起了重要作用。这四个人都不是曹操自己的干部，都属于外人，但就是这四匹别人的马拉着曹操的战车顺利地完成了从兖州到洛阳，从洛阳到许昌的进步。

一是董昭，董昭先是说服河北太守张扬给曹操让出通道，方便曹操派遣使者与朝廷沟通来往；接着又伪造曹操的书信，帮助曹操与朝廷实权派杨奉拉近关系，获得了镇东将军的任命和朝廷的全面认可；最后，又帮助曹操策划迁都许昌，最终使得曹操取代了杨奉、韩暹等人的位置，掌握了朝廷的实权。

二是钟繇[1],早在曹操刚刚当兖州牧的时候,就派遣从事王必致命天子。《三国志·钟繇传》中有:'傕、汜等以为"关东欲自立天子,今曹操虽有使命,非其至实",议留太祖使,拒绝其意。繇说傕、汜等曰:"方今英雄并起,各矫命专制,唯曹兖州乃心王室,而逆其忠款,非所以副将来之望也。"傕、汜等用繇言,厚加答报,由是太祖使命遂得通。'曹操听身边的荀彧多次称赞钟繇,又听说钟繇主动帮自己游说李傕、郭汜,对钟繇十分感激和钦佩。

三是董承,董承一开始对曹操有敌意,甚至抵制曹操迎驾洛阳的行动,后来与掌权的韩暹发生了矛盾,转而支持曹操,主动向曹操伸出了橄榄枝。

四是杨奉,在董昭的劝说之下,手握兵权的杨奉没有反对曹操迎驾洛阳,并且还推荐曹操担任了镇东将军和费亭侯。

以上这四个人,尤其是董昭和钟繇,都属于自觉自愿为曹操做事情的,很多艰苦细致的工作都是曹操后来才听说的。人家属于在没有曹操授权,甚至跟曹操还没有见过面的情况下,就自觉自愿地为曹操做品牌宣传,开拓发展空间。

当时,朝廷的很多人是没见过曹操,不了解曹操,甚至对曹操是抵触的。如果没有这些人的认可,曹操就强行夺权、强行迁都许昌,那他就成了第二个董卓,会弄得天怒人怨,偷鸡不成蚀把米。董昭等人的态度,对曹操获得绝大多数官员的认可、最终控制政权起到了关键作用。有人会说,董昭、钟繇二人,既不是宰辅大臣,也不是带兵大将,又没有位列三公,他们能起什么关键作用呢?

在经济管理理论当中有一个"羊群效应"理论,用这个理论可

---

[1] 钟繇(公元151—230年),字元常,豫州颍川长社(今河南长葛东北)人,三国时期曹魏著名书法家、政治家。魏文帝时与当时的名士华歆、王朗并为三公,有二子:钟毓、钟会。在书法方面颇有造诣,据传是楷书(小楷)的创始人,与晋代书法家王羲之并称"钟王"。

以很好地说明董昭等人的价值。羊群是一种很散乱的群体，平时在一起，盲目地左冲右撞，但一旦有一只头羊动起来，占据了主要的注意力，其他的羊也会不假思索地一哄而上，那么整个羊群就会不断模仿这个领头羊的一举一动，全然不顾前面可能有狼或者不远处有更好的草。"羊群效应"就是比喻人都有一种从众心理，从众心理很容易导致盲从，而盲从往往会使人陷入骗局或遭到失败。

有个小故事叫"盲从的松毛虫"：法国科学家法布尔曾经做过一个松毛虫实验。他把若干松毛虫放在一只花盆的边缘，使其首尾相接成一圈，在花盆的不远处，又撒了一些松毛虫喜欢吃的松叶，松毛虫开始一个跟一个绕着花盆一圈又一圈地爬。这一爬就是七天七夜，饥饿劳累的松毛虫尽数死去。而可悲的是，只要其中任何一只稍微改变路线就能吃到不远处的松叶。动物如此，人也不见得更高明。

在人类社会中，羊群效应是什么样子的呢？我给大家讲一个有趣的例子：有一个记者外出采访，大白天走在大街上，看到有一大群人都抬头往天上看。路过的记者很好奇，认为一定有重大发现，可是记者抬头看了半天，发现天上空空荡荡，什么都没有。记者很纳闷，就从人群外围开始一个人一个人地朝里边打听，问大家在看什么，被问过的人都说，因为看到别人看天空，自己很好奇，所以也停下来看，可是看了半天确实什么也没看到！记者更纳闷了，到底大家在看什么呢？从外往里打听，终于问到了人群中最里边的那个人，这个人捂着鼻子说："我什么也没看，鼻子流血了，所以我才仰头朝着天！"

在信息不充分的情况下，人们都喜欢模仿别人，一旦有一个人采取行动，大家就会一窝蜂地追随！职场中的羊群效应很常见，在竞争激烈的"兴旺"的行业，很容易产生"羊群效应"，看到一个公司做什么生意赚钱了，所有的企业都蜂拥而至，上马这个行当，直到行业供应大大增长，生产能力饱和，供求关系失调。大家都热衷于模仿领头羊的一举一动，有时难免缺乏长远的战略眼光。

做互联网赚钱，大家都想去做互联网；做管理咨询赚钱，大家都蜂拥而上；在外企干活，成为一个嘴里常蹦出英语单词的小白领，看上去挺风光，于是大家都去学英语；现在做公务员很稳定，收入也不错，大学毕业生都去考公务员。

这些跟风模仿，甚至会发展到没有理性的程度。话说：天使组织了会议，一位石油大亨得到了参加的机会，但是路上堵车了！到门口的时候，他已经迟到了。把门的天使通知他说，来的人太多，里边座无虚席，已经没有座位了。失去了上天堂的机会，这可不行！情急之下，石油大亨灵机一动，对着里边就喊了一声："地狱里发现石油了！"这一喊不要紧，先来的那些大亨争先恐后，都跑去地狱找石油了。很快，天堂里冷冷清清，座位空出了一大片，守门天使说："好吧，现在有座位了，你进来吧。"结果，这个人心想，怎么这么快大家都跑去地狱了，莫非地狱里真的发现石油了？于是，他自己二话没说，转过身也急匆匆朝地狱跑去。

关于羊群效应的形成有以下几种解释。哲学家认为是人类理性的有限性，心理学家认为是人类的从众心理，社会学家认为是人类的集体无意识，而经济学家则从信息不完全、委托代理等角度来解释羊群效应。总而言之，专家得出了一致的结论：在情况不明朗、信息不充分的情况下，人们往往会选择追随策略，一旦有一个人做出坚定的选择，后边的人就会几乎不做判断，毫不犹豫地追随。

所以，要影响众人的话，一个坚定积极的带头者特别重要。在曹操入驻"中央政权"的过程当中，董昭就扮演了这样的带头者角色。他对曹操的支持和认同起到了示范作用，引发了大家的追随与模仿。曹操的认可度一下子就增加了几十倍、上百倍。这都是董昭的贡献！

这种现象，在管理学上被称为"示范效应"。当我们要推广一种行为，倡导一种风气的时候，要特别注意宣传那些领先者、带头者。

管理专家的建议是，对于第一个做到的人，要给予三倍的奖励！

因为第二名、第三名,乃至以后所有的人,都是第一名引导出来的,这就是示范的力量。

策略二

借力打力,充分利用对手的内部矛盾

曹操在许,谋迎天子。众以为"山东未定,韩暹、杨奉,负功恣睢,未可卒制。"荀彧曰:"昔晋文公纳周襄王而诸侯景从,汉高祖为义帝缟素而天下归心。自天子蒙尘,将军首唱义兵,徒以山东扰乱,未遑远赴。今銮驾旋轸,东京榛芜,义士有存本之思,兆民怀感旧之哀。诚因此时,奉主上以从人望,大顺也;秉至公以服天下,大略也;扶弘义以致英俊,大德也。四方虽有逆节,其何能为?韩暹、杨奉,安足恤哉!若不时定,使豪杰生心,后虽为虑,亦无及矣。"(《资治通鉴》)

荀彧的建议确实高瞻远瞩、深谋远虑,可以说正是由于这个正确的建议,曹操才有了三分天下,挟天子以令诸侯的霸业!曹操不是袁绍,他有才能、有想法,同时又不自负,善于听取别人的建议。在荀彧等人的建议之下,曹操下决心西迎天子。

但是,曹操没想到的是,本以为朝廷正需要自己这个类型的保护神、后勤部长,西迎天子会受到夹道欢迎,结果,朝廷不但不欢迎,而且还兵戎相见!

《资治通鉴》记载:操乃遣扬武中郎将曹洪将兵西迎天子,董承等据险拒之,洪不得进。热脸贴个冷屁股,曹操很恼火!打还是不打?确实是个问题!不打,无法进入洛阳,战略目的无法达成;打,一方面损兵折将,更要命的是会背负攻击朝廷的骂名,惹得天下人耻笑、士大夫反感,搞不好会背负"董卓第二"的恶名,对以后的发展极其不利。

对于这个时候的形势，我们可以使用一个简单的博弈模型来解释一下。

一只羊在草地上吃草的时候，不远处来了一头牛，它也要到草地上来吃草。对于羊来说，自己一个人独占草地当然是最理想的了，那么现在牛要来分享这个草地了，羊面临的抉择就是——要不要和牛拼一下，玩命保护自己的草地。

我们来替羊想一想，如果拼命，有两种结局：一是把牛赶跑，但是自己也会被打得遍体鳞伤，而且也耽误了自己吃草；二是被牛顶死，草地归了人家！如果不拼命，也是两种结局：一是牛路过，没吃草就走了；二是牛吃草，羊也吃草，各吃各的，谁也不干扰谁，虽然吃到的草不如牛多，但作为一只羊，吃饱是没有问题的！

在牛羊争草这个模型当中，我们能看到，只要牛不主动威胁羊的性命，羊根本没必要和牛拼命，即使拼胜利了，对羊也是不划算的。

特别是在草地足够大、牛又足够温和的情况下，根本不用管牛进来不进来，只管低头吃自己的草，把自己的事情做好就行了！

董承就是这个犯犹豫的绵羊，朝廷的权力就是那片草地，而曹操就是新来的吃草的牛。董承一开始想守住自己的草地，根本不想让曹操进入。但是曹操采取了两个策略，一个是示好策略，展示自己有足够温和的态度，根本没有敌意，不会威胁对手的利益；第二是缓兵之计，在董承抗拒的时候，曹操没有引兵急攻，而是面带微笑旁边观望。为什么呢？因为董承这只绵羊的旁边，还有好几只坏脾气的山羊，比如杨奉、韩暹等人，一旦他们起了内讧，曹操自然就有机会了。这叫缓兵之计，待敌自乱！后来在平灭北方袁绍残余势力袁谭、袁尚和袁熙的过程中，曹操也使用了这个策略。

如果敌人是好几只老虎，根本不需要和敌人直接斗争，只要在旁边等待就可以，等着开饭的时候，老虎们面对食物起了内讧，打得遍体鳞伤，那个时候再下手就比较容易了。

所以，由好几股力量组成的敌人，看起来十分强大，但实际上其内部矛盾重重，根本不用打，只要留出一些时间，他们就会被自己的内部矛盾绊倒，摔得鼻青脸肿！

曹操一边示好一边缓兵，效果十分明显。首先董承知道曹操对自己没有敌意，没有威胁，于是就放松了戒备。同时，韩暹、杨奉与董承发生了激烈的内部矛盾，董承感觉十分不安全，既得利益受到了严重的威胁，在这样的情况下，他主动向曹操伸出了橄榄枝。

按照《资治通鉴》的记载：韩暹矜功专恣，董承患之，因潜召操；操乃将兵诣雒阳。二十一个字，很简要的记述，但是暗藏玄机。大家可以算一下，公元196年二月董承联合袁术的部将抗拒曹操的军队，到了七月，董承就派人送来书信，主动邀请曹操到洛阳来共商大计。前后五个月的时间，董承的态度就发生了180度的大转弯，曹操收到邀请之后，不费一兵一卒、一枪一弹，就顺理成章来到了洛阳。这说明曹操借力打力，待敌自乱的策略非常成功。

策略三

借树开花，充分发展自己的队伍

公元196年，曹操终于回到了洛阳，这时距离当年董卓专权，曹操潜行东归已经过去了七年。而此时的曹操再也不是那个人微言轻、命悬一线的小干部了，他已经成了手握重兵，生杀予夺只在顷刻之间的豪强重臣，俨然一副救世主的样子。不过，即使这样，曹操还是延续了他多疑猜忌的性格，觉得处处不安全，感觉事事不稳妥。有一个小故事很说明问题，就是"曹操装肚子疼"！

根据《后汉书·杨彪传》记载：建安元年，从东都许。时天子新迁，大会公卿，兖州刺史曹操上殿，见彪色不悦，恐于此图之，未得宴设，托疾如厕，因出还营。杨彪脸色不好看，就让曹操这么紧张，只好借口肚子疼，借上厕所的机会逃回大营。曹操这个救世主当得也真够谨小慎微的。

这个事情一方面反映出曹操的性格多疑，另一方面也反映出当时朝廷内部确实暗流涌动、危机四伏。曹操感觉到了压力、阻力和威慑力。

俗话说"不做亏心事，不怕鬼叫门"，说到底是来夺权的，难免做贼心虚啊！此事过后不久，曹操就找借口罢免了杨彪。为了更可靠地掌控局势、防范风险，曹操开始有计划、有步骤地在政府各个岗位安排自己信任的人员担任要职。

这些人员分成三类：第一类是从兖州带过来的身边的心腹人员，如夏侯惇和荀彧等人，这些人担任要职，是顺理成章，十分吃香，毫无疑问，走马上任的一类；第二类是朝廷中迎纳曹操的有功人员，这些人以董昭和钟繇为代表，属于做过贡献，受过考验，初次见面，打成一片，托付资源，期待表现的一类；第三类，是受到推荐，新发现、新提拔的人才，属于年轻力壮，培养对象，表现及时，担任要职的一类！

这些人当中，特别需要介绍两个人：一个是毛玠，一个是钟繇。首先是让毛玠[1]来管人事。其次是大力提拔和奖励钟繇。

为什么放着那么多人不奖励，偏偏为了一句话的建议，就大力奖励外来人口钟繇呢？其中自有玄机。《说苑》《韩诗外传》都记载了一则"庭燎求贤"的故事。

故事

齐桓公立志要称霸天下，可做大事不能没有人才啊，为使齐国迅速强盛起来，齐桓公决定面向全国招揽人才。为了

---

[1] 毛玠（？—公元216年），字孝先，陈留平丘（今河南封丘）人。三国时期魏国大臣、政治家。官至尚书仆射，去世后追赠为侍中。

表现自己求贤若渴的决心,他在宫廷前燃起明亮的火炬,准备随时接见各地前来觐见的人才,这就是"庭燎求贤"。但是,过了整整一年,还是没有一个人上门。齐桓公很沮丧,这一天正准备收手的时候,门卫进来报告领导,外边有一个人才来应聘。齐桓公忽一下站起来了,人才不在多啊,得一人就能安天下。齐桓公跑到门外往台阶下一看,心却凉了半截,台阶下站着一哥们儿,黑黝黝的,五短身材,穿一身破旧的衣服,头发乱蓬蓬的,怎么看怎么不像人才,倒像人才的马夫。齐桓公的脑子转了一下,心想:莫非是大才大隐?真正有水平的人都是很普通的,越是普通越是牛人。于是齐桓公一躬到底说:"先生,我等你很久了,咱们到办公室里谈谈你的待遇问题。"

没想到这位人才"扑哧"一下乐了,说:"不着急,咱不着急谈待遇,我先给你展示一下我的才华。"齐桓公想:这就是高人,有自信,面试第一天就要展示,于是说:"那行啊,你要笔墨伺候吗?"没想到人家说:"不用,不用,有凉水吗?给我来瓢凉水。"齐桓公很惊讶,人才展示都用差异化手段,这要展示凉水?莫不是要喷?便说:"行行行,上瓢凉水。只见这哥们儿端着这瓢凉水,走到台阶的最高处,环视全场。齐桓公、宫女、太监、卫士等几百号人都盯着他,不知道他要干什么。这哥们儿竟端起这瓢凉水,咕噜咕噜一仰脖子,喝得干干净净,然后把瓢往地下一撇,抹了一下嘴,接着说:"你们听好了,我要开始背了。"于是这哥们儿开始背了,背的竟是什么"一一得一,一二得二,三三得九,七七四十九,八八六十四,九九八十一",这哥们儿把小九九背了一遍。

背完之后,全场所有宫女、太监都咬着牙,捏着嘴,不好意思笑，怕刺激齐桓公。再看齐桓公那脸，从青到红，从红到绿，从绿到蓝，最后都紫了。这人却瞅着齐桓公乐了，说："主公，您哪儿难受？"齐桓公说："我哪儿难受，我看见你难受，你知道你这叫什么吗？你这叫戏弄君王！连七岁的孩子都会背小九九，你居然到我这儿自称人才？"齐桓公一跺脚，说："算了，谁让我庭燎求贤啊，这事儿不是我自找的吗？你赶紧在我眼前消失，我不想再见到你。"没想到这人笑呵呵的，不着急也不害怕，说："主公，您先别着急，我跟您讲几个道理，您要是觉得我讲得有道理，咱们接着谈，您要觉得我讲得没道理，您现在就砍我脑袋，我没意见。"齐桓公说："行，你说吧，我看你能说出什么来。"

人才说："主公，我问您，您想过没有，您庭燎求贤，决心不可谓不大，声势不可谓不大，为什么一年了还没有人来应聘？您想过这个问题吗？"齐桓公说："那是因为我们国家的人才都给我一网打尽了，现在没人才了。"人才说："主公，您说得不对，七步之内必有芳草，十屋之内必有俊士，我们那么大的一个国家，怎么可能没能人呢？一定是人才辈出的。"齐桓公说："那你告诉我为什么没人来。"人才说："主公，我跟您讲一讲道理，您想一想，现在皇宫里全都是一等一的牛人，像管仲、鲍叔牙、王子城父等，大家都觉得比不上他们，哪敢来应聘啊，我承认自己无能，只会背小九九，但如果你录用我的话，全天下都知道主公不是弃才的人，只要有能力就一定会被录用，这样大家才敢来啊。"

齐桓公一听，真的有道理啊！立刻给了人才一个上大夫的待遇，并且昭告天下。果然，不到三天，来应聘的人从宫门口排到了城门口，齐国于是人才辈出。

我们现在有些领导一张嘴就说"没人啊，没人啊"，为什么没人啊？我要向这些领导说句话：用好眼前人，招揽天下人，回报庸人，吸引能人。如果我们身边这些普通的人都有待遇了，那人才自然就会来了，而如果你那么挑剔，差一点儿的人就不给机会，有一点儿毛病的人就不能容忍，都把他们清理掉了，那我们将来的事业也就停顿了。

所以凡是没有人才主动报名的，我们都得想一想，是否是因为我们的领导太挑剔，是否是因为我们的人才政策导向不到位。所以，拿庸人当榜样的一个重要作用是什么呢？就是显示我们的胸怀和政策的导向。在我们找不到人才的时候，我们可以用标志性的事件吸引人才，带队伍不容易，关键在于理念和胸怀，理念有多高，胸怀就有多广，事业就有多成功。

"庭燎求贤"的故事包含了一个深刻的管理学道理：人才是招来的，不是找来的。大海捞针，草垛里找戒指，找不到，难度太大。必须要使用"招"的办法，通过标志事件，展示我们的政策和态度，吸引人才主动前来。

管理箴言

回报眼前人，吸引天下人；善待庸人，吸引能人。

所谓"回报眼前人，吸引天下人；善待庸人，吸引能人"。很多时候领导者叹息身边的人太平庸，没有人才，做不成大事业，其实我们要想想，人才为什么没有来。因为大家不相信能得到应有的待遇。这个时候就需要借助一些途径展示人才政策，最好的途径莫过于用好身边的人，把身边平庸的人用好了，给了应有的待遇，甚至是比较理想的待遇，那么杰出的人才就会认为：这样的人都能得到这么好的待遇，那我一定有机会。于是人才自然就来了。

东汉政府这次迁都许昌，不是硬件改善，而是系统重装，整个被曹操重新改过了。从迁都许昌起，曹操就开始了自己挟天子以令诸侯的称霸之路，而大汉政权也在名存实亡的路上陷得越来越深，终于积重难返，无法自拔。

不过这样的局面，肯定是其他各路诸侯不想看到的。他们以各种形式牵制和威胁着曹操，北方有袁绍，西面有马腾、张鲁和刘璋[1]，南面有刘表和孙策，东面有吕布和袁术，首都附近还有杨奉和韩暹、张绣等割据势力。曹操虽然取得了阶段性的胜利，但是四周依旧是强敌林立，容不得丝毫松懈。逆水行舟，不进则退。曹操已经走上了一条不归路，要么是吞并别人，要么是被别人吞并。

在荀攸、荀彧、郭嘉[2]和董昭等谋士的策划之下，曹操采取了远交近攻、先弱后强、各个击破的战术。他首先选中了一个相对弱小又近在咫尺的对手——张绣。张绣的绣是绣花的绣，看名字很温柔，但是张绣可不是绣花的，张绣是打铁的。说严重点，人家不是打铁的，人家是铁打的，再说严重点，人家也不是铁打的，他就是坨生铁！"嘡"地一下子，就锛掉了曹操两颗门牙。在争张绣的过程中，曹操遭遇了意想不到的惨败，正是"大风大浪没失手，小河沟里翻了船"。那么曹操遭遇了怎样的挑战，张绣又是如何打败战神曹操的呢？请看下一讲。

---

1 刘璋（？—公元219年），字季玉，江夏竟陵（今湖北潜江）人。东汉末年三国时代割据军阀之一。继父亲刘焉担任益州牧，后为刘备所败。后于建安二十四年（公元219年）去世。
2 郭嘉（公元170—207年），字奉孝，颍川阳翟（今河南禹州）人。东汉末年曹操帐下谋士，官至军师祭酒，洧阳亭侯。后于曹操征伐乌桓时病逝，年仅38岁。

第八讲

优秀队伍靠引导

火车快不快，全靠车头带。一个团队要想有战斗力，跟领导的带队伍水平分不开，不称职的领导往往把队伍带成一盘散沙；相反，称职的领导能凭借出色的能力，打造出一个优秀的团队。曹操就是一个带队伍的高手，在他的调教下，即使在逆境中，他的队伍依然焕发出高昂的斗志和活力，连创佳绩。公元197年发生的一件事让曹操蒙受了重大损失，然而他很快调整心态，采取一系列措施把队伍从低谷中拯救出来。曹操打造优秀团队的方法究竟是什么？我们从中又能获得怎样的启发呢？

"成事如种树，十年未必成才；败事如毁树，一朝即可断根。"辛辛苦苦创造的事业，一不小心就有可能毁于一旦，一着不慎满盘皆输。开创一个局面很容易，但是要保持一个好的局面却十分不容易。每一个成功者其实都面临着巨大的挑战，能否让成功延续，能否基业长青？千里之堤，溃于蚁穴。一个小的疏忽就可能带来致命的危险。曹操在迁都许昌、把持朝政以后，事业达到了一个新的高峰，但是性格中的某些不良倾向随着形势的一片大好，也开始逐渐抬头了。

细节故事

典韦战辕门

球是踢烂的，笔是写秃的，瓦罐难免井上破，将军难免阵前亡！东西有东西的坏法，人有人的死法。衰神都是衰死的，爱神都是爱死的，战神当然都是战死的！今天我们要讲一个热血沸腾的大片场面——战神之死。

公元197年，东汉献帝建安二年早春二月，宛城附近淯水河岸边曹操的中军大营里，将士们都已经睡去，周围安静无声，侧耳细听，可以听到远处河水流淌的哗哗声。有一个高大魁梧的身影，挑着一盏灯笼，在几个军士的簇拥之下，从远处走来，此人正是曹操的心腹大将典韦。按照惯例，负责保护中军的大将典韦正在巡营查哨。

夜色很宁静，一切都很正常，但是典韦还是很警觉，不时抬起头望望远方黑沉沉的旷野。不知为什么，他有种不祥的预感。忽然，典韦发现前军大营正面出现了一长串的火把，数量很多，排列整齐，一看就是训练有素的队伍。典韦立刻吩咐手下军士,速速前去查探。不一会儿,派出去的人回来了,带回来的消息是:"张绣将军的队伍要往高处扎营,队伍辎重借道从前营通过,有主公的令牌为证。"

搬家?这深更半夜的,搬的哪门子家。典韦觉得很蹊跷,有点儿不对劲。还没等他再往下想,前营就出事了。一眨眼的工夫,喊杀声连天,火光四起。睡梦中的曹军被张绣的西凉骑兵杀了个人仰马翻,措手不及。

典韦见事不妙,一边安排人掩护曹操从后门撤退,一边带着身边的巡逻队就冲向前门。典韦到前门的时候,敌兵也到了。容不得多想,典韦大吼一声带着人就冲了上去,主公就睡在后帐,说什么也不能让敌人冲进门来。

黑暗中也不知道敌人有多少,砍倒一个上来一个,消灭一批又冒出一批。典韦毫无惧色,挥舞长戟,左右开弓,一扫一片,一扎一串,一戟击去,能将敌人十余支矛摧断。就在典韦守护前门的时候,敌兵已经从其他门杀进了中军,从四面八方向典韦这只小部队压过来。典韦回头看自己身边时,只剩下十多个人了。这十余人皆殊死恶战,无不以一当十。典韦奋力拼杀,身上大伤小伤前后数十,刀卷刃了,他扔了刀,徒手抓起两个士兵的尸体当武器,又打倒了几个冲上来的敌人,终因伤势过重,渐渐体力不支,最后怒视敌人,大骂而死。

《三国志·典韦传》记载,典韦死后半晌,贼军方才敢于向前,取典韦之头,互传而观,覆军就视其躯骸。典韦的死战为曹操争取了宝贵的时间,使得曹操得以安全退到舞阴。

规律分析

领导的个人行为

淯水河边的这次惨败,令曹操遭受重大损失,大儿子曹昂、侄子曹安民，还有大将典韦都死于乱军当中。幸好，随军的另一个儿子曹丕虽然只有十几岁，但是机警过人，骑快马逃脱了危险。

说起这次失败，曹操自己要负完全的责任。本来张绣已经投降了，曹操兵不血刃，没损失一兵一卒就占据了宛城。但是，被胜利冲昏了头脑的曹操，做了一件让张绣忍无可忍的事情，就是纳了张绣叔叔张济的妻子，这件事情最终导致张绣降而复叛，夜袭曹操大营。幸亏贴身大将典韦死战，曹操才得以脱身。撤退过程中，曹操所乘的战马绝影被追兵的乱箭射中了面颊和大腿，曹操自己也身带箭伤，亏得儿子曹昂将马让给了曹操，才没有被敌人追上。但是曹昂却因此死于追兵刀下！

所以，淯水之战，是我们听说到的三国时期，因领导作风问题导致的损失最为严重的一次战役。

曹操在胜利的情况下，得意忘形，自律不严，导致了队伍大败。一支队伍能否持续胜利，能否守住自己的胜利成果，有一个很关键的影响要素，就是这支队伍的领导者能否规范自己的行为，保持严格的自律。

在徐州，曹操一怒之下滥杀无辜，导致了陈宫等人叛变，使吕布乘虚而入，这是第一次自律不严造成的灾难；在宛城这次，是第二次。

带团队做管理的人，首先必须要加强自我管理。世界上没有完美无缺的人，每个人都有这样或者那样的缺点和不足，平时如果不加强自我管理，就可能发生意想不到的灾难。

管理学中有这样一个小故事：一群人到草原上去看狮子，到达目的地以后，向导用车运来了一个巨大的笼子，大家问这个笼子是做什么用的。向导说，是防备狮子用的。

游客们笑了，大家说："草原那么大，怎么可能用这么一个笼子就把所有的狮子都关进去呢？而且如果真的都装进去了，就没有什么看头了啊！"

125

向导也笑了，向大家解释说："这个笼子不是给狮子准备的，而是给游客们准备的。为了防备狮子的攻击，我们不能把狮子装到笼子里，就只能把自己装到笼子里了。"

这个故事揭示了一个基本的规律——不能防范风险的时候，就要约束自己。笼子其实就是监控制度，我们提前订立民主监督制度、权力监控制度，防止权力过于集中，防止重大决策由一把手一个人说了算，这样做一方面是为了提高决策效率，另一方面也是为了保护干部。没有了这层约束，决策者一念之差，稍一糊涂，就可能葬送自己的事业，葬送自己的人生。

监控是必不可少的管理手段。古往今来，高明的领导者，在上任伊始，就会先制定一个监控制度，把自己主动置于监督之下，这样可以提前预防关键时刻禁不住诱惑或犯糊涂。

作为一把手，曹操的行为既缺乏自律，也缺乏监控，关键时刻也没有人提意见，以致面对美女神魂颠倒，葬送了胜利成果，也葬送了那么多无辜的生命。这个教训是惨痛的。我们每一个手握权力的管理者都要引以为戒！

联系实际
推拉结合带队伍

管理者必须要加强自我修养，善于用个人行为去引导、带动整个团队的进步。关于这一点，有一个十分形象生动的比喻。英国人养羊离不开牧羊犬，一只牧羊犬在羊群后边起到监控督促的作用。它汪汪叫着催促羊群前进，有哪只羊行动迟缓、掉队了，牧羊犬就会上去咬它的尾巴，督促其前进。但是，只有牧羊犬还不够，还需要一只领头羊，它在前边起到指引和示范的作用，告诉大家往哪里走、怎么做。如果没有这个领头羊，光有一只牧羊犬，羊群照样失控。以管理学眼光来看，牧羊犬其实就相当于制度的监控，而领头羊其实就是管理者的引导。只有监控还不行，必须要有充分的引导。中国老百姓管这种引导叫"人无头不走，鸟无头不飞，火车跑得快，全靠车头带"。

当领导、带团队，必须要注意推拉结合，既要有后边的牧羊犬，也要有前边的领头羊。一方面要建立制度规范，另一方面也必须善于引导。领导者自我修养和自我管理的加强，本身就是一种非常有效的行为引导。我们看到，曹操在这方面是有深刻教训需要总结的。优秀的队伍，不是一开始就优秀，而是在实践当中靠着严格的规范和正确的引导，一点一点带出来的。

> **管理箴言**
>
> 当领导、带团队，必须要注意推拉结合，既要有后边的牧羊犬，也要有前边的领头羊。

从曹操的整个职业生涯来看，他带队伍的能力还是非常出色的。尽管宛城之战暴露出了他的一些问题，但是总体上讲，在引导队伍成长方面，他有很多有效方法值得我们借鉴。

策略一

以身作则，以言行去引导

有一个猴子吃玉米的故事：

试验人员尝试教一群从没有吃过玉米的猴子吃玉米。一开始猴子们都拒绝吃，试验人员找了一只小猴子，喂它吃玉米，它拒绝了，于是试验人员又强行往它嘴里塞了几次，小猴子一尝，这玉米原来挺好吃的，于是就把剩下的玉米都吃了。吃完以后，试验人员把小猴子放回到猴群当中去，结果小猴子受到了所有猴子的冷落，大家都躲着它、排挤它、疏远它，甚至还有强壮的猴子来打它。过了十多天，小猴子的处境依然没有什么改变，猴群中其他的猴子也没有一只尝试吃

127

地上准备好的玉米。

后来试验人员改变了策略,转而喂猴群里的猴王吃玉米,猴王也拒绝吃,强行喂了几次,猴王一尝,原来这个玉米很好吃啊,于是猴王就当众大嚼起来。结果怎么样?整个猴群的猴子在三天时间里都学会了吃玉米。更为有趣的是,大家虽然都学会了吃玉米,也都知道玉米味道不错,但是欺负先前那只小猴子的行为并没有什么变化。

整个实验揭示了群体当中的一个基本规律——群体成员对权威的模仿倾向要远远高于对其他普通成员。权威性越高,其行为大家越喜欢去模仿,如果高权威成员有了标新立异的行为,很快就会成为潮流;相反,权威性低的成员,其行为就很少有人模仿,如果他出现了什么标新立异的行为,很快就会遭受打击!

在一个团队当中,领导者喜欢什么,倡导什么,选择什么,会很快影响到团队的每个成员。中国古人讲"上有所好,下必趋之",就是这个道理。

所以,一个关键行为在推广的时候,领导带头往往会发挥极其强大的号召力和影响力。在引导团队进步的时候,领导者自己主张什么,倡导什么,会成为一个团队行为的指南。不以珠玉为贵,国清才子贵,家富小儿骄!

在这方面,曹操确实做出了努力,也取得了很好的效果。我们来看史书上记载曹操行为的两个例子。

一、封功臣令:

吾起义兵,诛暴乱,于今十九年,所征必克,岂吾功哉?乃贤士大夫之力也。天下虽未悉定,吾当要与贤士大夫共定之,而专飨其劳,吾何以安焉?其促定功行封。(《三国志·魏书·武帝纪》)

二、分租与诸将掾属令:

昔赵奢、窦婴之为将也,受赐千金,一朝散之,故能济成大功,永世流声,吾读其文,未尝不慕其为人也。与诸将士大夫共从戎事,幸赖贤人不爱其谋,群士不遗其力,是夷险平乱,而吾得窃大赏,户邑三万。追思窦婴散金之义,今分所受租与诸将掾属及故戍于陈、蔡者,庶以畴答众劳,不擅大惠也。宜差死事之孤,以租谷及之,若年殷用足,租奉毕入,将大与众人悉共飨之。(裴松之《三国志注》)

这里面凸显了曹操的主张,不以珠玉财货为贵,而以人才为贵,领导和下属共享胜利果实。这种言和行对于队伍的引导作用是十分明显的。

我们宣传企业家,如果宣传他们的创业精神和社会责任,那么人们特别是年轻人就会弘扬这种精神和责任,如果我们宣传企业家有多少多少财富,过怎样怎样的奢侈生活,那么很多社会成员特别是年轻人的价值观和行为就会受到明显的影响,他们就会把追求财富和奢侈的生活作为自己的目标,甚至会不惜为此采取非常手段。

另外,一些公众人物,如社会名流、权威人士、明星,需要特别注意自己的言行。普通人说了什么做了什么,可能影响不大,但是在权威模仿效应的作用之下,如果是公众人物做了出格的事,说了错误的话,就可能影响到全社会。弘扬正气还是助长不良风气,其实就在一念之间。

策略二
典型示范,以榜样人物去引导

在这里,我们讲两个人物,一个是李典,一个是张绣。

李典与曹操其他的战将有所区别,他是一个饱学之士,是个读书人。李典,字曼成,山阳巨野人。《三国演义》通篇,他的出场不可谓不多,但很少有独当一面的时候,鲜有突出战绩,书中关于他的出彩描写也不多,大多是"忽两路军从山后杀出,一路李典,一路某某"之类的话语。他是一个不折不扣的助手加副将类型的人物,容易给读者留下一种"此人平庸"的成见，更有人诋毁其"乃鸡肋将佐"。李典实际上是曹营中极其重要的一员，更因为风格类型迥然不同于其他将领，而深受曹操器重。且李典在年少时即追随曹公，共患难同安危，经历大小无数战役。李典本一书生，年少好学，博览群书，颇有才华。而且家庭条件很好，出身东汉末年河北的世袭地主家庭。其父亲李乾，早期即跟随曹操组军攻剿黄巾起义军。《三国志》中有一段关于李乾的记载：吕布突袭兖州的时候，曹操派李乾回老家乘机安抚民众。李乾手下有几千家宾客，自然成为了吕布拉拢的对象。吕布就派出薛兰和李封试图招降李乾，李乾不从，遂为薛、李二人所杀。当时的兵马是父死子继，李乾死后，李典理所当然地成为其父所率领的数千部队的领袖。或许在此之前李典就已经在军中供职了，或许此时才正式加入曹军。李典没有发挥特长成为一介谋士，而是选择了统军作战，殊为不易。

李典参加的第一次战役就得以获胜，且手刃仇人。他和曹操一起攻击薛兰和李封，大破之，并击退吕布的援军。曹操非常欣赏他的才华，指定他长期跟随身边。接下来李典又在平定兖州之乱中有功，任中郎将、离狐太守。

李典是第一批加入曹军的将领，算得上是"元老级人物"了。可谁都不敢相信，李典拜中郎将时最多只有十多岁。李典三十六岁就去世了，杀薛李、拜中郎将是在公元195年，逍遥津战役是在公元215年，即使逍遥津战役后他马上就死了，他当中郎将的时候最多也只有十多岁。这般少年，就被曹操破格提拔为领兵大将，确实体现了曹操用人的力度和眼光。

曹操的兵员构成以北方人，尤其是河北、山东人为主，将领大都善勇力，稍乏智谋。李典却文武兼备，智勇双全。

在博望坡战役中，虽然最终刘备军获胜，但李典充分展现了其智慧。如果领兵的是李典，而不是夏侯惇这个蛮夫，获胜的也许是曹军。李典跟随夏侯惇征讨刘备，刘备见大军到，把军营烧掉后退兵。夏侯惇领兵追袭，李典看出其中有诈，劝道："无故退，疑必有伏，南道狭窄，草木深，不可追也。"夏侯惇及曹营里另一位名将于禁却都看不出如此浅显的道理，以为仗着兵多，就可以用大象踩死蚂蚁的方式把刘备军打垮，傻乎乎地猛追了下去，结果毫无悬念地中了埋伏。最后，还是李典带着兵去把焦头烂额的夏侯惇救了出来。

有时候连曹操也发现不了的问题，李典都能一眼识破。吕布用计引曹操入濮阳城，欲将之一网打尽。来到空城下，众将无人生疑，意图一拥而入，唯有李典说道："主公且在城外，容某等先入城去。"曹操喝曰："我不自往，谁肯向前！"遂当先领兵直入……好一个李曼成！已经看破敌人诡计，却为了既保护曹操的性命，又照顾曹操的面子，甘愿自己代赴危难，其胆识之过人、待主之忠、处理方法之巧妙，可以想见！无奈曹操彼时的智力指数有限，与典韦等"勇士"自送虎口，被一场大火烧得狼狈不已。李典不但有极强的观察问题和分析问题的能力，还有直接解决问题的能力。作为大将，他每每身先士卒，冲杀在前，给手下将士以极大鼓舞。

更为难能可贵的是，李典作为战功卓著的大将，全然没有曹营其他武将那种刚猛霸气的样子，而是谦和低调、处处让人，特别是不爱表功，也不爱争功。根据《三国志·李典传》的记载：典好学问，贵儒雅，不与诸将争功。敬贤士大夫，恂恂若不及，军中称其长者。

曹操对李典，破格提拔、破格任用，对二十多岁弱冠之年的李典，就委以重任。李典不爱表功，但是每次曹操都恰如其分地给了李典应有的待遇，表现得十分公正。

团队当中有一些人不爱自我表现，我们把这些人称为"沉默的人"，这些人有些是主观上不喜欢张扬，如李典，性格如此；有些是客观上没有机会，也没有平台在领导面前表现。在这种情况下，如果领导只关注爱表现之人，那就会形成一股不良风气，各级干部就会热衷于搞面子工程、表面文章，那些艰苦细致的长期工作，就没有人会认认真真去做了。

一听说领导要提拔干部了，上电视的上电视，上报纸的上报纸，你发专题片，我就拍报告文学，结果领导第一个提拔的是在基层一线默默无闻为老百姓做实事、做好事，从来不争名利的干部。领导此举等于宣布了两个信息：一、组织上已掌握全面的信息，大家不用担心；二、上级不喜欢把功夫都花在表面上的干部。这样一来，争的不争了，抢的不抢了，大家就会安心于本职工作，认认真真把实事办好。

管理箴言
不让做实事的人失望，不让沉默的人寂寞！

曹操用人的另一个典型就是开篇提到的张绣。在与张绣作战的过程中，曹操的儿子曹昂、侄子曹安民、大将典韦都阵亡了。这种仇恨，用老百姓的话说，那叫"一天二地仇，三江四海恨"。但是官渡之战前夕，张绣来降，曹操以超乎寻常的胸怀接纳了张绣。

《三国志·张绣传》记载：绣至，太祖执其手，与欢宴，为子均取绣女，拜扬武将军。官渡之役，绣力战有功，迁破羌将军。

这种以事业为重、不记个人恩怨的胸襟，为曹操赢得了广泛的赞誉。北方豪强、各路好汉，包括那些曾经与曹操为敌的人，从张绣这件事情上，都得到了一个信息，就是曹操不计个人恩怨。你看张绣给他带来那么大伤害，最后还是封妻荫子，当上了手握重兵的将军，我们这点事情算什么呀！于是很多人都打消了之前的顾虑，主动归顺了曹操。曹操之所以能迅速统一北方，与这种号召力是密不可分的。

一个组织当中，总会有一些和领导闹过对立的人，这些人看着不顺眼、用着不痛快、闹过意见，甚至拍过桌子瞪过眼睛，如果兑现待遇的时候，我们先工工整整、有板有眼地给这样的人以公正公平的待遇，不埋没他们的才华和贡献，那么所有的员工都会吃一颗定心丸。这叫作给待遇由远及近，善待不顺眼的人，激励天下人。

在李典身上，曹操展现的是敏锐与洞察；在张绣身上，曹操展现的是公正和胸襟。

策略三
兼听细查，以坦诚沟通去引导

在征讨张绣的作战过程中，还有一名大将脱颖而出，这个人叫于禁。

《三国志·于禁传》记载：

绣复叛，太祖与战不利，军败，还舞阴。是时军乱，各间行求太祖，禁独勒所将数百人，且战且引，虽有死伤不相离。虏追稍缓，禁徐整行队，鸣鼓而还。未至太祖所，道见十余人被创裸走，禁问其故，曰："为青州兵所劫。"初，黄巾降，号青州兵，太祖宽之，故敢因缘为略。禁怒，令其众曰："青州兵同属曹公，而还为贼乎！"乃讨之，数之以罪。青州兵遽走诣太祖自诉。禁既至，先立营垒，不时谒太祖。或谓禁："青州兵已诉君矣，宜促诣公辨之。"禁曰："今贼在后，追至无时，不先为备，何以待敌？且公聪明，谮诉何缘！"徐凿堑安营讫，乃入谒，具陈其状。太祖悦，谓禁曰："淯水之难，吾其急也，将军在乱能整，讨暴坚垒，有不可动之节，虽古名将，何以加之！"于是录禁前后功，封益寿亭侯。

于禁在关键时刻的表现非常好：一、爱民如子，不欺负老百姓，当青州兵欺负老百姓的时候，能出来给百姓做主，在那个兵荒马乱、有枪就是草头王的年代十分难能可贵；二、治军严整，在全军大败、一片混乱的时候，于禁进退有度、不弃死伤，表现出了很强的战斗力；三、以大局为重，在被恶人先告状的情况下，责任第一，先完成工作任务，然后再向领导解释。有这三点，就可以当得起"名将"两个字。不过我们在对待于禁的问题上，更得佩服曹操。在危急混乱的情况下，面对各方面的汇报和指责，曹操没有草率做决定，没有偏听偏信，这是十分难得的。讲一个"眼见为虚"的故事。

故事

孔子在陈绝粮，危难中终于找到了一点米，他就派自己的学生颜回去煮饭。颜回是孔子学生中公认的道德修养最高的。过了一会儿，孔子去看饭是否熟了，隔着门缝发现颜回揭开锅正在用手抓饭往自己的嘴里送。孔子很失望，但是给颜回留了余地，没有贸然进门，而是转身回了自己的房间。过了一会儿，颜回来向孔子报告说可以吃饭了，孔子就说："先祭了祖先再吃吧。"颜回一听就跪下了，说："饭我已经用手抓食过了，恐怕不能祭祖。"孔子心中不免一喜，觉得颜回至少还是诚实的。不料颜回接下来的言语却出乎老夫子意料之外。颜回说："房子久已无人，梁上全是灰尘，饭揭锅的时候，灰尘被热气扑下来，落到锅里，污染了表面的饭。为防止浪费粮食，我就先把最表层被灰土污染的饭吃了。"于是孔子感叹：知道一个人太难了，亲眼见到、亲耳听到的事情都不一定是真的。

大家看看，圣明如孔子，还险些错怪好人，何况我辈！因此，无论是耳朵听见的，还是眼睛看见的，都要三思，在下决定之前，一定要就事情本身再和当事人坦诚沟通一下，决不可轻易下结论，以防铸成悔恨终生的大错。

曹操没有偏听偏信，而是懂得坦诚共通、谨慎考察，这种带队伍的方法非常了不起。于禁当得起"名将"二字，曹操也无愧于"明

主"二字。名将遇到明主，你说事业能不蒸蒸日上吗？

　　优秀的队伍不是天生的，而是在艰苦的实践当中一点一点磨炼出来的。曹操凭借以身作则、典型示范和兼听细查，实现了对队伍的有效引导，他的事业又上了一个新台阶。

　　三战张绣既显示了曹操的优点，如善于用兵、有政治远见、胸怀谋略；也显示了曹操的缺点，如骄傲自满、好色放纵。什么时候曹操能发挥自己的优点和优势，他就取得胜利；什么时候曹操管不住自己的缺点，放纵自己的行为，他就失败。这一点非常值得后来的领导者借鉴和反思。

　　收降了张绣，平定了宛城，巩固了队伍，曹操开始把眼光转向东方，在那里，有三个名字让曹操日夜牵挂、寝食不安。这三个名字，一个是吕布、一个是袁术、一个是刘备。这三个人中，刘备的领导力是五颗星，队伍实力只有两颗星；袁术的队伍实力达到了四颗星，但是领导力只有两颗星；吕布的队伍实力有三颗星，领导力也是三颗星。消灭这三股势力，到底先从哪里入手为好呢？曹操又是怎样谋划和实施他的东方战略的呢？请看下一讲。

第九讲

掌握局面寻帮手

"众人拾柴火焰高",事业要发展,有时候仅靠自己的力量还不够,需要帮手的支持,好的帮手往往能给我们的事业发展带来事半功倍的效果。怎样才能在复杂的局面中寻找到帮手,在激烈的竞争中站稳脚跟呢?曹操在这方面就是个专家。在波诡云谲的三国时代,曹操原本实力一般,比他强大的割据势力还有不少,然而,他却凭借高人一等的智慧巧妙地获得了很多外援,在乱世中打出了一片属于自己的天地。曹操在寻找帮手方面都采取了哪些高明的策略?我们能从中获得怎样的启发?

草原上，五只鬣狗攻击二十只野牛，问：鬣狗和野牛的力量的比是多少？有人说，五比二十嘛。不对，鬣狗和野牛的力量的比是五比一。为什么呢，因为按照草原规则，一只成年野牛被围攻的时候，其他野牛是不会来搭救的，它唯一能依靠的就是它自己。野牛数量再多，也不能对鬣狗构成威胁，因为它们各自为战、不团结。我们常说"人多力量大"，其实更严谨一点，是"人多总量大"，但是如果没有互相配合，总量也只是一个数字，不能成为实力。所以，团结才是力量的真正来源。五只团结的鬣狗就可以攻击二十只不团结的庞大野牛。在草原上，如果我们团结，我们就是猎手；如果我们不团结，我们就是猎物！

曹操最怕的，就是对手团结起来。问题是这种担忧正在发生，刘备收留了吕布，吕布要和袁术和亲，袁术和孙策、刘表、袁绍都有来往。怎么办？必须想办法阻止对手的联合，同时，抓紧时间各个击破。那么曹操是如何做到的呢？

细节故事

陈登献徐州

东汉建安二年（公元197年）初夏，许都的曹操迎来了一位特殊的客人，此人是吕布的使者——陈登[1]。此时的曹操已经下定决心要向吕布抛出橄榄枝，当然，真实的目的是阻止袁术和吕布联合在一起。不过，对于吕布是否会中招，曹操没有太大把握，所以，对这次吕布的使者来访，曹操非常重视，亲自接见。

五月的许都，天气已经热起来了，春末时节刚刚闹过蝗灾，树和草都被吃得光秃秃的，现在刚返上绿意。曹操穿了身便装，在刚建成的司空府里笑呵呵地接见了来使。只见来人中等身材，衣冠整齐，精明干练，眉眼之间透着股豪气，这个人是谁呢？来使姓陈，名登，字元龙，乃是徐州名士陈珪的儿子。曹操听说此人和刘备关系不错，陶谦把徐州让给刘备，陈登是支持者也是促成者。所以，曹操给陈登贴的标签就是吕布的心腹加刘备的粉丝。

不过，陈登见曹操之后的一番话，却让曹操大吃一惊。

陈登先是献上吕布的书信，介绍了徐州的情况，表达了吕布的殷勤之意，报告说吕布对合作很有积极性。讲完之后，陈登忽然脸色一变，压低声音对曹操说："能否与大人单独谈话？"曹操感觉里边有文章，立刻命令身边闲杂人等退下，只留了几个心腹的人陪在旁边。陈登这才整理衣冠，重新施礼。曹操故作惊讶："元龙这是为何啊？"

根据《三国志》的记载，陈登接下来说了十三个字，那真是态度鲜明，字字斩钉截铁。陈登说："布勇而无计，轻于去就，宜早图之。"意思就是，吕布有勇无谋，反复无常，说翻脸就翻脸，根本靠不住，希望您早做准备除掉他！听完陈登的话，曹操大喜，心情就和窗户外边的天气一样晴朗明媚。

让曹操高兴的原因有两个：一是他正希望在吕布身边安插卧底人员，还没想好人选呢，最佳人选自己就来了，这就叫想什么来什么；二是吕布派人来许都，说是联络，但主要的还是刺探，现在看来，吕

曹操的启示

---

[1] 陈登（约公元163—约201年），字元龙，下邳淮浦（今江苏涟水西）人。曾经担任伏波将军，在广陵地区素有威望名声。年轻时便有扶世济民之志，为人爽朗，性格沉静，有深谋大略，忠心为主。博览群书，有文艺气质，旧书文章均能融会贯通。

布派出来刺探情况的人也反对吕布，一个人要混到连他派出去的使者也不相信他的程度，那他就要没得混了！说明吕布一方面用人失察，另一方面他的队伍真的是同床异梦、分崩离析，这就意味着将来下手除掉吕布会比较容易。

有了这两条，曹操当然大喜过望，厚赏陈登。曹操对陈登也有一番推心置腹的表白。

太祖曰："布，狼子野心，诚难久养，非卿莫能究其情也。"即增珪秩中二千石，拜登广陵太守。临别，太祖执登手曰："东方之事，便以相付。"令登阴合部众以为内应。

规律分析

陈登为什么喜欢曹操

吕布对陈登不错，但是陈登为什么这么认可曹操呢？要了解一个人的选择，必须要先了解这个人。我们来了解一下陈登的为人。

刘备这样评价陈登：备因言曰："若元龙文武胆志，当求之于古耳，造次难得比也。"(《三国志·陈登传》)

《三国志注》引《先贤行状》：登忠亮高爽，沉深有大略，少有扶世济民之志。博览载籍，雅有文艺，旧典文章，莫不贯综。年二十五，举孝廉，除东阳长，养耆育孤，视民如伤。是时，世荒民饥，州牧陶谦表登为典农校尉，乃巡土田之宜，尽凿溉之利，粳稻丰积。

奉使到许，太祖以登为广陵太守，令阴合众以图吕布。登在广陵，明审赏罚，威信宣布。海贼薛州之群万有余户，束手归命。未及期年，功化以就，百姓畏而爱之。登曰："此可用矣。"太祖到下邳，登率郡兵为军先驱。时登诸弟在下邳城中，布乃质执登三弟，欲求和同。登执意不挠，进围日急。布刺奸张弘，惧于后累，夜将登三弟出就登。布既伏诛，登以功加拜伏波将军，甚得江、淮间欢心，于是有吞灭江南之志。

巧计两破孙策大军：孙策遣军攻登于匡琦城。贼初到，旌甲覆水，群下咸以今贼众十倍于郡兵，恐不能抗，可引军避之，与其空城。水人居陆，不能久处，必寻引去。登厉声曰："吾受国命，来镇此土。昔马文渊之在斯位，能南平百越，北灭群狄，吾既不能遏除凶慝，何逃寇之为邪！吾其出命以报国，仗义以整乱，天道与顺，克之必矣。"乃闭门自守，示弱不与战，将士衔声，寂若无人。登乘城望形势，知其可击。乃申令将士，宿整兵器，昧爽，开南门，引军诣贼营，步骑钞其后。贼周章，方结陈，不得还船。登手执军鼓，纵兵乘之，贼遂大破，皆弃船逆走。登乘胜追奔，斩虏以万数。贼忿丧军，寻复大兴兵向登。登以兵不敌，使功曹陈矫求救于太祖。登密去城十里治军营处所，令多取柴薪，两束一聚，相去十步，纵横成行，令夜俱起火，火然其聚。城上称庆，若大军到。贼望火惊溃，登勒兵追奔，斩首万级。

通过以上信息，我们可以得出结论：陈登何许人也？英雄也。正所谓英雄爱英雄！英雄陈登喜欢的一定是和自己一样的英雄人物。那大家看看，吕布吕奉先胯下赤兔马纵横万里，手中方天画戟打遍天下无敌手，也算是个英雄人物，为什么陈登不喜欢呢？

管理学有一个法则叫作吸引力法则，要吸引别人，自己的才华修养必须要足够才行，要吸引月亮你得有地球的质量，要吸引九大行星你要有太阳的质量。没有本钱如何吸引别人？首先自己的本钱要足够。这个本钱有两种，一是手上会什么，二是心里有什么。吕布第一条是过关的，武功天下第一；但第二条是不过关的，他在个人修养和领导境界上差得太多了。

管理箴言

没有本钱如何吸引别人？首先自己的本钱要足够。这个本钱有两种，一是手上会什么，二是心里有什么。

联系实际

懂得激励是关键

人们愿意追随什么样子的老板？有的老板脾气大，性子急，动不动就训人，但是追随的人很多，有的老板态度温和，笑容可掬，对谁都很和气，但是追随的人却很少。人们到底喜欢什么样子的老板呢？

拿项羽和刘邦对比，《史记·淮阴侯列传》记载了萧何月下追韩信，追回来以后，刘邦拜韩信为大将，随后刘邦问韩信有何定国安邦的良策。韩信反问："同您东向而争天下的不是项羽吗？那大王自己估计一下，论勇猛、果敢、仁爱刚强，同项羽比谁高谁下？"刘邦沉默了许久，说："我不如他。"韩信拜了两拜，赞许道："我也认为大王您在这些方面比不上他。不过我曾经跟随过项羽，就让我来谈谈他的为人吧：项羽厉声怒斥呼喝时，上千人都吓得一动不敢动，但是他却不能任用有德有才的将领，他只知道自己一个人去冲锋陷阵，这只不过是匹夫之勇罢了。项羽待人，恭敬慈爱，言语温和，别人生了病，他会怜惜地流下泪来，把自己所吃的东西分给病人；但当所任用的人立了功，应该赏封爵位时，他却把刻好的印捏在手里舍不得给，磨过来磨过去，棱角都没了，正方形变成了圆形，立方体变成了球体，还是舍不得授给人家，这是妇人之仁。现在大王您如果真能够反其道而行之，任用天下威武勇猛的人，哪里不能征讨平定？将天下城邑分封给功臣，又有谁不信服？用义兵和想东归的士卒，有谁的军队不能击溃！"

这个故事告诉我们，带队伍的关键在于激励，必须要满足下属的需求。一个带团队的人，要做到四个字："高远

管理箴言

当领导光有表达不够，一定要有付出，一定要满足需求。感情不是嘴上说出来的，是手上捧出来的。两手空空一点付出也没有，说得再好听也没有用。

宽惠"，站得高，看得远，胸怀宽，给实惠。

曹操就是一个善于给待遇、善于激励的领导。这也是陈登喜欢曹操的一个重要原因。

有了陈登做帮手还不够，曹操还有一个更宏大的计划，就是把自己的对手都变成自己的帮手，让他们统一步调、统一行动，为自己服务。他是怎么做的呢？

策略一
放肉引狼，促使对手变帮手

有人说对手怎么会变成帮手呢，不可能嘛。其实，一切皆有可能，关键是看如何去做，有没有方法。对手的对立一般有三个原因：一是道义对立，二是感情对立，三是利益对立。只要把对立的矛盾抓住了，解决了，对立自然就会消失，合作就会开始。团队管理中有一个"跷跷板原理"，说的是如何把跷跷板对面那块石头抬起来，关键在于你这边压上去的是什么，只要压上合适的东西，自然能撬动对面的大石头。有匹配的驱动就会有匹配的行动。

吕布不是大石头，吕布是狼，狼需要吃肉。放了肉，狼就会扑上去。曹操利用"挟天子以令诸侯"的制度优势，任命吕布为左将军，还给吕布写了亲笔信，深加慰纳。

太祖又手书与布曰："山阳屯送将军所失大封，国家无好金，孤自取家好金更相为作印，国家无紫绶，自取所带紫绶以籍心。将军所使不良。袁术称天子，将军止之，而使不通章。朝廷信将军，使复重上，以相明忠诚。"布乃遣登奉章谢恩，并以一好绶答太祖。（《三国志·吕布传》）

既给高官又给感情，这两样都是吕布最喜欢的，"布大喜，即遣登奉章谢恩，并答操书"。在曹操的引诱和陈登的劝说之下，吕布放弃了

和袁术联盟的想法。袁术派遣使者韩胤上门说亲，想让自己的儿子娶吕布的女儿，吕布先是答应了，随后又追回了已经上路的女儿，并且把媒人韩胤交给了曹操。曹操更狠，直接把韩胤给斩了，在许昌街头示众。这一招确实狠，属于"上屋抽梯"，你上楼来，我直接把梯子给撤了，截断退路，一下让吕布没有回旋余地了。杀韩胤直接激化了袁术与吕布的矛盾！

曹操的目的很简单，就是让吕布和袁术来个鹬蚌相争，自己可以从中渔翁得利。

娶亲变送葬，媒人变死人，这口气袁术哪能咽得下去。不久袁术就安排大军，取道来伐吕布。袁术和吕布这两个人打起来了，曹操可开心了，只等"鹬蚌相争渔翁得利"，沏上茶水摇着扇子，吃着火锅唱着歌，看着两只老虎打架。不管谁受伤曹操都高兴，不管谁被打趴下曹操都开心。这就是：袁术"hold不住"，非要打吕布；曹操很有才，妙计巧安排！

《资治通鉴·汉纪》记载：

袁术遣其大将张勋、桥蕤等与韩暹、杨奉连势，步骑数万趣下邳，七道攻布。布时有兵三千，马四百匹，惧其不敌，谓陈珪曰："今致术军，卿之由也，为之奈何？"珪曰："暹、奉与术，卒合之师耳，谋无素定，不能相维，子登策之，比于连鸡，势不俱栖，立可离也。"

除了骑兵和步兵我们还有一个战略武器，舌头！吃人的老虎来了，我们力量有限怎么办？振奋精神，把吃人的老虎打死，这是低水平；振奋精神，把吃人的老虎说死，这是高水平；最高境界是什么？吃人的老虎来了，我们振奋精神说得老虎们自己杀自己，临死前还把虎皮外套交给我们，说'留个纪念吧'，这才是超水平！"好马出在腿上，能人出在嘴上。"沟通就是力量，舌头是战略武器。

陈登父子给吕布出了个主意，策反韩、杨二将，让敌人内乱、自己打自己，于是吕布给韩暹和杨奉二人写了亲笔信，信是怎么写的呢？吕布来了个先讲道义再讲利益：

与暹、奉书曰："二将军亲拔大驾，而布手杀董卓，俱立功名，今奈何与袁术同为贼乎！不如相与并力破术，为国除害。"且许悉以术军资与之。暹、奉大喜，即回计从布。布进军，去勋营百步，暹、奉兵同时叫呼，并到勋营，勋等散走，布兵追击，斩其将十人首，所杀伤堕水死者殆尽。布因与暹、奉合军向寿春，水陆并进，到钟离，所过虏略，还渡淮北，留书辱术。术自将步骑五千扬兵淮上，布骑皆于水北大笑之而还。(《资治通鉴·汉纪》)

本来是对手的吕布，这个时候成了好帮手，帮助曹操打败了袁术。这场战役既削弱了吕布，也削弱了袁术，曹操达到了一箭双雕的目的。

策略二 坐山观虎，借助帮手好出手

大家可以想一下，一群猎人疯狂地追逐一只兔子，终于把兔子给包围了，第一个被打死的是谁？肯定是兔子，第二个被打死的是谁？是抓到兔子的那个人！

袁术就是这个抓到兔子的人，他居然恬不知耻、大模大样当了皇帝，天下各路诸侯这个恨哪！忠于朝廷的人痛恨袁术，恨的是"你小子凭什么抢了国家的兔子"！怀有异心、想称王称霸者更恨袁术，恨的是"你小子凭什么抢了我们家的兔子"！袁术就这样稀里糊涂成了人人想打的一个活靶子。

袁术称帝之后，曹操积极开展外交活动，团结一切可以团结的力量，哪怕是曾经的仇敌。袁术以前的两位盟友吕布与孙策，都在世人的注视下表明了自己的态度，反对袁术。曹操趁热打铁，马上给这两人送上糖衣炮弹，加官晋爵，外加肉麻吹捧，彻底孤立了袁术。敌人的朋友变成了我们的帮手，他那边减了，我们这边加了，这等于我们增加了双倍的力量。而且，吕布还给曹操送了一份大礼，与袁术打了一仗，大大削弱了袁术的实力。

有孙策和吕布的配合，曹操再打袁术就轻松了。该出手时就出手，建安二年九月，曹操亲自率军东征。袁术听说曹操来了，知道自己打不过，留下部将桥蕤、李丰、梁纲、乐就等人驻守蕲阳以抗拒曹操，自己溜之大吉。曹操率军进攻，大败袁军，桥蕤等四人皆被斩杀。袁术打的功夫不行，跑的功夫还不错，见势不妙再度逃跑，南渡淮河，曹操大获全胜！

曹操这次击败袁术使用了一个有趣的规律，叫作螃蟹效应。

抓过螃蟹的人都知道，竹篓中放了一只螃蟹，需要盖上盖子，防备它爬出来，但是如果竹篓里有好几只螃蟹，就不必盖上盖子了，螃蟹是爬不出来的。因为只要有一只螃蟹爬到出口，其余的螃蟹就会用威猛的大钳子把它拽下来，拖到底层然后自己踩着它向上爬，快爬到出口的时候，又会有另一个螃蟹再把它拽下来。如此循环往复，结果所有的螃蟹都累得口吐白沫、筋疲力尽，没有一只螃蟹能够成功爬出来。

这个"螃蟹效应"反映的就是两个字——内耗！来自内部的斗争会极大降低效率，消耗实力。在一支队伍里，如果大家都只顾眼前利益，忽视长远利益，相互内斗，真的会出现1+1<2的现象。曹操面对多个强大对手的时候，巧妙地利用了螃蟹效应，让对手之间发生矛盾，产生斗争，而自己在一旁积蓄力量，看准时机再出手，从而取得了事半功倍的成效。

这个现象也告诉我们，内耗是非常可怕的事情。一个组织、一支队伍必须有健康的文化、共同的目标和公正的制度，对任何内耗行为都要坚决制止，对成天琢磨内耗的害群之马一定要尽早清除，否则真的会出现人多力量小、1加1小于2的事情。

打败了袁术之后，曹操并没有乘胜追击，而是放了袁术一马，任由他逃走，曹操自己引兵回了许昌。这里边就有一个奥妙。

策略三
抓大放小，针对强手下狠手

　　曹操面对多个敌人的时候，策略一定是拉一个，打一个，而且是一边打一边判断形势，这个策略很值得我们在多方竞争中学习。

　　以前袁术是最强的对手，曹操的原则是拉吕布牵制袁术，再拉刘备牵制吕布。现在，袁术衰落了，吕布成了最强的对手，曹操决定放下袁术，回头对吕布动手。打吕布也有帮手，现成的，就是被吕布欺负得很惨的刘备。

　　当初吕布被曹操从兖州打出去后，投奔了刚刚就任徐州牧的刘备。好心的刘备收留了吕布，还给了他一块地盘，让他驻扎在小沛。袁术攻击刘备，吕布却当了白眼狼，夺了刘备的徐州。刘备后来又投到吕布帐下，吕布倒也还不错，又收留了刘备。当然，他还是有目的的，他让刘备屯扎到了小沛，作为抵挡曹操的先锋官。好景不长，不久双方发生摩擦，吕布派张辽、高顺攻破了小沛。刘备落荒而逃，一路向北，投奔曹操。徐州全境落入了吕布的手中。

　　面对越做越大的吕布，曹操决定干掉他！建安三年十月，曹军开始了东征，路上遇到了刘备，曹操便将其收留，还以汉献帝的名义任命刘备为豫州刺史。在汇合了刘备的残兵败将后，曹操指挥大军继续向东进击。

　　战争初期，曹军进展十分顺利，吕布依托彭城所建立的第一道防线根本就不堪一击。战争中期，曹军里应外合，吕布在泗水河岸边建立的第二道防线由于部将陈登的反叛而被打乱。陈登早就投靠了曹操，一直潜伏在吕布身边，这时终于露出了水面，给了吕布沉重一击，不过尽管损失惨重，下邳城还在吕布手里。战争后期，曹军遇上了麻烦，下邳城久攻不下，士卒疲惫，战斗力大幅度下降，而且传来情报：张扬打着支援吕布的旗号起兵了。曹操倒不怎么把张扬放在眼里，但他担心的是，张扬这样带头一闹，周围的实力派难保不蠢蠢欲动，倘若来个趁火打劫，可当真不得了。

曹操便想到了撤军，关键时刻，郭嘉和荀攸前来劝说曹操，和吕布的决战已经到了节骨眼上，万不可松气，否则将前功尽弃。郭嘉说道："当年项羽有七十余座城池，从来没有打过败仗，一战失利以至于身死国亡，这是因为他恃勇无谋。现在吕布每战必败，已经气衰力尽，内外交困，吕布的势力比起项羽来差远了，现在的处境也不如项羽。我们应该乘势攻击，一定可以将其擒获。"荀攸接着补充道："吕布自彭城之战后，连战皆败，锐气已衰。三军以将为主，将领气衰则其军队就没有斗志。陈宫虽然有些智谋，但现在他的智谋还来不及施展。一鼓作气，继续攻击，一定可以拿下吕布。"

这两位在鼓舞曹操斗志的时候，也没忘了给曹操提供具体的操作建议，毕竟下邳城可不是说这么两句话就能被攻破的。他们的方法是——关门打狗，绝水灌城，让吕布想出出不来，逃又逃不掉。下邳城虽然被灌得到处都是水，但还是打不下来，吕布军队的战斗力由此可见一斑。曹操认为，是时候改变进攻手段了。曹操决定，不再一味猛攻，而是采取游击战法，逐渐地消耗布军，使布军斗志消除，降低战斗力，而曹军可以更好地利用洪水的优势得以休息，以逸待劳。终于，在持续游击了一个多月后，下邳城终于熬不住了，城内上下离心。吕布部将宋宪、魏续反水了，他们把陈宫抓了起来，打开城门，投降了曹操。曹军攻入城内，把吕布也生擒了。随后，吕布、陈宫一干人等被斩杀。至此，曾经让曹操差点儿流离失所的吕布集团彻底覆灭。

捉到吕布以后，发生了一个非常耐人寻味的小故事：

布与其麾下登白门楼。兵围急，乃下降。遂生缚布，布曰："缚太急，小缓之。"太祖曰："缚虎不得不急也。"布请曰："明公所患不过于布，今已服矣，天下不足忧。明公将步，令布将骑，则天下不足定也。"太祖有疑色。刘备进曰："明公不见布之事丁建阳及董太师乎！"太祖领之。布因指备曰："是儿最叵信者。"（《三国志·吕布传》）

刘备告诫曹操，别琢磨给他当爹了，否则你就是找死啊！在三国给吕布当爹就等于找死。大家看，吕布个人爱好就是杀爹。这个在心理学上叫作弑父情结。为什么吕布是这个性格呢？这要从吕布的家庭教育说起。童年是人生的父亲，看一个人的性格，就看他的童年，可以弄清楚来龙去脉。吕布是内蒙古包头人，父亲是镇守边关的将军，吕老将军性格粗暴，吕布的童年应该是经常要面对父亲拍桌子、瞪眼睛，充满暴力冲突的。

粗暴的领导造就极端的下属。这种极端有两个方面，一个是极端软弱，一个是极端暴躁。

极端软弱的典型就是许三多。高连长问许三多："你是好兵吗？"他后退半步低头说："我不是！"许三多为什么这么退缩？因为他有一个简单粗暴、爱动手打人的爹。

吕布是另一种典型，就是极端反抗、极端暴躁的典型，谁是权威他就会在心里反抗谁。但是从小被父亲做主，他自己又不会做决断，确实需要有一个人来给他做主心骨，不过做主心骨次数多了，他就逐渐对那个人生了恨意。吕布就陷入了一个死循环，缺爹，找爹，恨爹，杀爹，再缺爹，再找爹，再恨爹，再杀爹……吕布没有死在曹操手里，也没有死在刘备手里，他其实是死在自己手里，死于性格。所以，性命性命，性格就是命运，确实如此。

儒家有"五德"：温、良、恭、俭、让。"温"排第一，现代管理学也证明了，温和、民主是最利于下属成长的，如果你是一位管理者，不要忘记用温和、民主的方式来管理下属；如果你是一位家长，请不要忘记用温和、民主的方式教育孩子。即便手握真理也不暴跳如雷，有话好好说。吕布就像一个没有长大的孩子，缺照顾，在意私人感情，喜欢有人宠着、有人疼着，同时又强烈逆反，对一切对自己指手画脚的人都渐生恨意。这都是造成他失败的重大的性格方面的原因。

曹操很巧妙地利用了吕布的性格弱点。在针对袁术、吕布和刘备的整个战役当中，曹操以外交为主，以军事为辅，引导对手互相攻打，自己出面收拾残局，取得了事半功倍的效果。这种在复杂局面下以敌制敌寻帮手的策略确实是曹操的一步妙招。

说到这里，我们来做一个盘点：公元196到200年间，曹操远交近攻，分化敌人的政策成就斐然，其"奉天子"的合法性得到了一些远方军阀的承认，并扫平了周围的劲敌。公元197到199年间，四征南阳张绣，最终张绣归降。公元197年，大败淮南袁术，两年后袁术败亡，江淮地区为曹操所据。公元198年，消灭盘踞徐州的吕布，占领徐州。公元199年，歼灭横行射犬一带的眭固。在很短的时间里，曹操占据了兖州、豫州、徐州、扬州，这完全得益于战略得当，瓦解敌人的联盟，巧妙利用敌人削弱敌人，曹操把"上兵伐谋，其次伐交"的策略运用得十分出色。各路敌人被消灭之后，一个最强大的对手逐渐浮出了水面，他就是袁绍。到了公元200年，曹操与强敌袁绍的决战已然在所难免。那么，曹操在敌强我弱的情况下运用了哪些策略，他是怎样战胜袁绍的呢？请看下一讲。

第十讲

善于倾听除盲点

人无完人，每个人都有认知上的盲点，要想人生顺心，事业顺利，就需要我们集思广益，多听他人的意见。在倾听他人意见上，有哪些好的策略可供我们借鉴呢？官渡大战之前，无论是地盘还是人力，曹操同袁绍相比都相差甚远，但一场关系生死存亡的较量就在眼前。面对危机局面，曹操虚心请教，善于倾听，最终凭借高超的谋略和智慧，打败了实力最为强大的对手袁绍，建立了雄霸一方的宏伟大业。那么，曹操在听取意见这个问题上都展现了哪些过人之处呢？

时光如水，岁月如歌。人生就像一条河流，有风景如画、水平如镜的阶段，但是一转眼就可能惊涛骇浪，暗礁险滩。在这条河上旅行，既需要有欣赏风景的情趣，也需要有应对挑战的准备。我们都知道，一个人的认知是有限的，再高明也不可能事事看清楚，处处弄明白，所以真正的危险就存在于我们看不到或者看不清的盲点上。关于盲点的产生，我们来举个例子：有人穿了一件红上衣站在我的背后，我的后背没长眼睛，所以我看不到，这就是盲点；同样还是这件红上衣，现在放在我对面，那就能看清楚了吗？不一定，如果它放在一个红色的大背景当中，我还是看不见。所以盲点的产生有两个基本原因，一个是没看到，另一个是看到的太多。信息不足和信息过量都会产生盲点。

在人生这条河流上，盲点是我们最大的危机，那么曹操在这方面是怎么做的，他在重大战役当中是怎样消除自身盲点和利用对手盲点取得胜利的呢？

细节故事

许褚救主

建安四年（公元199年）十二月，曹操艰难地结束了对张绣的讨伐战役，前后几次用兵损失巨大，但终于扫除了后顾之忧。在接受了张绣的投降之后，曹操挥兵北上，进军官渡，准备迎接袁绍的进攻。

这一天，曹操正在大帐中处理军务，忽听帐外传来"蹬蹬"的脚步声，也没有人通报，忽地闯进一个人，吓了曹操一跳。只见来人身高八尺有余，肩宽背厚，膀大腰圆，跟半截黑铁塔一样，曹操定睛一看，不是别人，正是身边的亲信大将许褚[1]。

许褚是专门负责曹操的警卫工作的。这天，曹操觉得也没什么事情，看到连日来许褚跑前跑后甚是劳累，就特意安排许褚休息半日。没想到，许褚刚走了不到一炷香的功夫，又回来了。许褚进帐，拱手施礼，曹操笑道："仲康，你不当值，退下休息去吧。"

正说话间，手下人来报，说谋士徐他求见，要谈一下对战袁绍的策略问题。徐他不是外人，是曹操身边长随的谋士，所以曹操也没在意，便召徐他入见。徐他个子不高，白面短髯，面带微笑走进中军大帐，他身后还跟着两个人，都是曹操不认识的生面孔。徐他向曹操躬身施礼，一抬头就看到了曹操身边的许褚，徐他和身后的两个人都同时吃了一惊，脸上有很明显的惊慌神色。但是徐他恢复得很快，立刻就掩饰住惊疑，赔笑说道："许将军有礼。"

曹操正待问话，让他没想到的是，许褚大吼一声，猛地扑上去，伸手来擒徐他。更让曹操没想到的是，平时文弱的徐他此时勃然变色，退后半步，嗖地一下竟然从腰间拔出了暗藏的利刃。徐他快，许褚更快，没等徐他进招，许褚早已拔刀在手，朝前一跟步，噗地一刀，就把徐他砍翻在地。许褚身后的武士也随即动手，把两个跟随的人也砍倒了。

这一系列事件来得太忽然，一转眼就发生了，把帅案后边的曹操都看傻了。

许褚砍倒了徐他，还刀入鞘，再次拱手施礼，瓮声瓮气地说："禀主公，徐他等人身怀利刃，密谋行刺，已被某斩杀。"看看地上的徐他，再看看许褚，曹操好半天才缓过神来。那么，许褚是如何知道徐

曹操的启示

---

[1] 许褚，字仲康，生卒年不详，沛国谯县（今安徽亳州）人，三国时期魏国武将，与典韦一起统领虎卫军，主要负责曹操的护卫工作。对曹操忠心耿耿，数次在危难中救曹操脱险，深得曹操信任。因为他十分勇猛，"力如虎而痴"，所以有"虎痴"之称。

他要行刺的呢?

其实,他还真的是误打误撞的。许褚本来也不知道。这件事还要从许褚的职业习惯说起。

《三国志·许褚传》记载:许褚字仲康,谯国谯人也。长八尺余,腰大十围,容貌雄毅,勇力绝人。他是曹操的老乡,东汉末年天下大乱,许褚很有号召力,聚集了几千户,共坚壁以御寇。当时,有汝南贼万余人来攻打,许褚在这次战斗中表现神勇,威震天下。

一、飞石退敌。"褚众少不敌,力战疲极。兵矢尽,乃令壁中男女,聚治石如杅斗者置四隅。褚飞石掷之,所值皆摧碎。贼不敢进。"

二、阵前擒牛。"粮乏,伪与贼和,以牛与贼易食,贼来取牛,牛辄奔还。褚乃出陈前,一手逆曳牛尾,行百余步。贼众惊,遂不敢取牛而走。由是淮、汝、陈、梁间,闻皆畏惮之。"

后来,在攻打张绣战役之前,许褚前来归顺,曹操对许褚宠爱有加。太祖见而壮之曰:"此吾樊哙也。"即日拜都尉,引入宿卫。诸从褚侠客,皆以为虎士。从征张绣,先登,斩首万计,迁校尉。(《三国志·许褚传》)

许褚身边有一群武艺高强的侠客,这些人跟随许褚一起成了曹操身边的虎卫军,专门保护曹操的安全。自从典韦战死宛城之后,曹操身边的保卫工作就主要落到了许褚的身上。

许褚是个忠诚而谨慎的人,自从担任了宿卫工作之后,片刻不离曹操,时时小心,那真是居安思危、不离左右。他的职业习惯就是二十四小时全天候守卫。

徐他等人早就密谋行刺曹操,但是慑于许褚的虎威,迟迟没敢动手。这个许大个武艺太高,难以对付,所以这些人就一直在寻找机会。

这天,曹操看许褚很辛苦,又没什么事情,就安排许褚去休息,但是许褚回到寝帐,总觉得心里不踏实,吃也吃不下,睡也睡不着,干脆起身披挂整齐来见曹操。此时,徐他等人得知许褚轮休了,不在曹操身边，大喜过望，立刻行动，身怀利刃前来行刺。没想到进帐之后，骤然之间看到许褚还在，忍不住惊慌失措，泄露了行迹。

规律分析

身边四类人

有句俗话："眼前放着聚宝盆，背后要装防盗门。"做事情必须有风险意识，风险防范是不可或缺的。许褚这次救了曹操一命，要是没有许褚，徐他等人的行刺还真的有可能成功。古人有云"祸起于萧墙之内"，危险往往容易在身边发生，而一个领导者，在做战略决策的时候，心里想的是一千里一万里外的事情，往往容易忽略眼前的事情。所谓"心怀万里不见眼前"，说的就是这个道理。

管理箴言

用好确定的人，就能应付不确定的事。带着裁缝不怕衣破；带着伯乐不怕马多；跟着猎户敢上高山；跟着船家敢过大河。

曹操真的没有看出来徐他会谋反行刺。不过凭借许褚的忠诚和谨慎，曹操躲过了一劫。这个事件向我们大家展示了一个规律：通过安排一个人，就可以防范一个类型的风险。安排好郭嘉，就可以防范决策失误；安排好许褚，就可以防范行刺威胁。

现代管理学主张能岗匹配，做事业的时候，必须要安排好身边的人，才能有效防止突发事件造成的风险，达到防患于未然的目的。身边人基本的角色有四种。

一是帮我们看到大趋势，保持大思考，随时提醒我们保持战略眼光的人。这种人是我们的望远镜。

二是帮我们关注细节，关注一线，分析问题，解剖麻雀，透过现象看本质的人。这种人是显微镜。

三是传递信息，分派任务，监督检查执行情况，促进落实的人。

这种人是指挥棒。

四是防范风险，保证安全，随时抵御恶意攻击的人。这种人是防盗门。

望远镜、显微镜、指挥棒、防盗门，这些都是贴身人。如果我们自己带一个团队做事业，大家都得考虑一下你的这些身边人找到了没有，安排好了没有。

联系实际

关注盲点

有一种说法，叫作人生无常，意思是很多事情是没有办法提前预料的。好多灾难性的事件会突然之间发生。尽管人生如此的不确定，我们还是能提前做一些准备，尽量降低未来的风险。那么，在工作中什么情况下会出大事，人生中哪个领域会出大事呢？告诉大家，答案很简单，在出现盲点的时候是最容易出大事、出危险的。

什么叫作盲点呢？按照管理学的规律，一个人的认知分为四个组成部分：自己知道，别人也知道的，叫作共识。自己知道，别人不知道的，叫作秘密。别人知道，自己不知道的，叫作盲点。自己和别人都不知道的，叫作潜力。

> **管理箴言**
> 尊重共识，合理揭秘，扫除盲点，开发潜力，这是每个成功者的基本行为模式。

举个例子：一、我讲曹操，大家也知道曹操，这就是共识，即共同的认识。在这一部分，我不能胡乱编造、任意杜撰，必须要言之有据、言之有物，这就是尊重共识。二、我从管理学角度来分析问题，很多管理学的规律和工具是我知道而大家不知道的，这就是揭秘，即解开谜团。从我知道到大家都知道，这方面我必须要分析到位，不能倚仗专业知识随便穿凿，这就是合理揭秘。三、我在讲之前准备提纲，钢笔漏水，手上沾了红墨水，摸脸的时候墨水不经意间印在脸上，上台之后我的脸上有一个红印。因为我对着摄像镜头，全国人民都看到了，可偏偏就我没看到，这就是盲点。这个盲点不扫除，讲课就会变得很滑稽，所以必须要扫除盲点，盲点越是常识性的，灾难就越大。四、我讲曹操的时候，大家还不知道我能讲唐三藏、孙悟空，我自己也不知道，这就是潜力。通过开发潜力，我能讲了，于是我又进步了。

大家看到，一个人的自我成长，基本就是按照这个路径来的，工作生活都是如此。做事情要想成功，首先要做的就是扫除盲点，防止在盲点上摔跟头、犯错误。

《三国志》记载：褚性谨慎奉法，质重少言。曹仁自荆州来朝谒，太祖未出，入与褚相见于殿外。仁呼褚入便坐语，褚曰："王将出。"便还入殿，仁意恨之。

征南将军曹仁回许都汇报工作，来见曹操，路遇许褚，主动和许褚打招呼，喊许褚坐下来聊聊，许褚冷冰冰地说"丞相就要出来了"，然后转身就走了。

大家知道，曹仁可是曹操手下的大红人、亲信忠臣，人人都想结交，一般人巴不得和曹仁套近乎，但是许褚却做了一件大家都特别不理解的事情，曹仁当时就很生气，恨许褚不识抬举。曹操身边的很多人也觉得许褚这样做太过分了，有和许褚关系不错的人就提醒许褚："要摆正位置，不要太牛气了，人家曹大将军何等人物，主动和你打招呼，你咋能冷冰冰不搭理人家呢？"没想到，许褚竟讲了一个很棒的道理。

褚曰："彼虽亲重，外藩也。褚备内臣，众谈足矣，入室何私乎？"

秘书的"秘"是秘密的"秘"。在领导身边工作有一个基本的原则，就是领导身边的人不宜结交外臣。领导身边的人一旦和下边的干部过从亲密，就容易出现问题。曹操和所有领导是一样的，他也不喜欢自己身边的秘书、参谋等人眉来眼去、打得火热！特别是一个负责

警卫工作的人，如果整天和下边的人在小黑屋里密谈，这样怎么能让曹操这样的领导安心呢？这个道理，许褚看得到，曹仁和其他人看不到，所以，这一点就是曹仁和其他人的盲点。这个盲点将来就有可能给他们带来麻烦。而许褚自己能悟出这个别人想不到的道理，可见有独门秘诀，有诀窍。

我们经常说某人干工作有诀窍，什么是诀窍？在别人的盲点上自己能悟出规律，这就是有诀窍。许褚就是这样的人，所以曹操特别欣赏许褚，因此许褚迅速获得了提拔，"太祖闻，愈爱待之，迁中坚将军"。

前面我们讲了扫除盲点，防范风险的最基本的方法，就是搭配好身边的人，用确定的人来防范不确定的事。除了这个方法之外，还有一个更有效的方法，就是善于听取身边人的意见和建议，用倾听的方法扫除决策的盲点。

曹操在官渡之战的过程中，很有效地运用了这个策略。反观袁绍，本来兵精粮足，文有高人，武有猛将，但是在关键时刻却没有处理好盲点管理的问题，导致错失良机和重大决策出现失误，在原本占有优势的情况下失去了大好的机会。会听的人，盲点少；不会听、光爱说的人，盲点就多。整个官渡之战，曹操在倾听建议方面有以下几个策略值得探讨。

策略一
有取有舍，带着主见听建议

为什么听建议要带着主见听呢？我先来讲一个例子：

父子二人牵着家里的毛驴去赶集，爹骑在驴上，儿子在后边跟着。路上过来一个人，看到这个情景，路人就说："看看这个爹，自己骑驴，让小儿子在后边走，真够狠心的！"

听了这个路人的话，父亲赶紧下了毛驴，让儿子骑到了驴上。又走了一会儿，又遇到了一个路人，这个人看到儿子骑在驴上，忍不住说："看看这个儿子，真不孝，自己大模大样骑在驴上，却让自己的爹在后边走路，太不像话了。"

听了这个路人的话，父子俩一商量，干脆就都骑在了驴上。又走了一段，又遇到了一个路人，这个人看到父子俩人都骑在驴上，忍不住气愤地说："太没有人性了，两个人都骑在驴上，那么个小毛驴，它也扛不住啊，你们虐待动物啊。"

听了这个路人的话，父子俩人赶紧都下来了，这次一商量，决定不骑了，牵着驴走吧。结果没走多远，又遇到了一个路人，这个人哈哈大笑地说："明明有头驴，两个人谁也不骑，竟然牵着走，你们太笨了！缺心眼吧！"听完了这个路人的话，父子俩为难了，骑也不是不骑也不是，怎么办呢？最后，两个人一商量，决定把驴抬起来，抬着驴去赶集吧！

这个故事叫作"父子抬驴"。从一开始人骑着驴走，到最后父子抬着驴走，一件正常的事情，因为太善于听取别人的意见，最后变成了一件不正常的事情！一个人做事情，如果没有自己的原则和主见，谁的意见都听，什么说法都信，最后，可能会选择一个最愚蠢的方案。可见善于倾听很重要，保持主见同样非常重要。

官渡之战，曹操之所以能在劣势情况下大获全胜，一个重要的原因，就是曹操一方面善于倾听，另一方面他也是个有主见的人。

比如曹操闪击刘备的事件：公元199年，袁术自败于陈，稍困，袁谭自青州遣迎之。术欲从下邳北过，曹操派遣刘备、硃灵半路截击，大获全胜。出发之前，刘备秘密联合董承等人结盟反曹，至下邳，杀徐州刺史车胄，举兵屯沛。曹操先是派遣刘岱、王忠攻打刘备，没有取得胜利。建安五年春正月，在铲除了董承集团之后，曹操准备东征刘备。

这个时候，各方面的不同意见都出来了。《三国志》记载：

诸将皆曰："与公争天下者，袁绍也。今绍方来而弃之东，绍乘人后，若何？"公曰："夫刘备，人杰也，今不击，必为后患。袁绍虽有大志，而见事迟，必不动也。"郭嘉亦劝公，遂东击备，破之，生禽其将夏侯博。备走奔绍，获其妻子。备将关羽屯下邳，复进攻之，羽降。昌豨叛为备，又攻破之。公还官渡，绍卒不出。

大家都担心袁绍会趁机从背后偷袭许昌。正所谓"螳螂捕蝉，黄雀在后"，不可不防啊。这个时候，曹操很有主见，他告诉大家，这个问题他已经考虑过了，"袁绍虽有大志，而见事迟，必不动也"。果然如曹操所料，在整个战役过程中，袁绍一直按兵不动。当时刘备存在一个决策盲点，就是认为曹操和袁绍对峙在官渡，不可能来攻打自己，但是没有想到，曹操真的留人屯守官渡，自己亲自带领精兵前来。《三国志·先主传》裴松之注引《魏书》记载：

备初谓公与大敌连，不得东，而候骑卒至，言曹公自来。备大惊，然犹未信。自将数十骑出望公军，见麾旌，便弃众而走。

侦察兵报告说曹操带兵到了，刘备大惊失色，但是还是不太相信，亲自带了数十名骑兵出城侦查，一见真的是曹操亲统大军来到，刘备来不及组织有效抵抗，只得弃众而走。刘备这次可以说就是败于自己的决策盲点，曹操料到的事情，刘备愣是没想到，身边人也没有人给他提建议，那个时候要是有诸葛亮给提个醒，刘备也不至于败得这样窝囊。连仗都没打，直接就孤身逃走了。被打跑了不窝囊，被人家直接给吓跑了，这个确实太窝囊了！

曹操靠自己的主见和对手的盲点取得了战役第一阶段的优势。

策略二

避免护短，调整心态听建议

有宽度才能有高度。一个人要保持思想的高度，必须要随时调整

> **管理箴言**
>
> **有宽度才能有高度。一个人要保持思想的高度，必须要随时调整心态，拥有宽广的胸怀。**

心态，拥有宽广的胸怀。曹操这方面做得不错，心态调整得好，对了就坚持，错了就改进，谁说得对就听谁的。官渡之战前夕，曹操再次提出南征张绣，遭到了荀攸的反对，荀攸提醒曹操一旦袁绍起兵，势必面临腹背受敌之势，张绣不像刘备，对待他是无法达成闪击目的的，一旦不能速战速决，势必陷入困境。但是曹操没有采纳荀攸的建议，执意要攻打张绣。

果然，曹操出兵不久，田丰就建议袁绍乘机突袭许昌。

消息一出，曹操发现荀攸说的是正确的，于是立即采取行动，放弃当面之敌，快速撤兵，并且亲自断后，尽量把损失缩小到最低程度。征讨张绣的战役先胜后败，但是没有大败，主要就是因为曹操勇于承担，善于改进发现的问题，不回避、不护短，及时解决。这是曹操的一大优点。随时看情况看条件，调整安排部署，这说明思想有高度。但这个高度是需要心灵修炼来支持的。要成就思想的高度，必须先成就心灵的宽度。这一点上，曹操比袁绍强很多。

为什么这么说呢？我们要给大家讲讲心态调整的规律。

大家都知道一句话，"从善如流，去恶如仇"。其实去恶如仇容易，从善如流就比较难了。难在哪里呢？难在心态调整上。相信大家都有体会，领导对着下属承认自己错了并且加以改进，家长对着儿子承认自己错了并且加以改进，这都是非常艰难的事情，能做到是非常了不起的。从善如流的时候，必须要克服心理上的弱点，这种心理弱点叫作"护短"。

什么是护短？我给大家准备了一个"宝宝吃葱"的故事：小宝宝吃饭的时候非要吃葱，谁劝也不听，执意要吃。妈妈只好给掐了一段葱，小家伙吃了一口，辣得直吸凉气，爸爸说："看看，不听话吧，葱很辣吧！"明明很辣，但是小宝宝摇头说："好吃，还吃！"说着，又吃了一大口，辣得眼泪都流出来了，还努力装出好吃的样子给大人看！

为什么明明很辣就是不承认，还要坚持犯错误呢？这里边有个规律叫认知不协调。这是一种常见的心理状态，一个人在事实面前，发现先前的主张是错的，他的内心会很不舒服，这就是认知不协调。怎么克服这种不协调的痛苦呢？有两个选择：一是改变自我，顺应事实；二是改变事实，顺应自我！强者能做到前一条，弱者固执地坚持后一条。

管理箴言

总是在犯错误的时候，固执地坚持自己，否认事实，这就是护短心理。过度自卑或过度自大的人，都会有这样的护短倾向，即使错了也不肯承认自己错了，而是固执地找借口，否认事实。

小宝宝吃葱的做法，就属于改变事实顺应自我的做法，这就是护短心理。护短在孩子身上有，在成年人身上就更普遍了，明明错了，就是不肯承认，而且还故意延续错误的思维模式。

我认识一位企业家，公司年底搞大型活动，需要邀请一位主持人。本来有一个特别好的人选，那个女孩子形象、气质、口才都很不错，但是有个亲戚找到企业家，走后门想安排自己的孩子上。企业家一时糊涂，就安排亲戚的孩子上了。结果那个小伙子没有把控大场面的经验，而且要命的是普通话也不是很标准，活动的效果非常不好。事实证明企业家错了，不过事后总结的时候，有人提出嘉宾反映主持人表现不好，企业家却不反思自己的选择失误，而是固执地说："怎么不好了，我就觉得挺好，普通话不标准有什么，那些小品不都是说方言吗？"

这就是我们所说的，决策失误之后，面对结果，不改变自己，而是否认事实。这是典型的护短行为。特别是当一个人地位很高、自尊心很强、有点骄傲自大的时候，非常容易发生这样的事情。其恶果一是错误得不到纠正；二是影响团队凝聚力，伤了弟兄们的心。大家会觉得，领导怎么这样，明明错了，还嘴硬，"活毛驴犟种，死鸭子嘴硬"！这样的人，不如离得远点儿。下次也就没有人提醒他，也没人愿意努力，时间久了大家都各奔前程，队伍也就散架了。

错了没关系，能承认错误，勇于改进，就是了不起的。袁绍就是一个护短之人，回避失败，忌恨提正确意见的人。袁绍手下有一位大谋士名叫田丰，田丰哪里都好，心地好，脑子好，人品也好，就是说话难听。

一、建安五年，听到曹操闪击刘备的消息：

田丰说绍曰："与公争天下者，曹操也。操今东击刘备，兵连未可卒解，今举军而袭其后，可一往而定。兵以几动，斯其时也。"绍辞以子疾，未得行。丰举杖击地曰："嗟乎，事去矣！夫遭难遇之几，而以婴儿病失其会，惜哉！"绍闻而怒之，从此遂疏焉。(《后汉书·袁绍传》)

田丰正确的意见没有得到接纳，还惹得袁绍不高兴，从此被疏远。

二、曹操击败刘备之后，刘备投奔了袁绍，此时袁绍才决定进兵。战机已经失去，他偏偏又要起兵，田丰一听就急了，连忙制止，这一次袁绍干脆把田丰给抓起来投入了监狱。

谏绍曰："曹操既破刘备，则许下非复空虚。且操善用兵，变化无方，众虽少，未可轻也。今不如久持之。将军据山河之固，拥四州之众，外结英雄，内修农战，然后简其精锐，分为奇兵，乘虚迭出，以扰河南，救右则击其左，救左则击其右，使敌疲于奔命，人不得安业，我未劳而彼已困，不及三年，可坐克也。今释庙胜之策而决成败于一战，若不如志，悔无及也。"绍不从。丰强谏忤绍，绍以为沮众，遂械系之。(《后汉书·袁绍传》)

三、官渡之战最终失败以后，有人对田丰说："事实证明先生的建

议是正确的，估计主公回来之后会厚赏你，并且更加器重你田先生。"田丰却摇摇头说："如果我错了，袁公打了胜仗我能活；如果我对了，他吃了败仗，回来一定杀我。"果然，袁绍回来就把田丰给杀了。

及军还，或谓田丰曰："君必见重。"丰曰："公貌宽而内忌，不亮吾忠，而吾数以至言忤之。若胜而喜，必能赦我，战败而怨，内忌将发。若军出有利，当蒙全耳，今既败矣，吾不望生。"绍还，曰："吾不用田丰言，果为所笑。"遂杀之。

所以，史书评价袁绍："绍外宽雅有局度，忧喜不形于色，而性矜愎自高，短于从善，故至于败。"袁绍官渡之战的失败，说到底，是他胸怀狭窄、境界低造成的，正所谓：胸怀有多大事业就有多大，境界有多高成就就有多高。

策略三
不求全责备，保持胸怀听建议

在重大决策中，如何放宽胸怀，其实就是要做好三件事：不揪辫子，不打棍子，不找后账。

袁绍在以下这三件事上都做得不好。

一、揪辫子，排斥许攸。许攸的家人有问题，袁绍就排斥许攸，对他的正确意见坚决不接受。

二、打棍子，疏远沮授。沮授提出缓攻曹操，打持久战，意见和袁绍的不一致，袁绍就疏远沮授，不再让他参与重要决策。

三、找后账，赐死田丰。田丰在战前提了正确意见，没有被采纳，官渡之战失败以后，袁绍怀恨在心，杀了田丰。

一个决策者能犯的错误，袁绍都犯了，袁绍的领导风格存在重大缺欠。作为一个领导，心胸太窄，情绪太敏感，容不得不同意见，容不得别人身上的小毛病，这都是重大错误的前兆。特别是揪辫子，排斥许攸，直接导致许攸叛逃，而许攸的叛逃成为官渡之战的转折点，直接导致了袁绍的失败。

在开战初期，袁绍无论是在实力上还是气势上都是占有一定优势的。《三国志》记载：

八月，绍连营稍前，依沙塠为屯，东西数十里。公亦分营与相当，合战不利。绍复进临官渡，起土山地道。公亦于内作之，以相应。绍射营中，矢如雨下，行者皆蒙楯，众大惧。时公粮少，与荀彧书，议欲还许。彧以为"绍悉众聚官渡，欲与公决胜败。公以至弱当至强，若不能制，必为所乘，是天下之大机也。且绍，布衣之雄耳，能聚人而不能用。夫以公之神武明哲而辅以大顺，何向而不济！"公从之。

在这个关键时刻，许攸给袁绍提了一个正确的建议，许攸进曰："曹操兵少而悉师拒我，许下余守势必空弱。若分遣轻军，星行掩袭，许拔则操成禽。如其未溃，可令首尾奔命，破之必也。"袁绍又不能用。会攸家犯法，审配收系之，攸不得志，遂奔曹操，而说使袭取淳于琼等。琼等时宿在乌巢，去绍军四十里。操自将步骑五千人，夜往攻破琼等，悉斩之。

曹操火烧乌巢成为制胜关键，直接宣告了袁绍官渡战役的失败。

说到底，其根源是因为袁绍对谋士许攸家里人犯法这件事处理不当。审配和许攸是有矛盾的，犯法这事情本来就值得怀疑；而且就算是家里人犯法了，也不说明本人有问题；再退一步，就算是本人有纵容家人的行为，也不能说明人家出的主意就是馊主意、坏点子。

袁绍一点容人之量也没有，因为一个可疑的小污点，就错失了一个改变战局的关键人士。

大战在即，不能对身边人揪小辫子、翻旧账，有什么事情可以战后再说嘛，而且谁没点小毛病呢！可能恰恰是那些过去有点毛病的人，关键时刻能起决定性作用。

成大事者能善待两种人，一是有毛病的人，二是给自己挑毛病的人。对于有点小毛病、小错误的人，一定要给机会，允许人家改正。古人有个观点：用功不如用过。功思退，过思进；功易骄，过易奋！关键时刻，这样的人可能起到决定性作用。对于给自己挑毛病的人，要放下架子虚心接受。马不打不快，钟不敲不鸣，地不扫不净，理不讲不清。即使人家说得不对，挑毛病本身也是进步的提醒，有利于我们冷静思考，清醒做事。所以对于挑毛病的人，一定不能反感，更不能打击报复。"马不恨打，钟不恨敲，衣不恨洗，子不恨教！"要是恨上那就错了。

官渡大战，袁绍本来是有很多机会的，但是由于他没有处理好自己的决策盲点，没有认真接纳有识之士的正确建议，最终彻底失败，退出了历史舞台。当年曹操的军师郭嘉也曾经在袁绍那里工作过，他对袁绍的评价是很到位的：初，郭嘉往见袁绍，绍甚敬礼之，居数十日，谓绍谋臣辛评、郭图曰："夫智者审于量主，故百全而功名可立。袁公徒欲效周公之下士，而不知用人之机，多端寡要，好谋无决，欲与共济天下大难，定霸王之业，难矣。吾将更举以求主，子盍去乎！"（《资治通鉴·汉纪》）

曹操在官渡的胜利，完全属于谋胜和将胜，在军事实力相对较弱的情况下，曹操听取各方面意见，不护短、不固执，一次又一次避免了决策的盲点，战略战术运用得当，迅速打败了强大的敌人。其中，让人印象最深刻的就是，袁绍手下的谋士、大将屡次提出合理化建议，不是被袁绍拒绝就是被袁绍拘押；而曹操则每次都能虚心接受下属的意见，表现得虚怀若谷、从善如流。官渡之战的胜利，表明曹操不仅在军事上成熟了，在政治上成熟了，而且在领导方式上也成熟了。不过官渡之战，袁绍只是被打败，并没有被完全消灭，他在北方四州依然有着强大的实力。那么，曹操接下来是怎样乘胜追击，扫平北方的呢？请看下一讲。

第十一讲

扫平北方巧安排

当代人工作节奏快、压力大，在处理繁重的工作时，往往难以条理分明。其实，如果安排好工作节奏，我们的效率就能得到提高，有助于事业的顺利发展，反之，恐怕会事倍功半，造成负面效应。

曹操在安排工作节奏方面有自己的妙招，他就是凭借着这套办法，打出了一片天地。那么，曹操都是怎么做的？他的做法又能给当代人带来怎样的启发？

"吃不穷,穿不穷,算计不到就受穷","山河锦绣如画卷,还需巧手细安排",管理有四个基本过程:计划、组织、领导、控制,计划是排在第一位的。小到一天时间的使用、一个月工资的开销,大到一笔投资的花费、一年财政收入的分配、一次战役的兵力部署,说到底都是安排问题。高手不仅是拥有资源的人,而且一定是善于安排使用资源的人。

曹操在官渡之战中以弱胜强打败了袁绍,不过袁绍并没有被完全消灭,而且实力依然很强大,同时南方刘表吞并长沙带甲十万,孙策横扫江东称霸一方,二人都有伺机偷袭许昌的企图,加上反曹势力此起彼伏连绵不绝,曹操面临的局面那真是:乱中有险,险中有乱;这边飞刀,那边冷箭。那么曹操是如何进行战略安排,最终平定北方的呢?

细节故事

血战仓亭

公元201年,建安六年四月,曹操引兵与袁绍再战于仓亭。仓亭战役是官渡大战之后的又一次重要战役,通过这次战役,曹操才真正确立了对袁绍的军事优势。不过史书上对仓亭战役的描述十分简略。《三国志·武帝纪》对此战役的记载只有十六个字:六年夏四月,扬兵河上,击绍仓亭军,破之。

《资治通鉴》对此战役的记载只有二十二个字:夏四月,操扬兵河上，击袁绍仓亭军，破之。秋九月，操还许。

还是《三国演义》对于仓亭之战有一个比较详细的介绍，尽管是小说，但是其中还是保存了一些基本的历史风貌，特别是对于双方的力量对比，有一个很到位的描写。

袁绍在官渡之战以后，重整旗鼓，由袁熙引兵六万，自幽州来；袁谭引兵五万，自青州来；外甥高干亦引兵五万，自并州来；各至冀州助战，合并二十余万，军威复振，袁绍大喜，再次整顿人马来战曹操。

前至仓亭下寨。操提兵前进，下寨已定。次日，两军相对，各布成阵势。操引诸将出阵，绍亦引三子一甥及文官武将出到阵前。操曰："本初计穷力尽，何尚不思投降？直待刀临项上，悔无及矣！"绍大怒，回顾众将曰："谁敢出马？"袁尚欲于父前逞能，便舞双刀，飞马出阵，来往奔驰。操指问众将曰："此何人？"有识者答曰："此袁绍三子袁尚也。"言未毕，一将挺枪早出。操视之，乃徐晃部将史涣也。两骑相交，不三合，尚拨马刺斜而走。史涣赶来，袁尚拈弓搭箭，翻身背射，正中史涣左目，坠马而死。袁绍见子得胜，挥鞭一指，大队人马拥将过来，混战大杀一场，各鸣金收军还寨。

操与诸将商议破绍之策。程昱献十面埋伏之计，劝操退军于河上，伏兵十队，诱绍追至河上，"我军无退路，必将死战，可胜绍矣。"操然其计。左右各分五队。左：一队夏侯惇，二队张辽，三队李典，四队乐进，五队夏侯渊；右：一队曹洪，二队张郃，三队徐晃，四队于禁，五队高览。中军许褚为先锋。次日，十队先进，埋伏左右已定。至半夜，操令许褚引兵前进，伪作劫寨之势。袁绍五寨人马，一齐俱起。许褚回军便走。袁绍引军赶来，喊声不绝；比及天明，赶至河上。曹军无去路，操大呼曰："前无去路，诸军何不死战？"众军回身奋力向前。许褚飞马当先，力斩十数将。袁军大乱。袁绍退军急回，背后曹军赶来。正行间：一声鼓响，左边夏侯渊，右边高览，两军冲出。袁绍聚三子一甥，死冲血路奔走。又行不到十里，左边乐进，右边于禁杀出，杀得袁军尸横遍野，血流成渠。又行数里，左边李典，右边徐晃，两军截杀一阵。袁绍父子胆丧心惊，奔入旧寨。令三军造饭方欲待食，左边张辽[1]，右边张郃[2]，径来冲寨。绍慌上马，前奔仓亭。人马困乏，欲待歇息，后面曹操大军赶来，袁绍舍命而走。正行之间，右边曹洪，左边夏侯惇，挡住去路。绍大呼曰："若不决死战，必为所擒矣！"奋力冲突，得脱重围。袁熙、高干皆被箭伤。军马死亡殆尽。

在仓亭战役中，我们看到曹军一方文有奇谋、武有绝技，人才济济、士气高涨；袁绍一方则要文没文，要武没武，被打得落花流水、溃不成军。此战之后，袁绍就一病不起。仓亭战役，是曹操武将集体大亮相的一次。此战之后不久，建安七年（公元202年）正月，曹操就回兵于谯，一边修整部队一边疏通开封往北方的运河河道。《资治通鉴》中有：遂至浚仪，治睢阳渠。

在老家休整期间，曹操发布了一道《军谯令》：吾起义兵，为天下除暴乱。旧土人民，死丧略尽，国中终日行，不见所识，使吾凄怆伤怀。其举义兵已来，将士绝无后者，求其亲戚以后之。授土田，官给耕牛。置学师以教之。为存者立庙，使祀其先人。魂而有灵，吾百年之后何恨哉！（《三国志·武帝纪》）

---

1 张辽（公元169—222年），字文远，雁门马邑（今山西朔州）人。三国时期曹魏名将，五子良将之一。公元215年，与李典、乐进以少量兵马驻守合肥城，面对东吴孙权的亲征大军，以寡胜众，令孙权无功而返，甚至几乎擒住孙权。中国著名章回小说《三国演义》中的"威震逍遥津"，便是以此事为蓝本。
2 张郃（？—公元231年），字俊义，河间鄚县（今河北任丘北）人。三国时期魏国名将。官渡之战时，本为袁绍部将的张郃投降了曹操，并在曹操帐下多立功勋，在曹魏政权建立后加封为征西车骑将军。张郃多次抵御蜀汉诸葛亮的进攻，于公元231年在木门道被诸葛亮设伏射死。谥曰壮侯。

规律分析

尺蠖的规律

管理箴言

干工作就像弹钢琴，有轻有重，有起有落，有休止不弹，这才能构成优美的曲调。

曹操的休整一直持续到这年的夏末秋初才结束。这次休整为之后平定北方做好了充分的准备。大战之后，进行必要的休整，这表现出了曹操深谙管理之道。

有一个"龙虎斗"的故事：龙虎寺要画一幅龙争虎斗图，请来一位画师，笔走龙蛇间，很快就画好了——龙游云端，盘旋将下；虎踞峰顶，作势欲扑。应该说画得很好，活灵活现，龙似生龙犹喷雾，虎如活虎腋生风……然而，整幅画面组合起来，却显得生气不足，感觉没有画出龙虎大战的气势来。多次修改不见成效，画师只好向无德禅师请教。无德禅师看过之后说道："你在这里画龙画虎，对龙与虎的习性知道多少呢？龙曲得越弯，向前腾得越快；虎伏得越低，往上跳得越高。这就是龙争虎斗的特性。你得表现出龙弯曲虎蹲踞的样子。"画师恍然大悟："哦，原来如此，自己画的龙和虎都应该往后缩回来一点才是。"

"对呀，"无德禅师说，"为人处事，参禅悟道，也是一样。经过后退几步的准备，才能跳得更远；历经谦卑的反省，才能弹射得更高。所以，要切记，向下是升高，退步是向前。"

《易经·系辞》有云：尺蠖之屈，以求信也。尺蠖爬行的时候，先把腰弓起来，以获得前进的力量。我们生活中也有这样的经验，一个拳头，收回来再打出去，力量会更大。

做事情就是要有收有放，打得出去，也收得回来。掌握节奏是非常重要的。曹操大战之后休兵整训，其实就是一个很好的收拳动作，为的是下次更用力地出拳。

曹操的启示

> **联系实际**

能放能收

在实际生活和工作中，有很多只知道竭力出拳，却没有注意收拳积蓄力量的例子。收放自如，磨刀不误砍柴工。有忘我工作、废寝忘食的时候，也要有娱乐放松、身心休养的时候，这才是长久之计、常胜之道。没有快慢的节奏感，一味打疲劳战、拼消耗，都属于杀鸡取卵的做法。

曹操把握工作节奏，大战之后驻军休整的做法，说明他确实是一个管理高手，善于合理安排、全盘考虑。曹操除了注意工作节奏之外，在随后平定北方的战斗中，还有几个很有效的安排工作的技巧，也是值得我们来分析解读的。

> **策略一**

放缓步调，待敌自乱再出手

《资治通鉴》记载：（公元203年）建安八年春二月，曹操进攻黎阳，与袁谭、袁尚战于城下，谭、尚败走，退保邺城。夏四月，操追至邺，收其麦。诸将欲乘胜遂攻之，郭嘉曰："袁绍爱此二子，莫适立也。今权力相侔，各有党与，急之则相保，缓之则争心生。不如南向荆州以待其变；变成而后击之，可一举定也。"操曰："善！"五月，操还许，留其将贾信屯黎阳。

曹操本来在对袁谭和袁尚的战斗中，获得了绝对优势，但是忽然停手不打了，是不是他动了恻隐之心，或者说曹操厌倦战斗了呢？不是，这其实是曹操破敌的一个高招。

有一个"筷子原理"：首领有三个儿子，都十分勇敢彪悍，彼此之间谁也不服谁。首领老了，担心自己死后三个儿子争位而导致部落分裂。有一天，首领把三个儿子叫来，表示准备传位给他们三个中力气最大的一个，测试的方法是折筷子。

折一根时，三个儿子都能很轻易地做到。折断五根时，三个儿子用用力也都能做到。折十根时，三个儿子费了九牛二虎之力才能办到。等到折二十根时，没有哪个儿子能办到。

首领对三个儿子说："你们看，如果把这二十根一根一根折断，是不是很容易？但是要一下子折断二十根，就很难办到。所谓兄弟同心，其利断金。希望你们把团结放在第一位，无论是谁当了首领，其他兄弟都应当服从他而不是拆他的台。"三兄弟听了很感动，发誓在父亲百年之后，一定不为了首领之位而自相残杀。

在这个故事里，我们看到，兄弟们如同筷子，合在一起坚不可摧，一旦分裂，轻易可折。团结是生存和发展的关键。可惜的是，袁绍的三个儿子，恰恰缺少这种关键的团结。

《三国志·袁绍传》记载，袁绍有三个儿子：袁谭、袁熙、袁尚。谭长而惠，尚少而美。绍妻刘氏爱尚，数称其才，绍亦奇其貌，欲以为后，未显而绍死。刘氏性酷妒，绍死，僵尸未殡，宠妾五人，刘尽杀之。以为死者有知，当复见绍于地下，乃髡头墨面以毁其形。尚又为尽杀死者之家。袁绍手下有四大谋士，审配、逢纪、辛评与郭图，审配和逢纪支持袁尚，辛评和郭图支持袁谭。袁绍去世的时候，大家都认为袁谭是长兄，应该让他来接班，但是审配等人担心一旦立了袁谭，辛评、郭图就会谋害自己，于是"矫绍遗命"，也就是伪造袁绍遗嘱，立袁尚为接班人。袁谭为青州刺史，等他到了邺城的时候，袁尚已经掌握了权力，无奈之下袁谭只好自称车骑将军，屯黎阳。为了防备袁谭，袁尚给他的部队非常少，而且还派遣心腹逢纪随行进行监督，袁谭请求再多派一些兵，遭到拒绝，一怒之下袁谭就杀了逢纪。

这种内部斗争造成的矛盾在曹操大兵压境的时候，得到了暂时的缓解，袁尚和袁谭又临时联合起来对抗曹操了。

曹操敏锐地发现了这种情况，听从了身边大谋士郭嘉的建议，这个计策就叫作缓兵待敌自乱。曹操和郭嘉想到一块儿了，于是，在取得优势的时候，曹操却停止了进攻。

这一招果然奏效，不久袁谭和袁尚就反目了。

谭谓尚曰："我铠甲不精，故前为曹操所败。今操军退，人怀归志，及其未济，出兵掩之，可令大溃，此策不可失也。"尚疑之，既不益兵，又不易甲。谭大怒，郭图、辛评因谓谭曰："使先公出将军为兄后者，皆审配之谋也。"谭遂引兵攻尚，战于门外。谭败，引兵还南皮。别驾北海王修率吏民自青州往救谭。谭欲更还攻尚，修曰："兄弟者，左右手也。譬人将斗而断其右手，曰'我必胜'，其可乎？夫弃兄弟而不亲，天下其谁亲之！彼谗人离间骨肉以求一朝之利，愿塞耳勿听也。若斩佞臣数人，复相亲睦，以御四方，可横行于天下。"谭不从。（《资治通鉴·汉纪》）

袁谭在连续被袁尚打败之后，派遣使者向曹操求和，请求曹操帮助自己攻打袁尚。大家看看，他有多么糊涂，勾结外人打自己兄弟！为了名利，兄弟反目成仇，所谓利令智昏，说的就是袁谭这种行为。

曹操一见目的达到，当然大喜过望，一方面安抚袁谭，一方面组织精锐部队猛攻袁尚。公元204年，建安九年七月，曹操击溃袁尚，斩杀审配，一举占领袁氏的老巢邺城。

策略二
收拢民心，稳住后方图进取

占领邺城之后，曹操对袁氏采取了安抚的态度。《三国志·武帝纪》记载：公临祀绍墓，哭之流涕；慰劳绍妻，还其家人宝物，赐杂缯絮，廪食之。

有人说，曹操哭袁绍是猫哭耗子假慈悲。其实，曹操哭袁绍有以下三层原因。

一、袁绍是曹操少年时期的小伙伴，当年两个人关系亲密，经常一起搞恶作剧取乐，后来在曹操的成长过程中，袁绍也曾给过曹操很大的帮助。曹操哭袁绍确实是有感情成分的。

二、曹操哭袁绍是为了安抚人心。袁绍一向对手下人广施恩惠，在邺城乃至冀州，袁绍是有一大批支持者的，曹操哭袁绍就是要给这些人看，用感情手段感召他们。另外，曹操还任用了很多袁绍的旧臣。谋士郭嘉说操多辟青、冀、幽、并名士以为掾属，使人心归附，操从之。其中最典型的是陈琳。官渡之战，袁绍使陈琳为檄书，数操罪恶，连及家世，极其丑诋。及袁氏败，琳归操，操曰："卿昔为本初移书，但可罪状孤身，何乃上及父祖邪！"琳谢罪，操释之，使与陈留阮瑀俱管记室。其他被曹操任命的还有李孚、王修、崔琰[1]、牵招等人，曹操此举对稳定冀州形势起到了很大的作用。

这里有一个镜子原理：心理学家霍曼斯发现并指出，人与人之间的交往本质上是一个社会交换过程。人际交往中的喜欢与厌恶，接近与疏远都是相互的，在一般情况下，喜欢我们的人，我们才会喜欢他们；愿意接近我们的人，我们才愿意去接近。而对于疏远我们、厌恶我们的人，我们的反应也是相应的，我们对他们也会疏远和厌恶。

学生和老师之间的人际关系非常典型。我们会发现，老师喜欢的孩子往往是好学生，而且这些学生也喜欢老师，成绩和表现也越来越好。相反，老师不喜欢的学生，肯定也不会喜欢老师；不喜欢老师的学生，一定不会得到老师的喜欢。这个时候，我们每个人都应该想一想，我们是否得到了别人的喜欢？如果没有，他们为什么不喜欢我？生

---

[1] 崔琰（？—公元216年），字季珪，清河东武城（今山东武城东北）人。东汉末年曹操部下。崔琰很有威望，曹操对他也很敬畏。建安二十一年（公元216年），崔琰在给杨训的书信中写道"时乎时乎，会当有变时"，曹操认为此句有不逊之意，因而将崔琰下狱，不久崔琰即被曹操赐死。

活就像一面镜子，如果你想得到一个微笑，你就要先给别人一个微笑。

作为老师，要想让学生喜欢你、认真听讲，不妨先给学生一个微笑；作为家长，要想让孩子尊敬你、乖巧懂事，不妨先让自己通情达理；作为领导，要想让下属爱戴你，首先要努力去关心和理解下属。"以责人之心责己，以恕己之心恕人。"

镜子原理是人际交往的黄金法则，其核心就是一句话：像你希望别人如何对待你那样去对待别人！曹操正是运用这个原则获得支持、稳定人心的。

三、曹操哭袁绍还有第三个原因：打败强大的对手袁绍，令曹操感慨万千。

有一个叫故事叫"庄子哭惠子"，出自《庄子·徐无鬼》：庄子经过惠子的坟墓，忍不住掉眼泪，有人说你们不是死对头吗，为什么要这么伤心呢？庄子说："楚国有个石匠十分善于用斧子，技艺达到出神入化的境界，一个人鼻尖上溅到一滴薄如蝉翼的污泥，石匠挥动斧头，呼呼作响，随手劈下去，就把那一小滴泥点完全消除，而鼻子没有受到丝毫损伤。众人大呼神技，争相一睹为快，并且愿意出大价钱。但是后来这个石匠却贫困潦倒了。宋元君听说了这件事，就把石匠找来说：'你给我表演一下吧，我有重赏！'石匠说：'我的神技还在，但是我的搭档去世了，再也找不到人愿意在鼻子尖上抹白灰给我砍了！'我就像那个会抡斧子的石匠，惠子就像那个在鼻子尖上抹白灰敢让我砍的人。自从他去世，我再也遇不到能让我展示自己才华的对手了。"

第一名都是第二名造就的。没有第二名的步步紧逼，不会有第一名的打破纪录。有竞争才有进步，压力有多大动力就有多大。千里马

> **管理箴言**
>
> 镜子原理是人际交往的黄金法则，其核心就是一句话：像你希望别人如何对待你那样去对待别人！

都是鞭策出来的，我们的对手就是那根鞭子。一个人的成功离不开对手的造就。

策略三
锁定焦点，集中力量抓关键

建安九年（公元204年）七月败袁尚于邺城；建安十年（公元205年）正月败袁谭于南皮，斩杀袁谭；建安十一年（公元206年）春三月败高干于壶关，斩杀高干，在三年的时间当中，曹操自东向西横扫冀、青、幽并四州。

袁尚和袁熙向北带领残部进入乌桓境内。在是否要征讨乌桓问题上，曹军内部又产生了争论。大家看到，一个组织内部每当有重要决策的时候，都能听到各方面的声音，这其实是一件特别好的事情，说明该组织健康、成员负责，能全方位看待问题。反而是那种每次有重大决策，都只有一种声音，人人举手，没人敢提不同意见，在这种情况下往往会出现决策失误的重大问题。

曹操的队伍就很健康，做重大决策时有不同声音，有观点的交锋和争论。

在征乌桓问题上，多数人认为一旦北征乌桓，刘表偷袭许昌怎么办，首尾不能相顾就会出大问题。但是军师郭嘉敏锐地指出：第一，刘表是一个座谈客，坐在椅子上说说可以，他不会真的行动，北征乌桓刘表必不敢来偷袭，而且他正担心自己能不能领导刘备呢，他们之间的矛盾尚待解决，肯定顾不上偷袭我们；第二，乌桓认为道远路险，我们一定不会出兵，所以他们必定没有准备。出其不意攻其不备，可以一战成功打败敌人，这是好机会。如果放纵袁尚、袁熙和乌桓联合，袁氏的势力一定会死灰复燃，那个时候我们就前功尽弃了。

郭嘉的观点谈到了战略安排的两个关键要点：一是方向问题，二是主动权问题，讲得非常透彻。古往今来，所有的重大战略决策和战略安排，其核心就是这两个问题。

曹操听取了郭嘉的建议，引兵出塞，北征乌桓。

在北征过程中，有两个人起了关键作用。一个是田畴。田畴也是先在袁绍手下干了一段时间后发现没有前途，就辞职回家。袁绍真的是有才不能用的典型。曹操把田畴请出来给自己做向导，田畴亲自引军五百在前边开道。当时道路十分艰险难行，"时方夏水雨，而滨海洿下，泞滞不通，虏亦遮守蹊要，军不得进"。关键时刻，田畴提出了一个新的路线，沿着平冈旧道，出喜峰口，过承德，直达朝阳。

曹操一边重新调整方向，一边在路边写木牌麻痹敌人，木牌上写的是"方今夏暑，道路不通，且俟秋冬，乃复进军"。这种伪装撤退的计策真的麻痹了对手，曹操引大军神不知鬼不觉地秘密开进。（曹操）令畴将其众为乡导，上徐无山，堑山堙谷，五百余里，经白檀，历平冈，步鲜卑庭，东指柳城。未至二百里，虏乃知之。

在距离柳城二百里的时候，袁尚、袁熙和乌桓首领才发现曹操大军到了，于是连忙组织数万骑兵前来迎击。此时，曹操的部队千里奔袭，人困马乏，辎重都在后方，前方的部队披铠甲的都很少，面对敌人几万骑兵的阵势，有的人忍不住惊慌失措了。关键时刻，曹操启用了另一个关键人物——大将张辽张文远。

张辽提刀上马，奋勇向前，真是所向披靡，如入无人之境，一举击溃了乌桓和袁氏的联军，一战成功。可以说，张辽在曹操扫平北方的最后时刻扮演了关键先生的角色，投中了压哨三分，一举确立胜局。此役，胡汉降者二十余万口。乌桓首领和袁尚、袁熙带领残部投奔了辽东太守公孙康。

就在大家准备一鼓作气追穷寇的时候，曹操却安排大军整顿人马，向南撤兵了。大家都不明白为什么不追了，曹操微微一笑告诉大家："彼素畏尚、熙，吾急之则并力，缓之则自相图，其势然也。"这又是一次巧妙的缓兵待敌自乱的策略。情况果如曹操所料，公孙康很快就斩杀了袁尚和袁熙。至此，北方彻底平定了。

在这里，我们看到，曹操每次到关键时刻，总能正确选择和使用关键人士完成任务。这种用人能力让人十分佩服。

《资治通鉴》记载了当年袁绍和曹操的一段对话，这段对话可以作为袁曹争天下的最好注解：

袁绍与操共起兵，绍问操曰："若事不辑，则方面何所可据？"操曰："足下意以为何如？"绍曰："吾南据河，北阻燕、代，兼戎狄之众，南向以争天下，庶可以济乎！"操曰："吾任天下之智力，以道御之，无所不可。"

大家看到，袁绍想到的是占据先要位置，拥有地理优势；而曹操说的是任用贤才，以道御之，无所不可。这就是曹操比袁绍真正高明的地方，袁绍首先想到的是物质条件，曹操首先想到的是任用人才。

战略安排最关键的一点就是关键岗位的人员配置，正所谓"得一人安天下，失一人乱天下"。兴衰成败全在用人，这样的历史经验，值得我们每个人在做事情的时候深思。

公元207年，曹操引凯旋大军一路向南，来到了渤海岸边河北昌黎附近的碣石山，在这里，曹操写了著名的组诗《步出夏门行》。

其中最著名的是第一首《观沧海》：

东临碣石，以观沧海，水何澹澹，山岛竦峙；

树木丛生，百草丰茂，秋风萧瑟，洪波涌起；

日月之行，若出其中，星汉灿烂，若出其里。

幸甚至哉，歌以咏志。

这首诗写得苍凉沉郁、大气磅礴，从字里行间能感觉到曹操包藏宇宙、吞吐日月的胸襟和眼界。曹操特别喜欢这个组诗的第四首《龟虽寿》，其中有四句：神龟虽寿，犹有竟时，腾蛇乘雾，终为土灰；老骥伏枥，志在千里，烈士暮年，壮心不已。在这首诗里，曹操表达了

人生短暂，应该奋发努力成就大业的豪情。

那么，纵观整个扫北之战，曹操巧妙安排周密部署，关键时刻任用贤才，并且充分利用了敌人的内部矛盾，最终彻底地消灭了袁绍势力，基本统一了北方。就像他自己诗歌里写的那样，"烈士暮年，壮心不已"，此时曹操已经有了一统华夏的雄心壮志。不过，阴阳盈虚，此消彼长，节节胜利让曹操有点飘飘然了，就在他痛饮胜利美酒的时候，一场巨大的危机正不知不觉朝他袭来。那么，这个危机是什么？曹操和他的团队能不能经得住新的考验呢？请看下一讲。

第十二讲

风险失控败赤壁

人生是一段充满风险的旅程，我们做任何事情，都会有风险，正所谓"天有不测风云，人有旦夕祸福"。智谋过人的曹操虽谨慎多虑，却在赤壁之战中因为没有做好风险防范而惨遭失败，错过了在他有生之年统一天下的大好时机。曹操究竟棋错哪招？我们又能从中得到怎样的启示？对于那些无法预见的风险，究竟该如何做好防范呢？

第十二讲 风险失控败赤壁

"猪怕壮，羊怕狼，小孩就怕没有娘；画怕烧，锅怕敲，耗子就怕遇到猫。"之所以会怕，是因为会有危险，回避风险是人的本能。但是有成就有败，有好必有坏，设计一种成功模式的同时，也就设计了一种失败模式，风险就像影子一样伴随着我们。天有不测风云，人有旦夕祸福，做任何事情都存在风险，从小到大，我们就一直接受着各种类型的警告，比如"吃饭防噎，走路防跌""男怕入错行，女怕嫁错郎""股市有风险，入市须谨慎""关好窗，关好门，谨慎防备陌生人"……所有的忠告都在提醒我们一件事情，那就是在人生道路上必须要认认真真做好风险管理。

我们身边有很多人就是因为风险管理不到位，在形势一片大好的情况下，疏忽大意，最终导致"一招不慎，满盘皆输"。关于这一点，有一句话和大家分享——最大的成功是差一点失败；最大的失败是差一点成功。只差一点点就成功了，却在最后时刻溃败，那份痛真的是刻骨铭心。

赤壁大战中的曹操就是这样。公元208年，是曹操离自己"平天下"的梦想最近的一年。这一年曹操横扫北方，进兵荆襄九郡，刘琮不战而降，曹操以五千骑兵在当阳长坂坡一举击溃刘备，一切都进展得特别顺利。曹操认为平袁绍的战役也会重演，就在他踌躇满志、陶醉于眼前的胜利时，巨大的灾难一步一步向他和他的水陆大军逼近了。

细节故事

火烧战船

建安十三年（公元208年）冬十月的一个夜晚，赤壁附近明月高挂，水光接天，浩浩荡荡泛着银光的江面上飞快地驶来了一支船队。指挥船高挑大旗，上书斗大一个"黄"字，旗脚下站着一位老将军，六十岁左右的年纪，身穿软甲，手提钢刀，须发已经白了，但是筋骨强壮、精气神十足，这位老将军就是东吴大将黄盖[1]。

黄盖这次出现在赤壁江面上，是为了完成一项可以载入史册的任务，就是火烧曹操的战船。他早和东吴大都督周瑜商量好了，准备使用诈降的计策，接近曹操水军大营，抵近之后趁敌不备放起大火。为了这把火，黄盖可是下了不少功夫，他专门准备了十艘轻利之舰，满载薪草膏油，外用赤幔覆盖，上插旌旗，伪装得很好。当时东南风急，十艘船在江中顺风而前，黄盖手举火把，带领手下的士兵齐声大叫："降焉！"曹军官兵毫无戒备，"皆延颈观望，指言盖降"。离曹军二里许，黄盖遂令点燃柴草，同时发火，"火烈风猛，船往如箭"。很快，曹操的水军大营就陷入了一片火海之中，接着又蔓延到岸上的陆军各营，风借火势，火助风威，顷刻之间，烟炎张天，曹军人马烧死、溺死者无数。东吴的部队乘着火势，喊杀连天，从江面上席卷而来，前边是四员猛将蒋钦、周泰、陈武和韩当，后边是周瑜、程普、丁奉和徐盛，岸上还有甘宁、凌统、潘璋、董袭，配合刘备的部队一同杀来，曹军很快就陷入了全线崩溃。

江面上的战斗进行得十分惨烈，黄盖差一点儿牺牲。《三国志·吴

---

[1] 黄盖（？—约公元215年），字公覆，荆州零陵泉陵（今湖南永州市零陵区）人。东汉末年孙权麾下将军，是孙家三代元勋。公元208年赤壁之战时，黄盖前往曹营诈降，并趁机以火攻大破曹操的军队，是此役的主要功臣之一；他的名字也因此而闻名后世。小说《三国演义》在刻画黄盖这一人物时描写了"苦肉计"的故事。

书》记载：赤壁之役，盖为流矢所中，时寒堕水，为吴军人所得，不知其盖也，置厕床中。盖自强以一声呼韩当，当闻之，曰："此公覆声也。"向之垂涕，解易其衣，遂以得生。

规律分析

贪心才上当

黄盖和周瑜定的这个诈降计策十分成功。曹操完全上当了，其实大家知道曹操被称为奸雄，以心计过人而著称，那么曹操为什么会上当？聪明人怎么会这么容易被骗呢？这一点值得我们分析。

一般人是没经验才会上当。比如接到电话说你法院有传票，让你给哪里哪里回电话，把账户存款转移到指定账户上去；再比如接到电话说邮局有你一个包裹，要你回电话确认，等你确认的时候，有关部门说这个包裹里有毒品，你被卷入了一个毒品走私大案，需要冻结你的个人账户，请你把存款转移到专门的账户里；再比如，冒充朋友给家里打电话，说你们家人在外地突发急病住院了，需要交押金做手术，请速打款……万变不离其宗，最后都是要您银行打款。只要你咬住一条——绝不给陌生账户打款，骗子的诡计就无法得逞。这些我们都已经知道了，就不会上当了。

不过，有了经验依旧会上当。大家看看曹操，狡诈多谋，号称奸雄，心机和经验多极了，平时都是他骗别人，没有别人敢骗他的，曹操怎么这么轻易就上当了呢？其实，曹操想到了黄盖诈降的可能性，《三国志·周瑜传》有记载：

黄盖先书报曹公，欺以欲降。

《江表传》载盖书曰：盖受孙氏厚恩，常为将帅，见遇不薄。然顾天下事有大势，用江东六郡山越之人，以当中国百万之众，众寡不敌，海内所共见也。东方将吏，无有愚智，皆知其不可，惟周瑜、鲁肃偏怀浅戆，意未解耳。今日归命，是其实计。瑜所督领，自易摧破。交锋之日，盖为前部，当因事变化，效命在近。曹公特见行人，密问之，口敕曰："但恐汝诈耳。盖若信实，当授爵赏，超于前后也。"

那么曹操既然都想到了，为什么还会瞪眼睛上当呢？我们来举个小例子加以说明——

有甲、乙、丙三个一样的盒子，甲里面装了500元，乙和丙里面一个装了1000元，一个是空的。

有两个选择：一是直接拿走甲，得到500元，二是闭着眼睛摸，从乙和丙中摸一个，有可能是1000元也有可能是一无所获。要是你来选择的话，你愿意直接拿走甲还是闭着眼睛摸？很多人都愿意直接拿500块。因为摸乙和丙有风险，可能一无所得。

现在我改一下钱数：甲盒子里还是500元，乙和丙当中一个还是空的，但是另一个装了10000元。大家想想，这时候你愿意直接拿500元，还是闭着眼睛去摸这10000元？

有人还是愿意拿500元？那我再改一下：乙和丙两个盒子里，一个还是空的，但是另一个装了200万元。你愿不愿意不要500元，闭上眼睛去摸一下？肯定愿意。虽然冒着一无所得的风险，但是有一半的机会得到200万元，这个诱惑太大了，值得冒险。但是，你想没想过，我设计这个盒子，我自己有200万吗？我是否有能力兑现这个承诺？

所以，我们的结论很简单：在巨大的利益诱惑下，人往往想都不会多想就选择冒险。曹操就是这样，诱惑太大了，贪心使他忽略了风险，甚至即使想到黄盖可能诈降，也还是愿意冒险赌一把。

联系实际

自大的恶果

除了诱惑太大的外在因素，还有一个内在因素导致了曹操的失

败，这个因素就是太过自信，自信得有点自大乃至狂妄。那几年曹操太顺利了，几乎是每战必克，从来没遇到过对手。

敌方大将临阵来投奔的事情屡见不鲜，都是司空见惯的事情了。远的不说，荆州大将文聘归顺的例子就是一个典型。《三国志·文聘传》记载：

文聘字仲业，南阳宛人也，为刘表大将，使御北方。表死，其子琮立。太祖征荆州，琮举州降，呼聘欲与俱，聘曰："聘不能全州，当待罪而已。"太祖济汉，聘乃诣太祖，太祖问曰："来何迟邪？"聘曰："先日不能辅弼刘荆州以奉国家，荆州虽没，常原据守汉川，保全土境，生不负于孤弱，死无愧于地下，而计不得已，以至于此。实怀悲惭，无颜早见耳。"遂歔欷流涕。太祖为之怆然曰："仲业，卿真忠臣也。"厚礼待之。授聘兵，使与曹纯追讨刘备于长阪……聘在江夏数十年，有威恩，名震敌国，贼不敢侵。

文聘原本是刘表大将，归顺曹操之后，就建功立业，在当阳长坂坡追击刘备的战斗中表现突出。曹操认为，既然刘表手下的文聘都能投降，那孙权[1]手下的黄盖投降也在情理之中。除了文聘归顺，远的有战吕布的张辽归顺，战袁绍的张郃归顺的例子，复制张辽、张郃和文聘等人的归顺模式，通过临阵倒戈削弱敌人的力量和信心，这是曹操的如意算盘。

做美梦、打如意算盘是可以的，但是对于黄盖诈降的风险，必须要采取措施来防备和应对才行，比如说，受降最要紧的是行动的主动权要掌握在己方手中，时间、地点、流程由我方选定，人和武器分离，远离核心阵地和关键部门，先受降主帅，再收编部队等办法。曹

---

[1] 孙权（公元182—252年），字仲谋，吴郡富春县（今浙江富阳）人。三国时期吴国的开国皇帝，公元229—252年在位。公元208年，孙权与刘备联盟，并于赤壁击败曹操，天下三分局面初步形成。公元219年，孙权自刘备手中夺得荆州，使吴国的领土面积大大增加。公元222年，孙权称吴王。公元229年称帝，正式建立吴国。

操都没有采纳，而是任由黄盖选定时间地点，带着武器，沿江面直奔大营而来。

曹操犯的这个错误是致命的啊！拒绝的时候要有余地，接受的时候要有风险防范，这才是一个统帅应该做的。我们来分析分析黄盖投降这件事。曹操认为，之前战袁绍、战吕布，都有大将临阵归顺，比如张辽、张郃，所以黄盖也和他们一样是真心的，不会有什么问题。黄盖诈降的可能性很小。我们姑且认为曹操这么想是对的，就算黄盖诈降可能性不大，但是一旦他真的诈降，危害大不大呢？很大！大到天上去了。

> **管理箴言**
> 拒绝的时候要有余地，接受的时候要有风险防范。

所以，曹操可以选择接受黄盖，但是一定要采取防范措施。比如，安排黄盖到另外的地点受降而不是直接来大营；比如派遣一支精锐部队半路迎接黄盖，顺便进行检查和控制；比如让黄盖部队半路登岸，人和船分离，再进行受降。这些都是可以的。

曹操的思维太简单了，要么不接受，百分之百地拒绝；要么接受，百分之百地信任，没有任何防备手段。

曹操的自大心理和侥幸心理直接导致他忽略了重大的风险，进行了错误的形势判断和错误的决策。可以说，赤壁之战的失败，根本上讲是由统帅的自大轻敌、风险管理不到位造成的。对于曹操的风险管理工作我们可以从事前、事中和事后三个方面来进行分析。

分析一

缺乏风险准备，事前轻敌没有研究对手

战前，曹操给孙权写了一封信，这是一封展现曹操态度的书信。

《三国志》注引《江表传》载曹公与权书曰：近者奉辞伐罪，旄麾南指，刘琮束手。今治水军八十万众，方与将军会猎于吴。权得书以示群臣，莫不相震失色。首先必须承认，此战书极具震撼力，寥寥数言，轻描淡写的几句话便可使观者惊恐失色，曹操一副君临天下的气势，霸气尽显，完全没有把二十多岁的孙权放在眼里。我们看看这时的曹操有哪两个方面的考虑。

一、曹操有后顾之忧。他的注意力完全在内部。马腾和孔融二人是曹操的心病所在。

首先是控制马腾。《资治通鉴》记载：初，前将军马腾与镇西将军韩遂结为异姓兄弟，后以部曲相侵，更为仇敌。朝廷使司隶校尉钟繇、凉州刺史韦端和解之，征腾入屯槐里。曹操将征荆州，使张既说腾，令释部曲还朝，腾许之。已而更犹豫，既恐其为变，乃移诸县促储偫，二千石郊迎，腾不得已，发东。操表腾为卫尉，以其子超为偏将军，统其众，悉徙其家属诣邺。

其次是杀孔融。壬子，太中大夫孔融弃市。融恃其才望，数戏侮曹操，发辞偏宕，多致乖忤。操以融名重天下，外相容忍而内甚嫌之。融又上书言："宜准古王畿之制，千里寰内不以封建诸侯。"（荀彧也是死在对封侯建国的不同意见上，可见这是曹操的天条，是不允许任何人碰的。）操疑融所论建渐广，益惮之。融与郗虑有隙，虑承操风旨，构成其罪。曹操杀孔融属于清除反对派，此时对于军事上的对手曹操已经不担心了，他更担心来自团队内部政治上的反对派。孔融就是这样的反对派，而且是个有思想有号召力的，曹操对人才的态度基本上就是能用则用，不能用则杀。他有爱才的一面，但是也有心狠手辣的一面。

二、优势挡住了曹操的眼睛，让他在战前有轻敌思想，没有把孙权、刘备、诸葛亮和周瑜放在眼里。尤其是孙权和周瑜在曹操眼里就是两个娃娃而已。

周瑜分析曹操：北土既未平安，加马超、韩遂尚在关西，为操后患。且舍鞍马，仗舟楫，与吴越争衡，本非中国所长。又今盛寒，马无藁草，驱中国士众远涉江湖之间，不习水土，必生疾病。此数四者，用兵之患也，而操皆冒行之。将军禽操，宜在今日。(《三国志》)

孙权的战斗决心：及会罢之夜，瑜请见曰："诸人徒见操书，言水步八十万，而各恐慑，不复料其虚实，便开此议，甚无谓也。今以实校之，彼所将中国人，不过十五六万，且军已久疲，所得表众，亦极七八万耳，尚怀狐疑。夫以疲病之卒，御狐疑之众，众数虽多，甚未足畏。得精兵五万，自足制之，愿将军勿虑。"权抚背曰："公瑾，卿言至此，甚合孤心。子布、文表诸人，各顾妻子，挟持私虑，深失所望，独卿与子敬与孤同耳，此天以卿二人赞孤也。五万兵难卒合，已选三万人，船粮战具俱办，卿与子敬、程公便在前发，孤当续发人众，多载资粮，为卿后援。卿能办之者诚决，邂逅不如意，便还就孤，孤当与孟德决之。"(《三国志》)

规律分析

根据雄狮搏兔心理的规律，清人黄宗羲《〈称心寺志〉序》有：沾沾卷石之菁华，一花之开落，与桑经郦注争长黄池，则是狮象搏兔，皆用全力尔。意思是：对小事情也拿出全部力量认真对付，全力做好，否则容易阴沟里翻船。做事要谨慎，对任何事情都不掉以轻心而投入十分的精力，或者不轻视对手！骄傲自满必导致失败。

"孔子和欹器"的故事讲道：孔子参观周庙，看到欹器。孔子问守庙的人说："这是什么器具呢？"守庙的人回答说："这是宥坐之器。"孔子说："我听说宥坐之器盛满水就会倾覆，空了就斜着，水装到一半时就会垂直，是这样的吗？"守庙人回答说："是这样的。"孔子让子路取水来试，果然水满便倾覆，空了就斜着，装到一半时就垂直而

立。孔子长叹道:"唉,哪有满了而不翻倒的呢?"子路问:"请问持满有方法吗?""持满的方法,抑制然后使之减损。"子路说:"减损有方法吗?"孔子说:"德行宽裕的人,守之以谦恭;土地广大的人,守之以勤俭;禄位尊盛者,守之以卑弱;人众兵强的人,守之以敬畏;聪明睿智的人,守之以愚笨;博闻强记的人,守之以肤浅。这就是抑损的方法啊。"

> **管理箴言**
> 无知就偏执,中和就安稳,自满就倾覆。

"无知就偏执,中和就安稳,自满就倾覆。"这是欹器给每个人行为的提醒。

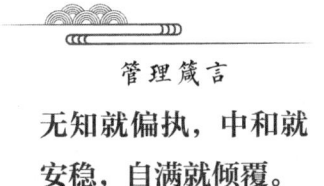

分析二

没有风险对策,事中未采取任何防范措施

领导多谋还要善断,谋考验创新思维,断考验风险管理。《三国演义》庞统[1]巧献连环计:

左右取马与蒋干乘坐,送到西山背后小庵歇息,拨两个军人伏侍。干在庵内,心中忧闷,寝食不安。是夜星露满天,独步出庵后,只听得读书之声。信步寻去,见山岩畔有草屋数椽,内射灯光。干往窥之,只见一人挂剑灯前,诵孙、吴兵书。干思:"此必异人也。"……

统佯醉曰:"敢问军中有良医否?"操问何用。统曰:"水军多疾,须用良医治之。"时操军因不服水土,俱生呕吐之疾,多有死者,操正虑此事;忽闻统言,如何不问?统曰:"丞相教练水军之法甚妙,但可惜不全。"操再三请问。统曰:"某有一策,使大小水军,并无疾病,安稳成功。"操大喜,请问妙策。统曰:"大江之中,潮生潮落,

---

[1] 庞统(公元179—214年),字士元,荆州襄阳(今湖北襄阳)人。东汉末年刘备帐下谋士,官拜军师中郎将。才智与诸葛亮齐名,道号"凤雏"。

风浪不息；北兵不惯乘舟，受此颠播，便生疾病。若以大船小船各皆配搭，或三十为一排，或五十为一排，首尾用铁环连锁，上铺阔板，休言人可渡，马亦可走矣，乘此而行，任他风浪潮水上下，复何惧哉？"曹操下席而谢曰："非先生良谋，安能破东吴耶！"统曰："愚浅之见，丞相自裁之。"操即时传令，唤军中铁匠，连夜打造连环大钉，锁住船只。诸军闻之，俱各喜悦。后人有诗曰："赤壁鏖兵用火攻，运筹决策尽皆同。若非庞统连环计，公瑾安能立大功？"

关于赤壁大战，"东风不是借的，连环计不是献的，周瑜不是气死的，战船确实是烧的，但那是双方一起烧的。"

庞统献计这一段在《三国志》上没有记载，但是《三国志》上说，曹操确实是把战船给连在一起了，给周瑜实施火攻创造了最有利的条件。

那么我们不禁要问，如果没有庞统献计的引导，曹操自己为什么要实施连环？曹操是著名的军事家、战略家，他不知道一旦船和船连在一起，遭受火攻时就会无路可逃吗？其实这一点曹操是想到了的。

《三国志》记载，有人提出了火攻的问题，曹操的回答是现在是冬天，没有东南风，都是西北风，敌人使用火攻是没有具体的实施条件的。顶风放火那不就等于自己烧自己吗？

现在的曹操就是——你跟他说风险，他就跟你说责任；你给他谈火攻，他就跟你谈刮风！

按照《三国演义》的描述，是庞统献连环计和孔明借东风把曹操的八十三万大军送上了不归路。其实，借东风也是小说的描写，《三国志》上并没有写到借东风，而是直接就写了刮东风。

而曹操存有侥幸心理：这个季节一定不会有东南风的！

曹操使用的是北方经验，这个经验在赤壁当地是不是依然有效？这个是很值得怀疑的。心理学上有一个专门的词汇叫作"迁移"，说的是一个人会把自己之前积累的经验直接运用到新的情况当中。曹操在

这里就是把自己的北方经验直接迁移到赤壁大战当中了。但是，他确实没有料到，赤壁这个地方冬天也刮东南风。不考虑条件，没有研究实际情况，就主观地使用了过去的经验，这种思维模式给曹操及其大军带来了灾难。

如果真的要把战船连起来，至少应该研究一下往年的天气，看看往年的冬天是不是刮过东南风，是不是在这个月份刮的。这个信息是很容易搜集到的。

曹操没有做这些工作，他的脑子里有了一个固定的思维模式——冬天不会有东南风，所以我把战船连起来没关系！这正是选择性注意在作怪！忽略对自己不利的信息，只关注对自己有利的信息。

在控制风险的时候，根据概率、危害性等因素，我们可以定义出四种类型的风险事件：炸弹、鞭炮、煤气罐和小行星。

一是炸弹，可能发生，危害很大。对策是坚决避免。比如天天喝牛奶，如果牛奶中有不好的东西，那就不喝了，不能有侥幸心理。

二是鞭炮，经常发生，离我们很近但是危害很小。对此，采取承担的策略，提高自己的承受力，再加一点点燃放安全知识即可。

三是煤气罐，经常使用，近在身边，但是危害不大。对此，可采取转移策略，将其放到一个安全的地方，使用的时候运用专门的知识，请专业人员定期检查，最好再买个保险什么的。

四是小行星，小行星撞地球的可能性小，但是一旦发生，危害很大。对此，一定要采取谨慎防范的策略，要领就是"预防就是一切，必须小题大做。"必须要严加防范，天天抓，月月查，不能存在任何侥幸心理！

很明显，东南风和连环计的风险属于第四种类型——小行星风险，但是曹操却采取了对待鞭炮的策略，忽略危险，坦然承受，没有采取任何重点防范措施，没有任何预防手段。曹操完全错误地评估了风险，使用了承担策略。

更重要的是曹操没有考虑退路的问题。操引军从华容道步走，遇泥泞，道不通，天又大风，悉使羸兵负草填之，骑乃得过。羸兵为人马所蹈藉，陷泥中，死者甚众。刘备、周瑜水陆并进，追操至南郡。时操军兼以饥疫，死者太半。操乃留征南将军曹仁、横野将军徐晃守江陵，折冲将军乐进守襄阳，引军北还。(《资治通鉴》)

分析三
做了风险控制，事后补救比较好

有一个"鹳鸟搬家"的故事：子游做武城县官的时候，城门旁边小土堆上的鹳鸟，忽然把它的巢迁移到墓地的石碑上去了。看守墓园的老汉把这一情况报告给子游，说："鹳鸟是能够预先知道天将下雨的鸟，它突然将巢迁移到高处，说不定武城要遭大水呢！"子游说："对。"并立即让全城的居民都准备好船只以防万一。过了几天，大水果然来了。城门旁边的小土堆被淹没了，大雨仍然下个不停，眼看大水就要淹到墓园的石碑了，鹳鸟的巢摇摇晃晃、岌岌可危，鹳鸟飞来飞去哀鸣着，却不知道该把它的巢再迁移到什么地方去。子游感叹地说："真可怜啊！这些鹳鸟能预知水灾的到来，可惜它考虑得不够长远啊！"

这种情况就是我们常说的有判断没行动，看到了没做到。成功者都是行动者，是看到问题能立刻采取行动的人。我们来看看有哪两种有效措施。

措施一：曹仁守江陵。曹仁进封征南将军，留屯江陵，拒守来攻的吴将周瑜。周瑜带军数万，其前锋数千人已至，曹仁登城远望，募得三百人，便令部曲将牛金迎军挑战。但吴军甚多，牛金众少，于是被围。曹仁与长史陈矫俱在城上，望见牛金等三百人垂危频没，左右之众皆失色惊惧。惟曹仁意气奋怒，呼左右取马来，陈矫等知曹仁欲下城救牛金，于是一起拉着曹仁说："贼众强盛，势不可当。何不放弃这数百众人，而将军却要以身相赴！"曹仁不应，披甲上马，带领其麾下壮士数十骑出城。与敌军距百余步之遥，迫近城沟，陈矫等以为曹仁只是在沟上挡住，为牛金支持作势，谁知曹仁竟渡沟直前，冲入敌围，牛金等乃得解救。但敌围之中有余众尚未尽出，曹仁复又直还突入，将余兵从围中拔出，又杀敌数人，把敌军击退。陈矫等初见曹仁冲出，皆惶惧无措，直到亲见曹仁还城，不得不叹道："将军真是天人！"三军皆服其勇。

曹操帐下有勇有谋的大将，首推三位，曹仁、徐晃和张郃，用曹仁镇守后路，使得荆州战线得以稳固，孙刘联军未能向北扩大战果。

措施二：军谯抚孤幼。《三国志·魏书·武帝纪》记载：十四年春三月，军至谯，作轻舟，治水军。秋七月，自涡入淮，出肥水，军合肥。辛未，令曰："自顷已来，军数征行，或遇疫气，吏士死亡不归，家室怨旷，百姓流离，而仁者岂乐之哉？不得已也。其令死者家无基业不能自存者，县官勿绝廪，长吏存恤抚循，以称吾意。"置扬州郡县长吏，开芍陂屯田。十二月，军还谯。

这段话包含三个信息，一是曹操重建了水军；二是向南进军显示了军威，同时巩固了地方；三是制定了优抚政策善待战死将士的家人。曹操战败之后，还有一个细节为后人关注，就是痛哭郭嘉。

从华容道脱险，回到南郡曹仁所在的安全地带，在曹仁为曹操压惊解闷而设宴时，其他的谋士都在座，曹操忽然仰天大哭起来。谋士们都不知道曹操大哭的原因，于是问曹操，他说："丞相于虎窟中逃难之时，全无惧怯；今到城中，人已得食，马已得料，正须整顿军马复仇，何反痛哭？"操曰："吾哭郭奉孝耳！若奉孝在，决不使吾有此大失也！"（曹操）捶胸大哭曰："哀哉，奉孝！痛哉，奉孝！惜哉！奉孝！"奉孝是郭嘉的字号，在灭袁术、擒吕布、平袁绍、横扫乌桓，一统北方的过程中，郭嘉屡献奇谋妙策，起了重要作用。曹操再哭郭嘉的意思是，郭嘉死后，再没有像郭嘉一样优秀的谋士，这才导致了赤壁之战的惨败。曹操这一哭，让在座的各位谋士都沉默不语、内心惭愧。

公元196年，曹操的谋士戏志才死，求才于荀彧，后者荐郭嘉。曹操召见郭嘉，共论天下大事，大喜道："能帮助我成就大业的人，就是他了！"郭嘉也欣然："这是我真正值得辅佐的人。"遂出仕。

公元197年，曹操讨张绣新败，遭到袁绍写信羞辱。曹操就北方之势问计郭嘉。初来乍到的郭嘉详细、立体地分析了曹操与袁绍的实力对比，提出了著名的"十胜十败"说，劝说曹操征讨吕布。郭嘉的分析流畅缜密、很具有说服力，大大增强了曹操的信心，从而正式将自己送入了曹操军事智囊团的核心。

公元198年，郭嘉担任司空军祭酒。吕布击败刘备和曹操的援军，收纳了泰山贼部若干，势力壮大，虎踞徐州。曹操将战略重点转移到了东线，对吕布展开攻势。吕布在前期遇挫后固守，战役持续了大半年。曹操见士兵疲惫准备放弃，唯郭嘉看出胜机，以项羽为例劝谏曹操，提出"有勇无谋者若气衰力竭，便不久于败亡"的观点，劝曹操急攻。曹操从谏，果然一鼓作气，擒杀吕布。

公元199年，曹操派刘备、朱灵联合袁术。郭嘉看破刘备狼子野心，谏曰："刘备不可谴也！"曹操从言大悔，派人追刘备回来，已经来不及了。后来刘备果然杀车胄叛走，联合东海贼寇，聚数万之众，欲与袁绍联兵。

公元200年，曹操与袁绍对峙官渡，谴将征讨刘备，不克，欲自讨之。诸将都惧怕袁绍偷袭后方，于是劝阻曹操，曹操拿不定主意，问计于郭嘉。郭嘉说："袁绍性格迟缓多疑，就算要偷袭也不会很迅速。但刘备的势力刚刚聚集不久，众心未附。如果实行闪电战，必然得胜。"于是曹操举师东征，大破刘备，获其妻子，擒关羽，进而又击破了和刘备联合的东海贼寇。

江东小霸王孙策刚刚成就江东霸业,其时曹操和袁绍在官渡对峙,遂有谋图中原之心。曹军得知这个消息都很畏惧,只有郭嘉料到:"孙策刚刚吞并江东,所杀的都是深得人心、众养死士的英雄豪杰。而孙策本人又轻率、疏于防备,虽然有百万之众,但还是和孤家寡人一样容易对付。如果有刺客伏杀,只不过能凭借一人之勇罢了。我看他必然死于匹夫之手。"果然,孙策当年便死于许贡家客的刺杀。

公元 203 年,袁绍已死,袁尚、袁谭被逐退到黎阳。诸将想乘胜攻破二袁。郭嘉向曹操道:"谭尚素来互不相服,又有郭图、逢纪这样的谋臣在当中掺和,必然要反目。不如先南征刘表,静待其变,变成而后击之,一举可定也。"曹操十分赞同,于是南征。在军队行至西平的时候,袁氏兄弟果然内讧,袁谭被击败,走保平原。曹操轻而易举地分别击破了袁尚和袁谭。次年,郭嘉被封为洧阳亭侯,时年三十三岁。

公元 205 年,郭嘉建议曹操多多招募、重用青、冀、幽、并四州名士,收拢民心,彻底巩固目前所控制的地域。曹操采纳了他的意见,甚至重用了曾经诋毁过自己的陈琳,果然有千金市骨之效。

公元 207 年,袁尚逃入乌桓。诸将都说:"袁尚已如丧家之犬,关外夷人贪婪不义,是不会支援他们的。如果再远征,刘备必然会挑拨刘表,袭击许都,万一有什么变数怎么办?"郭嘉进言道:"胡人自持偏远,现在必然没有防备,突然发动攻击,一定能够将他们消灭。袁绍对胡人有恩,如果袁尚还活着迟早是隐患。现在四州未稳,袁家的影响还很大,这个时候南征,胡人一动,旧臣复应,民夷俱动,后方就不安稳了。刘表是个只知坐谈的政客,自知能力不足以驾驭刘备,必然会对他有所防备、不尽其用。现在虽然是虚国远征,但若一劳永逸就再也没有后患了。"曹操听从了郭嘉的建议,立刻进兵辽东。

到了易城,郭嘉觉得推进的速度还是太慢,进言道:"兵贵神速。现在千里远征,辎重太多,行进缓慢,对方若有所觉察必然就会防备。不如留下辎重，轻兵速进，攻其不备。"曹操于是从小路奇袭柳城，大破仓促应战的敌军。这一战也成为中国战争史上兵贵神速、奇兵制胜的经典战例，具有深远的影响。

在从柳城回来的途中，也许因为水土不服，气候恶劣，日夜急行操劳过度，郭嘉患疾病逝，一代星陨。曹操痛哭失声，嘉表奉孝，增邑八百户，谥贞侯，并谓荀彧等曰："你们都和我差不多年纪，只有奉孝最年轻。等到天下事竟，我还要将后事托付给他，但他夭折在巅峰之年，难道这就是命运吗！"

公元208年，曹操兵败赤壁，叹曰："若奉孝在，不使孤至此！"又曰："哀哉奉孝！痛哉奉孝！惜哉奉孝！"

曹操哭郭嘉，其本意是间接地批评周围的谋臣大将："你们在关键时刻为什么不能像郭奉孝那样给我出个好主意呢？"大家内心都很惭愧。

曹操为什么不直接批评大家呢？曹操使用的是替代强化的策略。

小宝宝爱扔东西，爸爸一旦批评他，他就又哭又闹，妈妈则采取了一个更温和的方式，给宝宝讲故事。故事说，有一个小白兔，每天都把家里的东西扔到地上，那些东西都是兔爸爸和兔妈妈辛辛苦苦劳动换来的，扔到地上摔坏了，爸爸妈妈可心疼了，小白兔这样伤害爸爸妈妈，最后大家都不喜欢它了。讲完了妈妈再问宝宝："你觉得小白兔对吗？我们该不该劝劝他改正错误啊？"听完这个故事之后，小宝宝再也不乱扔东西了。这种方法就是替代强化。

一个人观察到别人的行为受到奖励或批评，内心会受到影响，产生相似的强化效果。比如，老师对善于提问的同学进行了赞扬，旁观的同学也受到激励，开始尝试多问问题；比如，领导关心一个和自己类似的基层工人，嘘寒问暖，看着那个场面，我们自己的心里也都热乎乎的；再比如，青少年在电视中看到自己的偶像人物受到群众的拥戴，他们也替代性地受到强化，增加模仿偶像行为的可能性。这些都

属于替代强化。

其实，曹操这一哭，也是典型的替代强化，虽然间接地责备手下的谋士工作不力，但是曹操给大家留了面子，没有直说，而是通过哭郭嘉、思念和表扬郭嘉，来提醒大家反思自己的行为。责备也是一种激励方式，通过哭郭嘉，可以及时对大家进行间接激励，促使大家反思和吸取教训；同时哭郭嘉也代表了曹操对自己行为的反思。

赤壁大战中，曹操在占据优势的情况下，因为骄傲自大而贻误战机，又因用人失察、天时不利、瘟疫流行等诸多因素而最终失败。不过总结起来就是一句话，外因是条件，内因是根本。曹操在赤壁失败的根本原因，就是被胜利冲昏了头脑，骄傲轻敌，战术失当。曹操虽然取得了那么多的胜利，但是在自我管理和情绪控制上，依旧存在巨大的问题。失败了就怀恨在心、滥杀无辜；胜利了就冲昏头脑、骄傲自满，曹操的这个老毛病一直都没有改掉。赤壁大战是一个惨痛的教训，给发烧的曹操泼了一瓢冷水，让他终于冷静下来。曹操清醒地认识到，南征的条件还不成熟，乘着孙刘联盟因为借荆州问题出现裂痕的机会，曹操腾出手来，决定解决自己的一个巨大的后顾之忧，就是长期盘踞在西凉的韩遂和马超军事集团。那么，曹操是如何组织这次战役的，他又遇到了哪些困难呢？请看下一讲。

第十三讲

动机管理善攻心

　　一个团队如果有共同的理想和目标，就能人人心往一处想，劲儿往一处使。而在这之前，管理者采取怎样的行动，对团队是否能实现协同作战有着至关重要的影响。在征讨西凉的战役中，身为三军统帅的曹操，居然甘冒风险亲自断后，他这样做的目的何在？现代人又能从中获得什么样的启发呢？

《孙子兵法》强调知胜有五："知可以战与不可以战者胜，识众寡之用者胜，上下同欲者胜，以虞待不虞者胜，将能而君不御者胜。"用现代汉语表达，就是胜利需要"五到位"：形势判断到位，策略运用到位，动机管理到位，应对准备到位，充分授权到位。

我特别喜欢其中的四个字——"上下同欲"。意思是上级和下级、领导和员工保持一样的动机，领导想做的也是员工想做的，把我变成我们，把我想变成我们大家都想，把我会变成我们大家都会，把我要干变成我们大家都要干。上下同欲的本质就是加强动机管理。

什么是动机管理？有句俗话叫"有钱能使鬼推磨"，这句话的前提是鬼对钱有动机，这样才可以驱动他推磨。如果鬼喜欢糖呢，那么有糖就可以让鬼推磨；如果磨也喜欢糖，我们有糖还能让磨推鬼呢；如果前两条成立，那么有糖我还能让鬼和磨一起来推我！这就是动机管理，用一句话概括就是匹配的驱动产生匹配的行动。在战潼关、破马超的过程中，曹操就巧妙地使用了动机管理的技巧。

细节故事

渡河遇险

建安十六年（公元211年）深秋，在潼关之外的黄河岸边，曹操正在督促大军北渡黄河，准备使用迂回包抄的策略，进攻西凉的马超和韩遂的部队。

西凉兵的战斗力是非常强悍的,这一点曹操早在刚出道时的荥阳汴水一战中就领教过了。现在差不多三十年过去了,曹操已经五十六岁了,但是初战失利,五千子弟兵被人家杀得片甲不留的那个场面记忆犹新。

所以,曹操这次征西凉,采取的是避其锋芒、迂回作战的策略。大队人马已经过河了,黄河南岸只剩下曹操和身边的百十个虎卫军的武士断后。正在曹操准备起身渡河的时候,远处忽然尘土飞扬,马蹄声震得大地直晃,铺天盖地的西凉骑兵呈扇面形杀了过来。有人禁不住惊呼:"马超来了!"

曹操很镇定,坐在"胡床"(胡床就是现在的椅子)之上,纹丝不动,嘴里还呼喊着:"诸君莫慌,不要乱了阵脚。"就在此时,只见曹操身后百步之外飞驰而来一匹战马,马上是一位少年将军,正是西凉大将马超马孟起。马超有个外号——"锦衣马超",这个小伙子长得帅气,面如敷粉,唇若抹朱,浓眉毛,大眼睛,细腰身,宽肩膀,银盔银甲,外罩团花战袍,手执亮银枪,威风凛凛,杀气腾腾,口里喊着"曹贼休走!"朝着曹操就扑了过来。

大家想想,一百步按米来算的话,也就不到二百米,一眨眼就到了!这可把曹操身边负责警卫的许褚给吓坏了,他不是怕马超,而是怕马超伤害曹操!许褚大吼一声:"丞相快走!"也不管曹操愿意不愿意,扑上来直接把曹操抱起来,飞奔到河边,一下子就跳上了一条已经起动的渡船。西凉骑兵势不可当,岸上的曹军部队纷纷后退,很多人都泗水过来,争着上船,小船被扒得左摇右晃,无法前进,许褚急了,拔剑在手,也不管是敌人还是自己人,一顿乱砍,斩杀若干攀船者,甲板边上全是砍断的手指头,小船终于起动了。

但是曹操的行踪立刻就被岸上的马超锁定了,更倒霉的是河面不宽,尽在西凉军弓弩射程之内,西凉的骑射手沿着河岸一路追射,弓箭

像密集的雨点一样射过来，小船上几个划船的军校立刻就给射成了刺猬。

关键时刻，许褚左手举着一只马鞍来为曹操挡箭，右手拼命划船，一来是许褚力量过人，二来是救主心切，有一股子急劲，小船速度不减，顺水漂了四五里，终于脱离了敌人的射程到了对岸。把满营众将都吓出了一身冷汗。《三国志》注引《曹瞒传》曰：诸将见军败，不知公所在，皆惶惧，至见，乃悲喜，或流涕。公大笑曰："今日几为小贼所困乎！"

规律分析

领导的示范作用

作为三军统帅的曹操，为什么甘冒风险，亲自断后呢？其实他完全可以自己先过河，到安全地带后再去指挥全军的。其实，曹操这么做是为了激励士气，稳定军心。

管理学上有一种效应叫"领头羊效应"，说的是一群羊会根据领头羊的行为，来决定自己的行为；一支队伍的成员也会根据领导的行为来决定自己的行为。

有一个"齐王好紫衣"的故事：春秋战国时，齐王喜欢穿紫色衣服。于是，上至士大夫下至平民百姓，举国上下开始流行穿紫衣。紫衣制作工艺复杂，成本很高，这种行为蔓延开后，导致了奢靡之风的形成。于是齐王深以为忧，便发布了命令，禁止老百姓再穿紫色衣服，违者重罚。可一年下来，紫衣人还是不见减少。最后齐王求教于相国晏婴。晏婴说："大王喜欢穿紫色衣服，下面自然有人效仿，怎能制止得住呢？如果大王您不穿紫衣，并且厌恶穿紫衣的人，不用制止，穿紫衣的人就会变少。"第二天上朝时，齐王换上了朴素的衣服，让穿紫色衣服的大臣离远点，宣称他最讨厌紫色衣服了，并对衣着简朴的大臣大加表扬。过了一个月，紫衣几乎没人穿了，价钱大跌，勤俭节约的社会风气也逐渐形成了。

由此可见，想要提高工作执行力，那么领导者的言语、行为是影响执行力的重要因素。如果像当初的齐王一样，自己穿着紫衣却禁止别人穿紫衣；同理，要求员工提高工作执行力，自己却一份报纸、一杯茶，对工作推诿扯皮，这样，员工会对工作安排认真执行，会及时发现并解决问题吗？不言而喻，员工的执行力肯定会大打折扣，而对待工作也会极为被动。

先解决领导问题再解决员工问题；先解决态度问题后解决方法问题。曹操是个具有丰富指挥经验的领导，他深知队伍渡河的时候最怕的是没有秩序、乱作一团，领导自己先走，去了安全的地方，那么没渡河的将士们就会有被抛弃的感觉，就会争先恐后、心慌意乱，这样一来现场就会失控。

而领导吃苦在前享受在后，和将士们同呼吸共命运，等大家都过去了，领导自己最后一个过河，那就等于给兄弟们吃了一颗定心丸——"你看，领导还没过呢，我们急什么。"大家看到领导亲自断后，就会心里有底，不再惊慌失措，渡河工作就可以又快又好地完成。

联系实际

工作主动性的来源

人的勇气和奉献精神从哪里来？就是从领导的多样化激励中来。当领导，不光要用嘴激励大家，更重要的是要用行动激励大家。但从主将断后这件事情上看，曹操做得是很到位的。

不过，前提是有许褚等人的保护，否则的话，曹操的领导艺术就成了傻瓜找死。策略的实施必须要有资源和人员做保障。就是因为身边有许褚、张郃等大将的保护，曹操才敢轻军断后。前面我们已经讲过用好身边人防范风险的话题，那么我们可以再接着想一个问题：许

褚等人的工作积极性从哪里来，他们完成挑战性任务的时候为什么这么努力、这么勇敢呢？

带队伍有三个手段：意义的手段、利益的手段和感情的手段，高明的领导带队伍应该是旗子上写理想，嘴上讲感情，手上给实惠。没有理想和价值观，不能激励高人；没有实惠和待遇，激励不了普通人；没有感情，激励不了身边人。

除此之外，还要有合理授权来增加下属的行为自觉性。

有一个讲自觉性的案例："儿子吃饭"。妈妈喊儿子吃饭，常常遇到的情况就是，叫两声就来，叫四声就慢，叫六声干脆就不来了。十三四岁的孩子都有一个共同的名字——小逆反。道理其实很简单，自主的事情他喜欢做，如果是被控制、被指挥，他就不喜欢做了。

比如，该吃饭了，你让儿子去洗手，该怎么说？"儿子，快去洗手！快去呀你！手这么脏，不洗不许吃饭啊！"那你得到的答案往往是："就不洗手！"逆反的本质，就是从被控制的行动模式，走向自主的行动模式。逆反是儿童心理觉醒的标志，是成长和成熟的台阶。家长要提醒而不是命令，要鼓励而不是逼迫，学会让孩子自己做主。高明的家长善于设计选项让孩子选择。

技巧就是别控制他，而是一边示范一边给他选项："吃饭啦，儿子！妈妈先洗手了，用香皂洗手还是洗手液，你自己选啊。饭在锅里，吃米饭还是先喝粥？你自己去盛吧，我就不管了啊！"有时候，你还要反过来模仿他，赞美他的选项："儿子，你先喝粥啊，喝粥对身体好，尤其是小米粥，养胃的！你真会选，我也要向你学，我也先来碗粥啊！"

示范、给选项、赞美、模仿，这些基本的动作都是为了鼓励孩子自主，有了自主才会自觉自愿主动投入！搞教育和搞管理在这一点上是一样的，能造就自觉自愿的员工的领导才是真正有水平的领导。这叫作动机管理，好的管理者会随时随地关注动机管理，把工作做到心灵层面中去。

曹操就是这样的高手，他在带队伍的过程中，无论是内部管理还是对敌斗争，都是非常注意动机管理的，我们介绍在战马超前后他运用的几个有效方法。

方法一
传播价值观，激发队伍内在动力

讨伐马超的前一年，也就是建安十五年（公元210年），这一年曹操五十六岁，他写了一篇重要的文章《述志令》又称《让县自明本志令》。有人形容说，这其实就是曹操的一篇工作总结或者述职报告。

第一层意思是，少年立志报效国家。

故以四时归乡里，于谯东五十里筑精舍，欲秋夏读书……然后题墓道言"汉故征西将军曹侯之墓"，此其志也。意为：所以返回家乡，整年不出，在谯县东面五十里的地方建了一栋精致的书房，打算在秋夏读书，冬春打猎，只希望得到一点瘠薄的土地，想老于荒野、不被人知，断绝和宾客交往的念头。但是这个愿望没有能实现。后来我被征召做了都尉，又调任典军校尉，心里就又想为国家讨贼立功了。希望得到封侯，当个征西将军，死后在墓碑上题字说："汉故征西将军曹侯之墓"。这就是我当时的志向。

第二层意思是，虽有实力绝不造反。

设使国家无有孤，不知当几人称帝……夫能以大事小也。意为：假使国家没有我，还不知道会有多少人称帝，多少人称王呢！可能有的人看到我的势力强大，又生性不相信天命之事，恐怕会私下议论，说我有夺取帝位的野心，这种胡乱猜测，常使我心中不得安宁。齐桓公、晋文公的名声被传颂至今日的原因，是因为他们的兵势强大，仍能够尊重周朝天子啊。《论语》说："周文王虽已取得了三分之二的天下，但仍能尊奉殷王朝，他的道德可以说是最崇高的了。"因为他能以

强大的诸侯来侍奉弱小的天子啊。古人能做到的我也能做到。

第三层意思是，忠于汉室发自肺腑。

孤祖、父以至孤身，皆当亲重之任，可谓见信者矣……孤此言皆肝鬲之要也。意为：我的祖父、父亲直到我，都是担任皇帝的亲信和重臣，可以说是被信任的，到了曹丕兄弟，已经超过三代了，我不仅是对诸位来诉说这些，还常常将这些告诉妻妾，让他们都深知我的心意。我告诉他们说："待到我死去之后，你们都应当改嫁，希望你们能传述我的心愿，使人们都知道。"我这些话都是出自肺腑的至要之言。

曹操作这篇《让县自明本志令》的时间为东汉建安十五年（公元210年），当时，他完成统一北方大业后，政权逐渐巩固，继而想统一全国，但之前南下之时，遭到孙权、刘备两大军事势力的挑战，在赤壁失败，刘备、孙权除在军事上联盟抗曹外，在政治上则抨击曹操"托名汉相，实为汉贼""欲废汉自立"，除此之外，以马超为首的关中诸军对曹操也造成威胁，东汉王朝内部更是借此抨击曹操，曹操内外交困，被迫写出《让县自明本志令》表明自己的心迹。

抨击曹操的人群一共有三类：一类是曹操的敌对势力，如刘备、孙权势力范围之内的人；二是东汉王朝的旧臣；三是曹营班子之内的人。本来曹操因为扫平了北方军阀，于公元208年出任东汉的丞相，孰料任丞相不足一年，南下之时与刘备、孙权遇于赤壁，军事上极其失利，公元209年撑了一年，自己的失利实在堵不住悠悠之口，到了公元210年，在三股势力的抨击之下，曹操实在坚持不下去了，于是发表了《述志令》。

整篇文章的核心思想就是表示自己忠君报国、兴复汉室的决心，讲明白自己做人做事的价值观和原则，以此来回击那些泼脏水的人。有人说曹操这是一边做贼一边喊捉贼，一边夺权一边表忠心。他写这篇文章完全是其内心奸诈，喜欢玩政治手腕的表现。其实，我们不排除曹操写这篇文章的政治因素，但同时，我们可以看到这篇文章和曹操一贯的管理风格是一致的,就是每每出现内部争议,或者要实施重大决策的时候,曹操都会站出来,讲一通理想信念、价值观的问题。我们也可以这么看,《述志令》是在征讨关西马超集团之前的一次思想动员和动机激励。当领导必须要十分重视思想动员工作。很多人都觉得思想动员很虚很浮,其实这项工作很实很重!讲一个内在动机和外在动机的故事。

故事

有位老先生最近遇到了一个烦恼,每天午后要睡觉的时候,窗前都会跑来一群孩子,又打又闹,又说又笑,几天过去了,老人难以忍受。于是,他出来给了每个孩子两块钱,对他们说:"你们让这儿变得很热闹,我觉得自己年轻了不少,这点钱你们去买点儿糖果吃吧。"孩子们很高兴,第二天仍然来了,一如既往地嬉闹。老人再出来,给了每个孩子1块钱。他解释说,自己没有收入,只能少给一些。也还可以吧,孩子仍然兴高采烈地走了。第三天,孩子们又来了,老人只给了每个孩子五毛钱。孩子们勃然大怒:"一天才五毛钱,知不知道我们多辛苦!"他们向老人发誓再也不来了!于是老人的窗前又恢复了宁静,他可以安心睡觉了。

人的动机分两种:内在动机和外在动机。内在动机就是信念、兴趣、成就感、好奇心等内在刺激因素,外在动机是指金钱、物质、地位和待遇等外部刺激因素。

由内在动机驱使我们去行动,我们就会成为自己的主人;由外在动机驱使我们去行动,我们就成为奴隶。

在这个故事中,老人的算计很简单,他将孩子们的内在动机"为自己快乐而玩"变成了外在动机"为得到钱",而他操纵着钱这个外部因素,所以也操纵了孩子们的行为。故事中的老人,像不像你的老

板、上司？而钱，像不像你的工资、奖金等各种各样的外部奖励？

如将外部评价当作参考坐标，我们的情绪就很容易出现波动。因为，外部因素我们控制不了，它很容易偏离我们的内部期望，让我们不满，让我们牢骚满腹。不满和牢骚等负性情绪让我们痛苦，为了减少痛苦，我们就会减少工作上的投入。

我们常说到一个词——士气。什么是士气？其实士气本质上就是一个人或一群人的内在动机。信念、兴趣、成就感、好奇心，这些内在动机都是像金子一样宝贵的东西。做事情，如果没有内在动机，是很难持久，很难达到高成就的；带队伍，如果不能激发内在动机，那么队伍的稳定性和战斗力都会出问题！

所以，我们认为，好老师是善于激发内在动机的老师；好家长是善于激发内在动机的家长；好领导是善于激发内在动机的领导。

在实际生活中我们看到，有的父母太喜欢控制孩子，而不去理会孩子自己的动机。久而久之，孩子就忘记了自己的兴趣、爱好、成长等动机，做什么都很在乎外部的评价，就会厌学、逃学、恨学甚至心灵扭曲。工作也是一样，没有内在动机，上司的评价和收入的起伏成了工作的最大快乐和痛苦的源头，整天为了收入围着领导转，心情时好时坏，热情会越来越少，到最后工作的动力也就枯竭了。

考核不能带来热爱，行动不能单靠指派，当领导带队伍，把工作做到制度层面那叫技术，把工作做到心灵层面那叫艺术。成小事，有技术就行；成大器，必须要有艺术。

方法二
干扰对手意图，争取斗争主动权

一、缓军之计

不与敌人的精锐骑兵进行正面交锋，而是绕到敌人的侧后方展开进攻，为了达成这个战役目的，曹操先后北渡黄河，西渡黄河，然后又南渡渭河，把敌人都给转晕了。马超给曹操设置的是愤怒的小鸟，曹操给马超展示的是小品"过河"。马超等屯兵日久，派使者向曹操要求以割让河西为和约，但曹操不答应。九月，曹操渡过渭水，进驻渭南的营地，马超等曾数次前往挑战他，曹操仍不答应，只守不攻。缓军之计的核心就是通过拖延、不战避过敌人的锋芒，同时还能瓦解敌人的士气。

二、震军之计

许褚震马超，列阵显威武。过了渭河以后，大军和先头部队徐晃军会合，沿河道向南行。联军至渭口防守，曹操便设置多队疑兵，派另一部队乘船渡过渭水，架起浮桥，于夜中在渭南结营。马超等率兵攻打，被曹军伏兵击破。当时，曹操曾与韩遂、马超单马会面，曹操只带着许褚前往。马超凭着自己武艺高强，想暗地里突击，活捉曹操。不过马超听过许褚的勇武，加上知道了在渭水中勇救曹操的人便是许褚后，担心计划不能成功反而危险很大，这时许褚眼睛瞪着马超，显然已经发现了马超的意图，于是马超便放弃了突击的计划。马超转问曹操："听说你军中有个叫'虎侯'的，人在哪里？"曹操指着许褚，马超印证了自己的想法。事后，曹操夸奖许褚说："没想到贼也知道有个虎侯呀"！

其后太祖与遂、超等单马会语，左右皆不得从，唯将褚。超负其力，阴欲前突太祖，素闻褚勇，疑从骑是褚。乃问太祖曰："公有虎侯者安在？"太祖顾指褚，褚瞋目盼之。超不敢动，乃各罢。后数日会战，大破超等，褚身斩首级，迁武卫中郎将。武卫之号，自此始也。军中以褚力如虎而痴，故号曰虎痴；是以超问虎侯，至今天下称焉，皆谓其姓名也。(《三国志·许褚传》)

冰城立威。渡过河后，曹操营寨多次被擅长野战的西部联军冲

破，苦于没有办法的时候，有人提醒曹操，此时天寒，可以担沙泼水筑城。曹操听从了建议，果然一夜间筑成了冰城。第二天联军到了以后，非常吃惊，以为有神灵在帮助曹操。震军之计的核心，就是通过展示自己的资源和实力，影响对手的动机倾向，使对方战斗的决心产生动摇。

三、稳军之计

曹操在渭水南岸筑城成功，凭险据守，避免西凉骑兵野战。时间长了，韩遂和马超有点吃不消了，无奈之下提出双方罢兵言和。曹操假意答应了，稳住了敌人，使敌人放松了防备，然后趁对方不注意，出其不意将对手打垮。

方法三
使用离间计，瓦解对手联盟动机

敌人每到一路曹操就高兴一次，众将很奇怪：敌人力量增加了，丞相为什么这么高兴呢？曹操给的答案是，如果敌人各自守在自己的地盘里，凭险据守，我们要一个一个去消灭，难度太大了，现在敌人都集中在了一起，我们一下子就消灭了，省去了很多麻烦，所以很高兴。好比逮兔子，狡兔三窟，兔子都躲在洞里面，我们一个一个去逮，太麻烦了，现在兔子都集中起来开会，被我们一网打尽，这多好啊。至于说敌人力量越来越强大，具体说，也只是人数多而已。只要敌人联盟不稳定，缺乏统一指挥，人数多并不能成为优势，而且可能是个包袱。

曹操确实有头脑，他对形势的分析判断是十分到位的。西凉兵的优势是人数众多，来源广泛；缺点是缺乏统一指挥，各自为战，形不成拳头。曹操利用这一点，巧妙使用了离间计。

一、阵前交谈

关西联军后路被劫,只好割地、送质子请和。谋士贾诩认为可以假装答应他们,曹操问他有何计策,贾诩说:"离间他们而已。"曹操明白他的意思,便应许联军的请求。韩遂与曹操相见。曹操与韩遂的父亲在同一年被推荐为孝廉,又与韩遂是同辈,曾有交情。二人会面时,在马上不谈军事,只说当年在京都的旧事,拍手欢笑。曹军又列出五千铁骑作十重阵,精光耀日,关西联军惊讶,纷纷前来看曹操是什么人。曹操笑着对他们说:"你们都想看曹某吧!我也只是一个普通人,不是有四只眼、两个口,只是较多智谋罢了。"

会面结束,马超等问韩遂:"你和曹操说了什么?"韩遂却回答:"没说什么。马超等对韩遂的态度十分怀疑,担心他与曹操私下联系。

二、抹书离间

过了几天,曹操给韩遂书信,信中却在多个言词上涂涂抹抹,改来改去,就像是韩遂在改动一样;马超等疑心越来越大,曹操便趁此时与联军约定决战。曹操先以轻兵前往挑起联军的争端,使联军混战了很久,最后便出动王牌虎豹骑夹击联军,联军大败,曹军斩杀了成宜、李堪等人。韩遂、马超败走凉州,杨秋则前往安定。潼关之战以此结束。

三、韩马决裂的分析

马超和韩遂的组合,看上去很威武,但是为什么这么脆弱,一离间就会破裂?当年董卓得势时,西凉将领马腾、韩遂等人便持兵观望于凉州;李傕、郭汜掌权之后,马腾、韩遂曾与郭、李二人交兵,结果兵败,竟被赶出了长安地区,两人便退守下陇,割据关西,在凉州做起了土皇帝。不过由于部署地盘和利益的原因,韩遂和马腾后来也

闹掰了，两个人打过几次，"韩遂杀马腾妻子"，也就是说韩遂和马超应该是有血仇的。自家亲人被姓韩的给杀了，可想而知，二人的联盟并不稳固，仅仅是临时的利益联盟，完全没有什么情感认同基础。曹操正是看准了这一点才有效地实施了反间计。

经过不到五个月的战斗，曹操大获全胜，将关中数个拥兵自重的军团打败，令他们不能联合反抗，大大削弱了他们的势力。后来，曹操进一步收降杨秋，派夏侯渊镇守长安，与徐晃、张郃等平定韩遂。虽然马超仍然不断聚集群众起兵，但都被夏侯渊压了下去，最后只有逃到汉中的张鲁处作客将。而曹操也在公元212年五月，将早就软禁在邺城的马腾一家杀害。自此，关中地区完全平定，曹操再也没有敌人了。

此次平定西凉的战役，从战前准备到谋划实施一直到最终胜利，我们可以发现曹操非常有心计，特别善于研究对手，利用对手的弱点制定斗争策略。《孙子兵法》有云："攻心为上。"可以说无论是价值观手段激励内部动机，还是干扰手段打乱敌人意图，还是离间手段瓦解敌人联盟，都体现了曹操攻心为上的高超水平。而从马超一方来说，最主要的问题：一是军令混乱，没有领导核心和统一指挥；二是小胜轻视敌人；三是联盟不稳定。这三点是韩马联军失败的主要因素。大战潼关，打败马超为曹操攻取汉中创造了有利条件。那么，在接下来的汉中战役中，曹操能不能乘胜前进、延续辉煌呢？请看下一讲。

第十四讲

胜势之下留余地

有时候，做人做事就像下棋，需要规划的事情就是我们的棋路。老道的棋手在走出第一步的时候，总会想着后面的路该怎样走下去，正所谓走一看二眼观三。生活中，我们做任何事也都要铺好后路，为自己留有余地，这样才能在瞬息万变的世界里永远立于不败之地。曹操深谙凡事不宜做绝的道理，在前线进攻的时候，在面对节节胜利的时候，他的做法是什么？我们能从这个最有心计的人身上学到什么呢？

歌有余音才美，饭有余味才香，水要余地流淌，花留空间绽放。做人做事都要善留余地。有一天一只狐狸走到一个葡萄园外，看着里面水灵灵的葡萄垂涎欲滴。可是外面有栅栏挡着，无法进去。于是它一狠心绝食三日，减肥之后，终于钻进了葡萄园内饱餐一顿。当它心满意足地想离开葡萄园时，发觉自己吃得太饱，怎么也钻不出栅栏了，最后成了猎人的囊中之物。这个案例告诉我们，退路和出路同等重要，做事情要充分考虑，留有余地。

中国人关于做人做事留余地，有很多经典的话，比如"该放手时须放手，得饶人处且饶人""饱带干粮热带衣""忍一时风平浪静，退一步海阔天空"，等等。善于通盘考虑，留有余地，是战略眼光和统筹能力的体现。曹操在用兵汉中，扫除张鲁集团的时候，就体现了这种统筹兼顾的能力。

细节故事

张辽大战逍遥津

东汉建安二十年（公元215年）秋八月，合肥前线告急，孙权率众十万围合肥。

当时镇守合肥的是曹操手下大将张辽、李典、乐进，部队有七千余人，攻守双方的人数比是十四比一，一时之间山雨欲来风满楼，合肥城外战云密布，城内人心惶惶。

合肥帅府议事堂上，文臣武将共商对策。乐进是个小个子，性情刚烈，是沾火就着的性子，大家都坐着，只有他在地上走来走去。李典比较沉稳，坐在那里，一言不发。主将张辽张文远手捻胡须，剑眉紧锁，一双虎目直勾勾地看着一个人，这个人是谁呢？

是曹操专门派来的护军薛悌。在曹操的军事体系当中，诸大将在外领兵，往往会派一亲信之人负责监督和指导，大将带兵，护军管将，有点像后来的监军。薛悌身负曹操的监军使命，专门被派来合肥指导张辽、李典和乐进的工作。

张辽和李典的私人关系很糟糕，两个人谁看谁都不顺眼，这一点是曹操营中尽人皆知的事情；而乐进是个豹子脾气，说炸就炸、性如烈火，这三位在一起配合，没个人从中指导斡旋还真不行。薛悌为人沉稳大气、公道正直，所以曹操特意安排他来做护军。

这次孙权大军压境，形势危急，在讨论对策的时候，薛悌向大家公布了一个秘密，什么秘密呢？——曹丞相对孙权来攻早有准备，特意留下了一个锦囊妙计给薛悌随身带着，指示说必须要等到孙权大军到了的时候再打开！

张辽以及满营众将都不知道这件事，所以，在薛悌拿出曹操留下的锦囊妙计的时候，大家都想看看曹丞相到底写的是什么。

曹操的留言写在一张白绫上，内容很简单，《三国志》记载，曹操写的是："若孙权至者，张、李将军出战；乐将军守，护军勿得与战。"意思就是孙权来攻打的时候，张辽和李典出城迎战，乐进守城，护军薛悌不可参与军事行动。

看完了，别人还没说话，乐进就急了："敌人十万，我们七千，出城迎战那不是以卵击石嘛，这不行！"旁边的人七嘴八舌附和着乐进的话。薛悌很尴尬，信上说他不能参与军事，面对乐进的质疑，一时间他不知道该怎么回答。

关键时刻，还是张辽坚决，他大手一挥，腾地站起来，斩钉截铁地说了几句话，这几句话决定了合肥保卫战的胜利："公远征在外，

比救至，彼破我必矣。是以教指及其未合逆击之，折其盛势，以安众心，然后可守也。"其中藏着三个策略：以逸待劳、攻其不备、先声夺人。

但是张辽的表态并没有得到大家的回应，现场很安静，诸将都低着头一言不发，张辽急了。辽怒曰："成败之机，在此一战。诸君若疑，辽将独决之。"

张辽真勇敢啊，要一个人去战胜敌人。关键时刻，张辽的意见得到了李典的支持，李典站起来慷慨激昂地说："文远将军，我不会因为个人恩怨影响国家大事，你的说法有道理，我愿意和你出城与敌人决战！"

接下来，就出现了三国故事当中让人热血沸腾的一段：

于是辽夜募敢从之士，得八百人，椎牛犒飨。明旦，辽被甲持戟，先登陷阵，杀数十人，斩二大将，大呼自名，冲垒入至权麾下。权大惊，不知所为，走登高冢，以长戟自守。辽叱权下战，权不敢动，望见辽所将众少，乃聚围辽数重。辽急击围开，将麾下数十人得出。余众号呼曰："将军弃我乎？"辽复还突围，拔出余众，权人马皆披靡，无敢当者。自旦战至日中，吴人夺气。乃还修守备，众心遂安。(《资治通鉴·汉纪五十九》)

规律分析

知人善任

后世的人在分析合肥大战的时候，都特别佩服曹操，大家比较一致的意见是，张辽能打仗，曹操善带兵。合肥战役的胜利，最关键的一点是曹操提前设计了方案，对战役分工和基本战法做了安排。不光是策略得当，更妙的是对每个人的安排都十分到位，监军薛悌管政治不管军事，管人事不参与业务；性子急，有守城经验的乐进专门负责守城；张辽和李典配合出城迎击敌人。

曹操提前能想到，乐进最担心众寡悬殊问题，对出城主动攻击有质疑，所以不安排他出战；他也能预料到张辽是最理解和果断执行先声夺人战术意图的，这一点早在争乌桓的时候曹操就看出来了，张辽是真正有勇有谋的大将；曹操还能想到虽然有个人恩怨，但是李典在关键时刻一定是张辽最主要的支持者；最妙的是，曹操特别强调，监军不参战，负责日常管理工作，看起来权力最大的护军薛悌不能参与行动，也就是说把军事指挥权集中在了张辽身上，防止了外行干预内行现象的发生。

这些都是曹操作为统帅的高明之处，张辽是合肥战役的大英雄，但是我们相信，一个英雄的出现，背后一定有一个高明的领导和一套到位的政策，否则是不会有英雄的。

曹操在选人用人能力上确实值得我们钦佩和学习。

看一个领导的水平，不看他做了什么事，而是要看他用什么人来做事。比如我们下基层检查工作，下边单位的领导上来汇报工作，其实具体的事情不用他讲，关起门来给他十分钟，让他讲讲他手下都有什么人才，四梁八柱都是谁，是怎么安排使用的，说清楚就合格，说不清楚就不合格，这是关键。至于业务上的事情，可以让班子成员和下边的业务部门具体再说，不用一把手费口舌，这叫作"一把手谈人，其他人说事；关起门谈人，打开门谈事"。

曹操领导水平高，高就高在能把手下干部看准，用好，安排在合适的位置上。在曹操精心安排和张辽等人的奋勇抗击之下，合肥战役以曹军的胜利而告结束。

权守合肥十余日，城不可拔，彻军还。兵皆就路，权与诸将在逍遥津北，张辽觇望知之，即将步骑奄至。甘宁与吕蒙等力战扦敌，凌统率亲近扶权出围，复还与辽战，左右尽死，身亦被创，度权已免，乃还。权乘骏马上津桥，桥面已彻，丈余无版；亲近监谷利在马后，

使权持鞍缓控，利于后著鞭以助马势，遂得超度。贺齐率三千人在津南迎权，权由是得免。(《资治通鉴·汉纪》)

联系实际

预则立，不预则废

按照三国时期的力量对比，曹操是占上风的，他的队伍无论从数量和装备，还是后勤保障乃至训练水平上，都占据一定的优势。

不过，由于战线比较长，在绝对优势之下，难免出现局部的薄弱环节。

合肥战役就是曹操集团在绝对优势的背景下，出现的一次相对弱势，却以弱对强的战斗。孙权集团和曹操集团双方的兵力投入比达到了十四比一，力量确实非常悬殊。

为什么会出现这种情况呢？原因是曹操的主力部队都调去西线战场，完成对张鲁集团还有马超集团残部的围歼战役了。

曹操征讨张鲁是公元214年年底到公元215年年初开始行动的，在215年八月，当孙权进攻合肥的时候，曹操的主力部队远在汉中腹地，刚刚结束了阳平关战役，正所谓远水解不了近渴，就如同张辽说的一样："公远征在外，比救至，彼破我必矣。"

孙权也是看到了这一点，才调动十万大军前来进攻的。

不过，曹操早在出兵汉中之前就想到了东线战场的问题。他留下了薛悌带着锦囊妙计防备孙权，制定了"先震慑敌军，错其锐气，再从容固守"的整体战术，这个战术被张辽做得出神入化、恰到好处。

"凡事预则立，不预则废"，一定要有充分的准备。曹操西征张鲁的准备可以说是非常充分的，一边争取眼前的胜利，一边能想着后院不起火，防范着千里之外敌人的进攻。

我们常听说一句话，叫"棋胜不顾家"。现实中我们也看到，很多组织、很多领导都犯过这样的错误,在某一个战线或某一个领域高歌猛进的时候,就往往会忽略其他领域工作的跟进和配合,甚至过度沉溺于眼前的成功,忘记了身后存在的风险,结果带着灾难。

比如,我在上课的时候给学生讲过的一家特别著名的公司,当初曾经号称是除中国邮政之外的全国第二大入户投递网,市场营销轰轰烈烈,渠道建设热热闹闹,各种指标蒸蒸日上,但是在市场形势一片大好的情况下,却忽视了内部管理工作,流程混乱,监控不健全,各项工作都跟不上,最后一下子就崩盘了,好比一辆坏车安上了飞机发动机,发动机一加速,"砰"的一下,车就散架了。

做事情,一定要统筹安排,提前考虑清楚。俗话说:"利不可赚尽,福不可享尽,势不可用尽。"说的就是在做事的时候要给自己留点余地,以备不时之需。二十一世纪是一个充满风险和挑战的时代,我们的生活、职业、娱乐、思维方式都将发生很大变化。要在这样的环境里很好地生存,就要学会深谋远虑,防患于未然。

"居安思危,思则有备,有备无患。"(《左传·襄公十一年》)在形势一片大好的时候,要做好备用方案的设计,有一个应变计划,防备后院起火,以免后路被人家给抄了。我们把这种做法,称为胜势之下统筹规划,留有余地。曹操在这方面是做得比较到位的。

方法一

合理规划,
对突发事件留有应变的余地

战场充满了偶然因素,必须要随机应变,任何规划和部署都要留有调整的余地。

《三国志》记载:建安二十年,太祖自散关出武都征张鲁,至阳平关。……攻阳平山上诸屯,既不时拔,士卒伤夷者多。武皇帝意沮,便欲拔军截山而还,遣故大将军夏侯惇、将军许褚呼山上兵还。会前军未还,夜迷惑,误入贼营,贼便退散。侍中辛毗、刘晔等在兵后,语惇、褚,言"官兵已据得贼要屯,贼已散走"。犹不信之。惇前自见,乃还白武皇帝,进兵定之,幸而克获。此近事,吏士所知。

另有:张鲁弟张卫横山筑阳平城以拒,王师不得进。鲁走巴中。军粮尽,太祖将还。西曹掾东郡郭谌曰:"不可。鲁已降,留使既未反,卫虽不同,偏携可攻。县军深入,以进必克,退必不免。"太祖疑之。夜有野麋数千突坏卫营,军大惊。夜,高祚等误与卫众遇,祚等多鸣鼓角会众。卫惧,以为大军见掩,遂降。

可以说是偶然因素成就了曹操的这次胜利,但是仔细想一下,如果曹操撤退的时候没有应变准备,不能敏锐地调整部署,那就很可能错过这次机遇。来看一个雕刻的故事。

故事

韩非子《说林·下篇》中有这样一段话:桓赫曰:"刻削之道,鼻莫如大,目莫如小。鼻大可小,小不可大也;目小可大,大不可小也。"举事亦然,为其不可复也,则事寡败也。工艺木雕的要领,首先在于鼻子要大,眼睛要小,鼻子雕刻大了,还可以改小,如果一开始便把鼻子给刻小了,就没有办法补救了。同样的道理,初刻时眼睛要小,小了还可加大。如果刚开始雕刻时,就把眼睛弄得很大,后面就无法缩小了。为人做事也是一个道理,凡事要留有余地,留有后路。只有这样,才不至于遭遇失败。一个老练的木雕艺人,在进行"创作"的时候,讲究的是从上到下,从前至后,由表及里,由浅入深,先易后难,留有余地。

民间行话说得好:"留得肥大能改小,惟愁脊薄难复肥。""内距宜小不宜大，切记雕刻是减法。"处世为人，又何尝不是如此呢？

方法二

既往不咎，
对可用之人留有接纳的余地

张鲁闻阳平已陷，欲降，阎圃曰："今以迫往，功必轻；不如依杜濩赴朴胡相拒，然后委质，功必多。"乃奔南山入巴中。

张鲁从南郑撤退，身边人建议纵火烧城，被张鲁给否决了。鲁曰："本欲归命国家，而意未得达。今之走，避锐锋，非有恶意。宝货仓库，国家之有。"遂封藏而去。所谓"凡事留一线，日后好相见。"把事情做绝了，等于自己堵死自己的退路。

果然，张鲁没有烧城的举动博得了曹操的认可，操入南郑，甚嘉之。又以鲁本有善意，遣人慰喻之。张鲁成全别人也帮助了自己。

曹操在汉中用兵的过程中，坚持了一个基本原则，就是"军事进攻创造条件，政治招抚打开局面"。凡是能投降归顺的，一律接纳，并且既往不咎，封官封爵。

来看曹操捉须迎叛者的故事：

《魏略》曰：刘雄鸣者，蓝田人也。少以采药射猎为事，常居覆车山下，每晨夜，出行云雾中，以识道不迷，而时人因谓之能为云雾。郭、李之乱，人多就之。建安中，附属州郡，州郡表荐为小将。马超等反，不肯从，超破之。后诣太祖，太祖执其手谓之曰："孤方入关，梦得一神人，即卿邪！"乃厚礼之，表拜为将军，遣令迎其部党。部党不欲降，遂劫以反，诸亡命皆往依之，有众数千人，据武关道口。太祖遣夏侯渊讨破之，雄鸣南奔汉中。汉中破，穷无所之，乃复归降。太祖捉其须曰："老贼，真得汝矣！"复其官，徙勃海。时又有程银、侯选、李堪，皆河东人也，兴平之乱，各有众千余家。建安十六

年，并与马超合。超破走，堪临陈死。银、选南入汉中，汉中破，诣太祖降，皆复官爵。

曹操为什么会这样做呢？有两个原因，一是曹操已经占据了军事和政治上的优势。在占据优势的情况下，就可以从容面对投降者，不怕他们二次造反。二是曹操需要速战速决，尽快扫平汉中，他认识到招抚是一条低成本、高速度的统一之路。占据了绝对优势，可以给改正的机会。给改正的机会，提醒第一次，警告第二次，惩罚第三次。

作为管理者，平时在语言上也要留有余地，批评人的时候，要注意技巧，不可以把话说绝。

具体做法是，第一层总是认同、赏识、肯定、关爱对方的优点或积极面；中间这一层夹着建议、批评或不同观点；第三层总是鼓励、希望、信任、支持和帮助，使之回味无穷。这种批评的方式，不仅不会挫伤被批评者的自尊心和积极性，而且还会使被批评者积极地接受批评，并改正自己的不足。

> **管理箴言**
> 批评可以采用"三明治法则"：把批评的内容夹在两个表扬中，使受批评者较愉快地接受。

三明治法则有三大好处：一是三明治法则的去防卫心理作用。在批评之前，先说些关怀赞美之类的话，就可以营造友好的沟通氛围，让对方平静下来，安下心来进行交往对话。如果一开始就直接批评，语气又十分严厉，那么，对方就会产生一种自然的反射状的防御反应以保护自我。一旦产生了这种防卫心态，那就很难再听得进批评意见了，哪怕批评是很对的，也都将徒劳。可见，三明治的第一层就起到了去防卫心态的作用，使受批评者乐于接近批评者。二是三明治法则的去后顾之忧作用。许多破坏性的批评者总是一而再，再而三地进行批评，批评结束时还让人心有余悸，让人搞不清楚是在受批评还是受罚，因此，总会有后顾之忧。而三明治法则的最后一层就起到了去后顾之忧的作用。它常常给予受批评者鼓励、希望、信任、支持、帮助，使受批评者振作精神，重新再来，不再陷于泥潭之中。三是三明治法则给受批评者以面子，不伤害人的感情，不损坏人的自尊心，能激发人向善的良心和积极的行为。

例如批评某人上班迟到，三明治式的批评会如此进行："你一向表现不错的，最近是否身体不佳？要不然你是不会迟到的。迟到按单位规定是要给你一点惩罚的，你说对不？身体不好的话要早点去看，如果家里有事，你可以跟我打个招呼，我们大家都可以帮助你的。小伙子，好好干吧！"而破坏性的批评就会从头到尾都是火药味，同样是上班迟到，这种破坏性的批评会如此进行："臭小子，你看看现在几点了？就你迟到，你要不要岗位了？你给我记住，以后别再给我碰着，要不然，你就别再来上班了！臭小子！"这样的批评怎能不使对方大失面子呢？

方法三
适可而止，达成目的即收兵

战汉中，曹操带了两位大谋士，一位是司马懿[1]，一位是刘晔。两个谋士都建议曹操乘胜追击。

丞相主簿司马懿言于操曰："刘备以诈力虏刘璋，蜀人未附，而远争江陵，此机不可失也。今克汉中，益州震动，进兵临之，势必瓦解。圣人不能违时，亦不可失时也。"

刘晔曰："刘备，人杰也，有度而迟；得蜀日浅，蜀人未恃也。今破汉中，蜀人震恐，其势自倾。以公之神明，因其倾而压之，无不

---

[1] 司马懿（公元179—251年），字仲达，河内郡温县孝敬里（今属河南温县）人。三国时期魏国杰出的政治家、军事家，西晋王朝的奠基人。曾任职过曹魏的大都督、太尉、太傅，是辅佐了魏国三代的托孤辅政之重臣，后期成为全权掌控魏国朝政的权臣。

克也。若小缓之，诸葛亮明于治国而为相，关羽、张飞勇冠三军而为将，蜀民既定，据险守要，则不可犯矣。今不取，必为后忧。"

没想到，曹操的态度是适可而止：

操曰："人苦无足，既得陇，复望蜀邪！"

因此没有扩大战果。结果却留下了遗憾：

居七日，蜀降者说"蜀中一日数十惊，守将虽斩之而不能安也。"操问晔曰："今尚可击不？"晔曰："今已小定，未可击也。"乃还。

分析原因，曹操为什么不想扩大战果了呢？曹操年纪大了，六十多岁的人不会再像当年二十多岁玩弄五色棒或者四十多岁灭袁绍、争乌桓那样意气风发、豪情万丈。另外，曹操不想冒更大的风险，他在胜势之下收兵，是给自己留一个回旋的余地。此时的曹操，更关注的是内部管理和权力的稳固，在他身后，朝廷那边还有更多的事情等着他去应付呢。

留余地的艺术值得我们深思。书画家进行创作，要懂得"留白"。留白，也就是留余地。给观赏者留想象的余地。电脑的档案资料要备份，以防病毒攻击使系统瘫痪；房屋的钥匙要多备一把，以防遗失进不了家门。树与树之间，留有间隔，才能长得茂盛粗壮；人与人之间，保持相应的距离，才能避免摩擦和纠纷。建筑楼群，要留出一些余地给绿树、花草、阳光、空气。高速公路，每过一段里程，就要在路边留出一块"余地"，供有毛病的车辆应急停靠检修。狡兔三窟，留有逃生的余地。得势不忘失势，留有后退的余地。强盛而不忘衰败，富有而不忘破落。甚至人情世故、恩怨是非，都得留有余地。

曹操撤军后，留亲信大将夏侯渊统领队伍留镇关中。夏侯渊不负众望，战败马超，击溃韩遂，消灭宋建，横扫关右，曹操大喜。《三国志》记载，曹操在奖励夏侯渊的命令中说：宋建造为乱逆三十余年，渊一举灭之，虎步关右，所向无前。仲尼有言："吾与尔不如也。"不过，在表扬夏侯渊的同时，曹操也认真告诫夏侯渊不可走极端，不可一味地卖弄勇气、无视风险。常戒曰："为将当有怯弱时，不可但恃勇也。将当以勇为本，行之以智计；但知任勇，一匹夫敌耳。"作为一名将领，应当有知道弱点和退却的时候，不可只凭借武力。应该以勇力为基础，行动时使用谋略；只知道依靠武力，就只能与一个匹夫对敌罢了。曹操很冷静地警告夏侯渊，不可逞强好胜、用力过度。

曹操看人是比较准的，最担心的事情果然发生了。建安二十四年（公元 219 年）正月，刘备自阳平渡过沔水，驻于定军山，夏侯渊率军相争。刘备率精锐万余人，分十部夜袭张郃，张郃率亲卫奋战反击，刘备不能克。夏侯渊派张郃守备鹿角东部，自率精锐守备鹿角南部，刘备于是全力猛攻张郃，张郃不敌，夏侯渊遂分军一半往救张郃。于是刘备又在走马谷采用烧围角之策，趁夏侯渊前去救火，派讨虏将军黄忠居高临下突袭渊军，夏侯渊遂战死。

愚为智之余；怯为用之余；闲为勤之余。来看一个努力而不竭力的故事。

🌥 故事

春秋战国时期，齐桓公问自己的马夫："你赶马有什么心得吗？"马夫回答："我会让每一匹马都发挥出它最大的潜力，释放它们最大的能量，这样马车才能够跑得最快。"齐桓公很满意，回头就跟管仲谈及此事。管仲很严肃地说："主公，我劝您别坐这人的马车了，他的车会翻的。"不久，那辆车果然翻倒在地，四轮朝天，车夫也重伤不治身亡。齐桓公好奇地问管仲是如何预知的。管仲说了一番意味深长的话："马儿虽是动物，除了工作，也要休息，也需要时间来恢复体力和精神，也有情欲和感情，比如母马会有小马驹等着它们喂奶，它们会时时牵挂小马，需要给时间让它们彼此进行感

情交流，让它们休养生息。而你那个马夫只知道驱赶它们干活，不知道这些道理，那就迟早会出事的。"

管仲说的是马和马夫，同时说的也是管理我们自己的生活。我们要把工作做好就需要合理分配精力与时间，我们需要锻炼身体，需要休养生息，需要学习充电，更需要家庭的温暖和支持，竭力工作不是长久之计。人人努力不是人人竭力。加班加班再加班，一天到晚连轴转，这都不是长久之计，临时一两次还可以，时间长了必然会给个人和事业带来灾难！

用兵西北分为两个阶段，第一阶段是破马超、取汉中、收张鲁，进行得十分顺利，战略和战术运用得当，没有明显的失误；第二阶段留兵镇守，稳定地方抗击刘备，一直到亲统大军再次西征，曹操统筹规划、巧妙安排，在用人和做事上都留了充分的余地，避免了像赤壁大战那样承担巨大的风险，这些都是很值得称道的。同时也有一个明显的错误就是用人失当，把将才当作了帅才。用兵之道，关键在用将。用将错误让汉中战役陷入了被动之中，最后只好退守陈仓，稳定防线。就在汉中失利的阴影还没有散尽的时候，一场新的、更大的考验，又来临了！那么这个考验是什么呢，曹操该如何应对呢？请看下一讲。

管理箴言

努力出精彩，竭力藏灾祸。

第十五讲

把握大局善造势

作为团队领导者,如果不能预测行业发展的大趋势,很有可能做出错误决策,导致事业遭遇挫折甚至一蹶不振。好的领导者往往是借势造势的高手。公元219年,猛将关羽给曹军以重创,许昌告急、形势不妙,危急关头,曹操却在复杂的局势中接连巧妙借势,化险为夷,为曹魏政权的巩固打下了坚实基础。曹操都有怎样的借势发展妙计?我们能从他那里获得哪些启发和帮助?

有句俗话说得好，"与其待时，不如乘势"，顺流而下，顺势而行，永远都是最快捷、最高效的。许多难办的事情，一旦借势而起，乘势而行，就会顺风顺水马到成功，那局面真可以说是"好风凭借力，助我上青云""两岸猿声啼不住，轻舟已过万重山"。咱们中国人喜欢说"势如破竹、大势所趋、顺势而为、乘势而上、因势利导"，这里所说的"势"，具体讲是指各种外部条件的具备和成熟。《孙子兵法》专门有一篇《势篇》有云："故善战者，求之于势，弗责于民。"常见的"势"有四种：趋势、局势、形势、声势。

能成就一番事业的人，一定也是借势、顺势、谋势、造势的高手。曹操就是这样的高手，在他的事业发展过程中，曹操表现出了优秀的战略眼光和有效的造势、顺势的策略。

细节故事

水淹七军

东汉建安二十四年（公元219年）秋八月，樊城以北汉水泛滥，曹军樊北防线的七座大营一片汪洋。放眼望去，两支军队正在洪水中激战。在一段河堤的外围停着一艘虎头战船，船头端坐一人，卧蚕眉，丹凤眼，面如重枣，五绺长髯，正是刘备的五虎上将之首关羽关云长。在关羽对面远处的河堤上也有一员大将，身材魁梧，粗眉大眼，青袍银铠，手执硬弓，背后皂角旗上书四个大字"南安庞德"，此人正是曹军先锋官庞德,他带着一支小部队正在抵抗关羽部队的猛攻。庞德不愧是先锋官,手执弓箭,箭不虚发,攻上来的士兵射一个倒一个,连续射倒十几个人,后边的敌军攻势才稍稍缓和下来。但是放眼望去,曹军七座大营都已接连失守,将士们死的死,降的降,关羽的部队正驾着船四处捉拿俘虏。庞德已经陷入了绝境之中。

这七座大营是曹军樊城防线的核心所在,主将是于禁和庞德。公元219年初秋,镇守荆州的大将关羽率领精锐部队来攻打樊城,樊城主将曹仁专门派遣左将军于禁、立义将军庞德率部在樊北扎营,保护樊城的侧后方。

关羽一面包围樊城,一边急攻于禁和庞德二将的连营。按照史料记载:八月,大霖雨,汉水溢,平地数丈,于禁等七军皆没。(《资治通鉴·汉纪六十》)

关云长借助水势,乘坐战船杀进曹军大营。主将于禁被迫投降,只有立义将军庞德死战不降。战斗从早晨打到中午,关羽这边兵强马壮,战士们轮流进攻和休息吃饭,庞德那边人越打越少,弓箭眼看就要射光了,士兵们饿着肚子、筋疲力尽。

饱餐过午饭,看看形势差不多了,关羽传下将令,全军猛攻,一时之间,战船蜂拥而上,勇猛的士兵喊叫着顶着庞德队伍的弓箭冲上了河堤,庞德连续射倒了前边几个人,再找雕翎箭,一支也没有了,见到大势已去,周围的曹军纷纷放下武器准备投降。庞德咬牙抽出短刀杀开一条血路,跳到了河堤边的一艘小船之上。没想到刚划出不远,一个浪头拍过来,小船晃了一下就翻了,庞德在水中被生擒活捉。关羽劝降,庞德立而不跪,破口大骂,最终被杀。整个战役以关羽大获全胜而告终。这场战役就是三国历史上有名的"水淹七军"。

消灭了于禁和庞德的部队,关云长集中兵力猛攻樊城,"立围数重,外内断绝"。又遣别将围吕常于襄阳。荆州刺史胡修、南乡太守傅方都向关羽投降。按照《三国志》的描述:自许以南,往往遥应羽,

羽威震华夏。

关云长的节节胜利让曹操坐立不安，许都离前线太近了，为了躲避关羽的锋芒，曹操甚至产生了迁都的想法。关键时刻，司马懿和蒋济给曹操提出了好的建议，使得曹操在被动的局面下扭转了局势。

《资治通鉴》记载：丞相军司马司马懿、西曹属蒋济言于操曰："于禁等为水所没，非战攻之失，于国家大计未足有损。刘备、孙权，外亲内疏，关羽得志，权必不愿也。可遣人劝权蹑其后，许割江南以封权，则樊围自解。"操从之。

曹操做出了正确的决策，就是联合在赤壁大战当中把自己打得落花流水的孙权一起对抗关羽。这个想法孙权会同意吗？历史已经把答案告诉我们了，孙权同意了，而且没怎么犹豫就同意了。

那么孙权为什么会答应敌人的请求，朝自己的盟友背后下刀子呢？这个事情，我们要从当时的形势说起，这个形势可以概括为六点：

一、北进徐州易攻难守，得不偿失；

二、曹操兵强马壮，难以战胜；

三、荆州是战略要地，志在必得；

四、关羽对孙权态度傲慢，激怒了孙权；

五、关羽主力在樊城，后方空虚，机会难得；

六、吕蒙已经有了比较成熟的偷袭方案。

基于这六点，孙权毅然决定从背后下手，袭击关羽，夺取荆州。可以说孙权不是为曹操而是为了自己的利益。这真的应了外交上的一句话："利益能经得住友谊的考核，友谊却经不住利益的检验。"

在孙权紧锣密鼓策划偷袭荆州的同时，曹操也派遣亲信大将徐晃出兵救援曹仁。徐晃在此后的战役中起到了关键作用。首先，徐晃初战小胜。

关羽遣兵屯偃城，晃既到，诡道作都堑，示欲截其后，羽兵烧屯走。晃得偃城，连营稍前。（《资治通鉴·汉纪六十》）

就在徐晃准备进兵的时候，他被参军赵俨给劝住了。赵俨是曹操专门派到前线协调各部队行动的，关键时刻有临机专断的指挥权。

俨谓诸将曰："今贼围素固，水潦犹盛，我徒卒单少，而仁隔绝，不得同力，此举适所以敝内外耳。当今不若前军逼围，遣谍通仁，使知外救，以励将士。计北军不过十日，尚足坚守，然后表里俱发，破贼必矣。如有缓救之戮，余为诸君当之。"诸将皆喜。晃营距羽围三丈所，作地道及箭飞书与仁，消息数通。(《资治通鉴·汉纪六十》)

赵俨在关键时刻提出了一个正确的意见：人单势孤，不可激战，只可缓攻待变。待谁变呢？当然是待孙权变。此时，孙权写密信给曹操，表示要联合讨伐关羽，请曹操严格保密，不要让关羽有防备。

操问群臣，群臣咸言宜密之。董昭曰："军事尚权，期于合宜。宜应权以密，而内露之。羽闻权上，若还自护，围则速解，便获其利。可使两贼相对衔持，坐待其敝。秘而不露，使权得志，非计之上。又，围中将吏不知有救，计粮怖惧。傥有他意，为难不小。露之为便。且羽为人强梁，自恃二城守固，必不速退。"操曰："善！"即敕徐晃以权书射著围里及羽屯中，围里闻之，志气百倍；羽果犹豫不能去。(《资治通鉴·汉纪六十》)

此时的曹操已经摆脱了被动地位，掌握了主动权。

规律分析

隔岸观火

在此战役当中，曹操变被动为主动最关键的一条，就是看清形势，创造联合孙权打击关羽的局面，引导孙权去袭击关羽，从而解除樊城之围。赵俨秉承曹操的战略意图，提出了缓进的建议，其核心就是：善于利用形势，变被动为主动，使自己居于有利位置。利用形势，是战胜强敌的关键所在。

这种策略思想,最早反映在《战国策·燕策》的一个著名故事里,这个故事叫作"鹬蚌相争":蚌张开壳晒太阳时,长嘴鸟去啄它的肉,被蚌夹住了嘴,互相争持不下,结果被渔翁一起捉住了。此计的特点是:以静观变,随变而动,使敌人之间产生矛盾、互相削弱,直到事情发展到有利于自己的地步,才相机行动,及时出击。

后来三十六计当中,把这种思维演化成了一个计策,名为"隔岸观火"之计,隔着河看对岸着火,意思是指根据敌方正在发展着的矛盾冲突,采取静观其变的态度,故意让开一步,不急于去"趁火打劫",而是等时机成熟了再动手。这个策略的妙处就在于故意慢一点,故意让一步。

在实际生活中,我们经常会看到这个策略,比如商业竞争当中就很常见。有一家博物馆要购进一大批红木家具,馆长有两个不错的朋友知道消息了,都来介绍关系,想拿到这笔订单,因为有人情在,不好拒绝,也不好砍价,馆长就故意把双方都想拿单的消息透露给了对方。接下来,馆长就轻松了,故意慢半拍决策,说要研究研究,只见两个做红木家具的你争我夺,互相杀价,互相揭短,最后博物馆物美价廉地购进了自己想要的产品。

还有,就是在恋爱中,女孩子会告诉追自己的那个男生:"隔壁班的谁谁谁也要送我玫瑰呢,他也想请我看电影。"于是接下来,两个男生的较量开始了,送花、送礼物、送蛋糕,问寒问暖,跑前跑后,女孩子一边享受着被照顾,一边用聪明的眼睛冷静观察两个人的表现,从而能选一个更好的当自己的男朋友。这就是所谓没有比较就没有优秀,没有竞争就没有进步。

联系实际

止盈与止损

按照《三国志》的记载,曹操在关羽水淹七军之后,亲率大军南下救曹仁，驻军在摩陂，前后派遣殷署、朱盖等十二营部队充实前线徐晃的实力。战斗过程是这样的，关羽对樊城的包围有五个主要支撑点，徐晃表面上集中力量佯攻正面的主营，暗地里悄悄安排部队进攻后面的四个小高地。紧急关头，关羽率领步骑五千出战，徐晃正面迎击，硬碰硬打退了关羽的进攻，乘势深入重围，连破围堑鹿角十重，解了樊城之围，关羽撤兵而去。徐晃和曹仁两军会合，实力大增，士气高涨。将士们都要求乘胜追击。但是护军赵俨主张收兵，关键时刻曹操也传来将领，一定不要乘胜追击。

关羽闻南郡破，即走南还。曹仁会诸将议，咸曰："今因羽危惧，可追禽也。"赵俨曰："权遽羽连兵之难，欲掩制其后，顾羽还救，恐我承其两疲，故顺辞求效，乘衅因变以观利钝耳。今羽已孤迸，更宜存之以为权害。若深入追北，权则改虞于彼，将生患于我矣，王必以此为深虑。"仁乃解严。魏王操闻羽走，恐诸将追之，果疾敕仁如俨所策。（《资治通鉴》）

为什么不追呢？扩大战果多好啊。其实，曹操的心机是很深的，他看到关羽的后方已经被吕蒙"白衣渡江"给占领了，现在关羽人单势孤，就让他和孙权去决斗吧，双方不管谁失败都是我们的胜利，一旦我方乘胜追击，为了保护自己，孙权和关羽有可能再度联合，形成第二次赤壁之战的局面，那我们就得不偿失了。不追比追击的战略利益更大，效果更好！

这就是曹操的心机和远见。适可而止是远见的具体体现。

投资学上有两个专用的术语来描述这种适可而止的状态，叫作"止盈"和"止损"，懂得这个才可以投资。所谓止盈，简单讲就是赚到一定数额的钱就不赚了，要及时抽身；所谓止损，说白了，就是赔到一定数额，就不能再赔了，也要及时抽身。千万不能赚了钱还总想再多点、再多点，赔了又总想捞回来。贪心和不甘心，永远是投资上的两大陷阱，是所有赌徒最大的灾难，也是人生中的两大考验。能够

放下贪心，放下不甘心，才有机会持续成功。

比如你投资黄金，黄金价格是每克 320 元，你买了 10 千克。现在涨到 330 元了，卖不卖？卖了能赚 10 万元；但是你又觉得"那要是再涨呢？还是等等吧！"果然又涨了，现在是每克 340 元，赚了 20 万元，这时候卖还是不卖？看着还在上涨的曲线，不甘心啊，还想多赚点。结果明天一下掉到了 316 元，而且持续低迷。这下肠子都悔青了。

所以，历史经验一次又一次证明，会买入的是学生，会卖出的才是老师，最高的技巧是适可而止。所有被套牢的，都是不懂得适可而止的。

曹操和刘备争夺汉中，夏侯渊被杀，定军山惨败之后，曹操退守陈仓，把战线稳固在陈仓一线不再往前推进，这就是止损，"不捞了，就这样了"。在襄樊战役中，解了樊城之围，化险为夷击退了强大的关羽，没有乘胜追击深入敌阵，这就是止盈，"适可而止，后边的故事留着关羽和孙权去继续吧"。这就是曹操的战略眼光，体现了他敏锐的形势判断力。

曹操深知一个道理：谋人不如谋势，借力不如借势，顺心不如顺势。襄樊之战，在关羽水淹七军威震华夏之后，曹操最终能稳住阵脚取得胜利，其核心策略就是判断形势，借助孙权和关羽的矛盾，来个"鹬蚌相争，渔翁得利"，不战而屈人之兵。

曹操真的是一个谋势专家、借势高手。这种战略眼光不光体现在军事上，还进一步体现在政治上和内部管理上，总结起来就叫作：大造声势，控制局势，引导趋势。

方法一

大造声势，占领舆论制高点

我们先来谈谈声势的问题。大家看电视剧都有一个感受，就是广告特别多，以前是电视剧里插播广告，现在是广告里插播电视剧。其实，广告轰炸就是一种典型的打造声势的手段。在我们这个年代，酒好最怕巷子深，没有知名度，别人不知道你，那你肯定走不下去。

曹操也会做广告，"三封三让"就是曹操的有效广告手段。

东汉建安二十一年夏五月，汉献帝下诏书册封曹操为魏王。《三国志》记载：魏王上书三辞，诏三报不许。也就是曹操推辞了三次，汉献帝都不接受。

曹操还要推辞，最后汉献帝急了，亲笔给曹操写信。

手诏曰：大圣以功德为高美，以忠和为典训，故创业垂名，使百世可希，行道制义，使力行可效，是以勋烈无穷，休光茂著。稷、契载元首之聪明，周、邵因文、武之智用，虽经营庶官，仰叹俯思，其对岂有若君者哉？朕惟古人之功，美之如彼，思君忠勤之绩，茂之如此，是以每将镂符析瑞，陈礼命册，寤寐慨然，自忘守文之不德焉。今君重违朕命，固辞恳切，非所以称朕心而训后世也。其抑志撙节，勿复固辞。(《三国志·武帝纪》)

大概意思是说：你的聪明超过上古贤人稷和契，你的功劳超过周公和邵公，想着你忠诚和勤勉的样子，我对着给你的任命书晚上都睡不着觉，如果你一定要谦虚推辞，那就是辜负了朕的心意，也辜负了天下人啊。您就不要推辞了吧。

不明真相的人就会奇怪，这个汉献帝也太低声下气了，任命曹操当魏王，恨不能跪下给曹操磕一个，这太匪夷所思了。其实，这些都是曹操导演的。任命的稿子，还有谦让的稿子，都是曹操的幕僚提前写好的，"三封三让"的流程，也是事先安排好的，属于按程序办事。

看到这一段，有人就要嘲笑曹操了，明明是自己想夺权当魏王，还要假惺惺演戏，弄一个"三封三让"。抢人家东西，还要假装做慈善，这心也太黑了。

其实，曹操这样做是有深意的。通过"三封三让"，曹操要达到三

个目的：

第一，告诉天下人，我不是夺权，是天子亲口封赏了，而且我也谦虚推辞过了；

第二，汉家天子对我非常认可，不提拔我他都睡不着觉；

第三，也是最重要的，是通过"三封三让"的文字，从客观的角度展示曹操的才华和贡献。

所以"三封三让"，是曹操的个人形象工程，是他为自己策划的全方位广告宣传。曹操深知一个重要的管理原则，形象就是说服力，形象就是影响力，领导者要像保护自己眼睛一样保护自己的形象。丢了形象就会丢了民心，丢了未来。

> **管理箴言**
>
> 形象就是说服力，形象就是影响力，领导者要像保护自己眼睛一样保护自己的形象。丢了形象就会丢了民心，丢了未来。

"三封三让"的往来文书充满了对曹操的肯定和赞扬，使用的全是最给力的广告语。我们只要看一小段汉献帝签发的封魏王诏书，就能感受到这种包装效果：

君勤过稷、禹，忠侔伊、周，而掩之以谦让，守之以弥恭，是以往者初开魏国，锡君土宇，惧君之违命，虑君之固辞，故且怀志屈意，封君为上公，欲以钦顺高义，须俟勋绩。韩遂、宋建，南结巴、蜀，群逆合从，图危社稷，君复命将，龙骧虎奋，枭其元首，屠其窟栖。暨至西征，阳平之役，亲擐甲胄，深入险阻，芟夷蛮贼，殄其凶丑，荡定西陲，悬旌万里，声教远振，宁我区夏。盖唐、虞之盛，三后树功，文、武之兴，旦、奭作辅，二祖成业，英豪佐命；夫以圣哲之君，事为己任，犹锡土班瑞以报功臣，岂有如朕寡德，仗君以济，而赏典不丰，将何以答神祇慰万方哉？（《三国志·武帝纪》）

曹操通过"三封三让"，大造声势，增加了权力的合法性和认可度。

曹操每次都是借助汉献帝的签字盖章，来推广自己的品牌和主张。这一招他运用得非常娴熟。现代企业经营讲究做人先要有声誉,赚钱要有名气,其思路也在于此。

最有效的手段,一是亮出自己的好招牌,曹操亮的是"忠君报国"的金字好招牌;二是创造一种需求(这是借势造势最基础的手段),曹操一方面强调外部危机,一方面展示汉献帝提拔自己的迫切性,内外部需求都创造出来了;三是营造"名人效应",这是借势造势最有效的手段,汉献帝这个大名人每次都能说出曹操想说但是不适合说的话,每次都热血沸腾、痛哭流涕地感恩曹孟德;四是善于制造新闻,曹操每次都把"三封三让"弄得轰轰烈烈、热热闹闹,有关的文字内容广泛传播,尽人皆知。

通过上述努力,曹操始终占领着舆论的制高点,保持着强大的声势和声望,为后续进一步夺权奠定了基础。

方法二
控制局势,利用关键事件强化认同

曹操有阴和阳两种手段来控制局势。我们先来看一个阳的事件。

事件一:孙权劝进

魏王操表孙权为骠骑将军,假节,领荆州牧,封南昌侯。权遣校尉梁寓入贡,又遣朱光等归,上书称臣于操,称说天命。操以权书示外曰:"是儿欲踞吾著炉火上邪!"侍中陈群等皆曰:"汉祚已终,非适今日。殿下功德巍巍,群生注望,故孙权在远称臣。此天人之应,异气齐声,殿下宜正大位,复何疑哉!"操曰:"若天命在吾,吾为周文王矣。"(《资治通鉴·汉纪六十》)

孙权劝曹操当皇帝,曹操拒绝了,而且说"是儿欲踞吾著炉火上邪!"意思是:这小子要把我放炉子上烤啊。曹操为什么要这么说呢?

而且曹操不是喜欢权力吗，他为什么不顺水推舟就直接当了皇帝呢？

这其中有一个重要原因值得我们注意，先讲一个心理学效应，叫作"高大效应"。专家做研究，给几个组看录像，镜头反映一个普通人的生活，让 A 组群众看完了估计主人公的身高；然后换 B 组，不过在 B 组估计身高之前，研究者介绍说此人是一个有才华有水平的领导，介绍完了再让 B 组估计主人公的身高。结果，B 组给出的估算数据明显高于 A 组，换句话说，一旦知道此人是领导，那么 B 组普遍觉得录像里的主人公更加高大。这是一种典型的心理现象，人们都会觉得领导更高大。而且进一步的研究发现，这种心理不光存在于领导者的身材评估上，还会存在于思想评估上。群众是相信领导思想上也更高大的，但是如果领导思想不够高大，群众就会失望，就会放弃对此人的支持。身材令人失望可以容忍，思想境界令人失望绝不容忍。

曹操就面临着这个"高大效应"的考验，自从起兵以来，从汜水之战、迁都许昌，一直到北征乌桓、灭袁绍、平西凉，曹操打的大旗都是兴复汉室，忠君报国。这面大旗吸引了很多人，激励了很多人，但是也束缚了曹操。等到曹操真的有野心想当皇帝的时候，他发现自己已经被自己之前的主张给捆住了，忠君报国讲得太多，按照"高大效应"，如果现在夺皇位无异于自己打自己的嘴巴，会失信于天下，会名声扫地的，以前支持曹操的很多人可能就会成为反对派。所以曹操才说孙权是想把自己放到火上去烤。曹操的道德包袱太重，已经不敢轻易违反自己之前说的话了。所以，他夺权但不夺位，虽然实际上掌握了皇帝的权力，但是自己却不当皇帝。这就是自己承诺锁定自己的有趣现象。品牌太好，形象太正面，自己已经不敢做出格的事情了，否则损失太大，这是曹操的一个心结。孙权正是想利用这个来算计曹操。

因此，为了保持自己的声誉，曹操表面上依旧打着忠君报国的旗号，依旧每次都表态要忠于皇帝、匡扶汉室。这是他控制局面阳的一面。

同时，在夺权过程中，曹操还有控制局面阴的一面，这一面体现了他的心机、手腕和态度。

事件二：荀彧之死

荀彧字文若，颍川（今属河南许昌）人，曾经担任过亢父县（今山东济宁市南部）的县令。公元189年，因为董卓当政，荀彧警觉到天下有变，便辞官回归故里，率领宗族投靠了袁绍。两年之后，荀彧离开袁绍，跳槽到时任奋武将军的曹操麾下。在以后的战争岁月中，荀彧不仅多次挽救过曹操，而且为曹操提供过许多奇谋妙策，守兖州、迎汉帝、收张绣、灭吕布、战官渡、平乌桓，所有大战无不都有荀彧的心血和智慧。他还为曹操物色了一大批高质量的人才：荀攸、郭嘉、钟繇、陈群、司马懿、郗虑、华歆、王朗、荀悦、杜袭、辛毗、赵俨。

前后所举者，命世大才，邦邑则荀攸、钟繇、陈群，海内则司马宣王，及引致当世知名郗虑、华歆、王朗、荀悦、杜袭、辛毗、赵俨之俦，终为卿相，以十数人。（《三国志》注引《荀彧别传》）

但是最后在"进爵"魏公上，荀彧和曹操发生了严重分歧。

十七年，董昭等谓太祖宜进爵国公，九锡备物，以彰殊勋，密以咨彧。彧以为太祖本兴义兵以匡朝宁国，秉忠贞之诚，守退让之实；君子爱人以德，不宜如此。太祖由是心不能平。会征孙权，表请彧劳军于谯，因辄留彧，以侍中光禄大夫持节，参丞相军事。太祖军至濡须，彧疾留寿春，以忧薨，时年五十。（《三国志·荀彧传》）

当年定都许昌的时候荀彧向曹操进言说："天子蒙尘，将军诚当首倡义兵，奉天子以从众望。"他希望曹操在这个国难当头的时刻挺身而出，帮助汉献帝"修复汉室"（恢复正常的国家管理秩序）、"征讨不庭"（征讨那些不服从管理的军阀），做一个"立德、立功"的大英

雄。"奉天子而令诸侯"与"挟天子而令诸侯"虽然只有一字之差,却有天壤之别。在最终夺权还是交权的问题上,荀彧和曹操产生了根本的分歧。曹操用一只空食盒赐死了荀彧。

晚年的曹操决不允许任何人在夺权的道路上充当绊脚石,哪怕是荀彧这样有大功的人,他也毫不手软地清除掉。荀彧之死,给所有人上了一课,让大家知道了曹操的底线,从此再没有大将或者谋士在曹操"进爵"封王的时候站出来说三道四了。曹操一边保持声誉,一边稳步夺权,通过阴阳两手相结合,牢牢地掌控了局势。

方法三
引导趋势,行为示范带队伍

曹操在生活上特别强调节俭,这种有效的行为示范,直接影响了当时的干部风气和民间风俗。

裴松之在为《三国志》作注时引用《魏书》:雅性节俭,不好华丽,后宫衣不锦绣,侍御履不二采,帷帐屏风,坏则补纳,茵蓐取温,无有缘饰。攻城拔邑,得靡丽之物,则悉以赐有功,勋劳宜赏,不吝千金,无功望施,分毫不与。四方献御,与群下共之。

曹操不仅自己不好华丽,也使子女、后宫都做到了节俭朴素。"公女适人,皆以皂帐,从婢不过十人。"曹操夫人卞氏常说,"居处当务节俭,不当望赏赐,念自佚也","吾事武帝四五十年,行俭日久,不能自变为奢"。《三国志·后妃传》还记载,曹操为卞夫人的弟弟卞秉建了一座房子,建成之后,卞夫人到弟弟家,请亲戚吃饭祝贺,"菜食粟饭,无鱼肉。其俭如此"。直到曹操的孙子曹叡当了魏明帝的时候,尚书卫觊还上疏劝谏:"当今之务,宜君臣上下,并用筹策,计较府库,量入为出。"他特别说道:"武皇帝之时,后宫食不过一肉,衣不用锦绣,茵蓐不缘饰,器物无丹漆,用能平定天下,遗福子孙。此皆陛下之所亲览也。"(《三国志·卫觊传》)。

司马光说过:"风俗,天下之大事也。"节俭从来都是值得提倡的好风俗。因为俭可养德,俭可防奢,而贪则必由奢起。故俭与奢相对立,奢与贪相连接。

在曹操属下的重臣名将当中,很多人都有节俭清廉的记载。比如,大将军夏侯惇"性清俭,有余财辄以分施,不足资之于官,不治产业"。侍中光禄大夫荀彧及其子荀攸"皆谦冲节俭,禄赐散之宗族知旧,家无余财"。东曹掾毛玠,"玠居显位,常布衣蔬食,抚育孤兄子甚笃,尝赐以振施贫族,家无所余"。御史中丞鲍勋"内行既修,廉而能施,死之日,家无余财"。御史大夫华歆"素清贫,禄赐以振施亲戚故人,家无担石之储。公卿尝并赐没入生口,唯歆出而嫁之"。司空掾属司马朗"虽在军旅,常粗衣恶食,俭以率下"。西曹令史梁习"勤劝农桑,令行禁止","而居处贫穷,无方面珍物"。侍郎杜恕"推诚以质,不治饰",曾上疏说:"帝王之道,莫尚乎安民;安民之术,在于丰财。丰财者,务本而节用也。"江夏太守桓禺"清俭有威惠"。尚书常林"节操清峻","虽贫,自非手力,不取之于人。"他与吉茂、沐并、时苗四人都载入《清介传》。吉茂"不耻恶衣恶食","其或馈遗,不肯受"。时苗始为官时,"乘薄奢车,黄牸牛,布被囊。居官岁余,牛生一犊。及其去,留其犊"。御史中丞崔林"贫无马车,单步之官",意思就是步行去上任。文学掾王观"治身清素,帅下以俭,僚属承风,莫不自励"。汝南太守满宠"不治产业,家无余财",有"清忠俭约之节"。如此之类,不一而足。

曹操手下官员的清正廉洁,和曹操厉行节俭是有很大关系的。曹操的队伍干部廉政,行政效率高,不正之风少,都和这种厉行节俭有很大的关系。

正所谓成由勤俭败由奢。为什么这么说呢?给大家推荐一个管理上的主张:做大事的人随身物品要简朴。原因有三个:

第一，简朴是形象，随身物品太奢华，大家会觉得咱们辛辛苦苦挣来的利益都被这个家伙给贪了，你看，一个水杯就这么值钱，太可恨了。所谓收藏，收到了藏起来，收藏品是不适合作为随身办公用品的，否则会败坏你的干部形象。

第二，简朴是作风。商纣王用了一副雕花的象牙筷子，这就可以预测殷商政权要垮台了，原因是一个点的变化会引起整个消费链条的变化。领导有三顿饭一定要吃得下、吃得香，一是家乡饭，家乡饭是粗茶淡饭，吃得香甜美味，这叫不忘本，知道自己是谁；二是单位食堂饭，食堂大锅饭口感清淡，但和弟兄们一起热火朝天吃一顿，这叫同甘共苦；三是老婆做的饭，老婆手艺不高，但你香喷喷吃下这碗饭，这叫家庭和睦，后院不起火。嘴上无小事，说什么代表思想，吃什么代表作风，通过说什么吃什么，就能知道一支队伍的作风和战斗力。管好嘴，迈开腿，不光身体健康，而且事业也会进步。

第三，简朴是效率。人要做东西的主人，不能做东西的奴隶，随身物品太奢华会分散注意力，降低工作效率。从这个角度理解，"成由勤俭败由奢"这句话真的是很精辟、很深刻的，值得我们每个人反省和反思。

曹操依据自己过人的眼光和心机，大造声势、控制局势、引导趋势，一步一步强化着自己的权威，一步一步走向权力的巅峰。解除襄樊危机，击退关羽，联合孙权，"进爵"魏王，曹操一次又一次地成功了，但是他的生命也快走到尽头了，多年的头疼病每天都折磨着他，他感觉到身体每况愈下，留给他的时间已经不多了。在应对政治、经济、军事、外交各方面挑战的同时，曹操开始精心准备自己一生中最后一项重要工作，也是最具风险和挑战的工作，就是移交权力，选择接班人。这件事情耗去了曹操最后的心血，那么曹操是怎么安排后事的？他在交班过程中遇到了哪些问题呢？请看下一讲。

第十六讲

费尽心机谋后事

后继有人才能事业长青。在企业管理中，接班人的选择至关重要，好的接班人可以把事业推到新的高度，相反，不合适的接班人极有可能给事业带来灾难。公元220年，曹操即将走到生命的尽头，此时最让他放心不下的问题是，谁能继承他的事业把队伍带好？在去世之前，他对几个非常优秀的孩子有意识地进行了考察，最后通过几个巧妙的办法，很快就选定了事业的接班人。曹操在选择接班人上都有哪些值得借鉴的方法和策略呢？

"忠厚传家久，诗书继世长；国清才子贵。""家富小儿骄""养不教父之过，教不严师之惰。"这些话说的都是子女教育。一个人一辈子做什么事都成功，但有一件事做失败了就死不瞑目，这件事就是子女教育；一个人一辈子做什么事都失败，但有一件事做成功了死的时候也能安心，这件事还是子女教育。子女教育是战略管理，也是幸福感管理的核心所在。

三国人物当中，我最佩服的有三个人：第一个是孙坚，自己是英雄，自己的儿子孙策、孙权个个是英雄；第二个是司马懿，自己了不起，儿子司马师、司马昭个个出色，而且人家孙子还统一了天下；第三个佩服的就是曹操，你看人家的子女教育多么成功，要文的，有曹植，才高八斗；要武的，有曹彰，武艺高强；要领导，有曹丕，知人善任；做奥数，有曹冲，聪慧过人。曹操的子女教育是非常成功的。那么在这些出色的孩子当中，让谁来做接班人呢？

细节故事

曹冲救人

按照史料记载，曹操有十三位夫人，生了二十五个儿子。这些儿子当中，最有传奇色彩、最受曹操疼爱的是少年天才曹冲[1]。关于他，

---

[1] 曹冲（公元196—208年），字仓舒，曹操之庶子，由环夫人所生，从小聪明仁爱，与众不同，深受曹操喜爱。留有"曹冲称象"的典故。曹操几次对群臣夸耀他，有让他继嗣之意。可惜因病早卒。

我们大家耳熟能详的一个故事就是"曹冲称象"。《三国志》记载，曹冲少聪察岐嶷，生五六岁，智意所及，有若成人之智。时孙权曾致巨象，太祖欲知其斤重，访之群下，咸莫能出其理。冲曰："置象大船之上，而刻其水痕所至，称物以载之，则校可知矣。"太祖大悦，即施行焉。

另外有一个著名的故事"曹冲救人"更能体现他的聪明睿智。曹操军中的刑罚是非常严酷的，有一次，曹操坐骑的马鞍放在仓库中，不慎被老鼠咬坏。库吏大惊失色，自认必死，想起家里上有老下有小，竟要因为一个马鞍丢了性命，忍不住躲在一边暗自垂泪，哭得很伤心。正好路过的曹冲看见了。曹冲了解了事情的来龙去脉后，就安慰库吏说："你别伤心了，我想办法救你。你在帐外等着，我叫你你就进来，实话实说就可以了。"

嘱咐完了，小曹冲就用刀把自己的单衣戳成鼠齿状，然后一脸忧愁、眼含热泪地来见曹操。曹操一看心肝宝贝伤心成这样，忍不住就问曹冲为何事忧虑。曹冲说："听人家说随身物品被老鼠咬坏了，主人就会遇到不幸，我这件衣服夜里被老鼠给咬了，所以我来向父亲告别，我估计自己要出事了，所以很担心。"

曹操哈哈大笑说："儿子，别相信，这都是瞎说，根本没有这回事。"曹冲说："真的没有吗？"曹操说真的没有。曹冲向周围人确认："各位叔叔大爷，我爹爹说的是这么回事吗？"周围的文武大臣都说："丞相说得对，千岁说得对。那些都是瞎说，没么一回事。"

曹冲破涕为笑，过了一会儿管马鞍的官员进来说："丞相，您的马鞍也让老鼠给咬了。"曹操瞪了瞪眼睛，然后哈哈大笑，说："连我儿子的单衣都被咬坏，何况马鞍乎？"于是这名官吏得以活命。

据《三国志》记载，每当曹冲见到当刑者，总要上去询问是否冤枉，是否处理过重。如果是，他就要想方设法为之救命或减刑；每当见到那些勤奋而能干的官吏因小过或失误而触犯法律，他都要亲自到

曹操那里说情，请求父王宽恕。史书称曹冲"辨察仁爱，与性俱生，容貌姿美，有殊于众，故特见宠异"。(《三国志》注引《魏书》)

规律分析

承诺一致

曹冲使用了一个特殊的心理技巧来挽救库吏的性命。这个技巧叫作承诺一致。这是沟通心理学中非常强大的一说服策略。

人会有一种本能，就是按照自己说出的话去行动，兑现自己说出的承诺，哪怕在实际兑现的时候，有些条件已经发生了变化，甚至明显违背了承诺人的实际意愿。无论对于孩子还是大人、男人还是女人，承诺都是具有巨大威力的。一个人的身份地位越高，他兑现承诺的推动力越大，他就越不会违反自己说过的话。"承诺一致"的妙处也在于一旦对方承诺了，即便后来他并不情愿，他也会努力兑现他的承诺，特别是公开的承诺。

有一个关于如何让小男孩不捣乱的故事：幼儿园的小朋友们午睡前要听个故事，每次老师讲故事的时候，一个叫淘淘的小男孩都捣乱，上蹿下跳，左顾右盼，抓耳挠腮，嬉皮笑脸，不是干扰别人，就是自己大声说话，老师没有训斥，更没有发怒和体罚，而是使用了承诺一致的策略。

老师笑眯眯地请淘淘站起来，然后问他："淘淘小朋友，老师请教你一个问题，你说上课的时候小朋友应该保持什么呀？"有的小朋友接话茬说："保持安静！"淘淘也说："保持安静。"老师鼓励他，让他大声说一下，他大声说："保持安静！"

老师对其他小朋友说："大家觉得淘淘说的对不对呀？"大家说："对！"

老师说："好，那么请大家为淘淘鼓掌！"

小朋友们热烈鼓掌,在掌声中老师接着说:"淘淘小朋友,你愿意保持安静,做个遵守纪律的好孩子吗?"

他说:"愿意。"老师立刻说:"小朋友们,淘淘愿意遵守纪律,我们为他鼓掌!"

大家再次热烈鼓掌,老师趁热打铁:"那么大家愿意向淘淘学习,做守纪律的好孩子吗?"大家齐声说:"愿意!"老师说:"好的,那么我们大家一起为自己鼓掌!"

三次鼓掌之后淘淘坐回原位,老师继续念故事。过一会儿,你会发现淘淘的表情很纠结,他还是想干扰身边的小朋友,但是这次他忍住了。因为他当众做了积极的承诺。这就是承诺一致的威力。它在儿童教育中很有效,在企业管理中很有效,在生活中的各种买卖行为当中大家可能都会遇到。

联系实际

宣誓效应

在市场上,有些销售人员就会使用承诺一致的策略来诱你上钩,方法是他们会热情地通知你"我们这款汽车比其他市场报价低15%"。等你来了以后,销售小姐会热情地向你介绍,安排你试驾,花时间填写各种单据,再陪你吃自助午餐,和你探讨车的种种好处,畅谈车给你带来的方便。等你越来越喜欢这辆车,她会问你感觉如何,让你做一些评价,你会满意地说感觉不错,服务不错,这个车就是我想要的。最后付款的时候,会计重新核算,通知你要算上汽车的内饰,加装的音响或者保险费等费用,尽管算下来其实没怎么优惠,但有趣的是,依旧会有相当一批客户留下来,最后达成了交易。因为你之前的行为承诺和语言承诺都做过了。因此我们给大家保护性的建议,在大宗商品购买中,保持谨慎态度,尤其不要轻易享受免费服务,不要轻

易发表高度肯定的评价，尤其是当众发表。

在生活中，承诺策略也非常有效，比如说，研究发现，求爱的时候，当众求爱，大声说出我爱你，让周围很多人都见证过之后，男女双方变心的可能性就会减小。因为当众承诺过了，潜意识里就会有一个自我约束。所以，建议要让你的男朋友当众大声说出我爱你。这个现象叫作"当众宣誓效应"。只要宣誓了，忠诚度就会上升，行为就会很投入。很多团体在吸收新成员的时候，都会使用当众宣誓效应。

表扬要公开，参与要宣誓，责任书要当众签字，爱要大声说出来，这都是非常有效的策略。

曹冲小小年纪，也就相当于小学五年级的学生，能够使用这么复杂的心理技巧处理人际关系中的冲突问题，大家可以想见这个孩子有多么的聪慧。

正是由于这一点，曹操对这个儿子宠爱有加，经常带在身边。《三国志》记载：太祖数对群臣称述，有欲传后意。不过可惜的是曹冲少年夭折，建安十三年，年仅十三岁的曹冲突患大病而亡。曹冲死后，曹操悲痛万分，曹丕来宽慰他，曹操说道："曹冲之死，是我的不幸，又是你们的大幸。"曹丕即位后，也经常对臣下说："若使仓舒（曹冲之字）在，我亦无天下。"可见，曹冲之死，客观上为曹丕争夺王位扫除了一个巨大的障碍。

曹冲去世之后，接班人的争夺集中在了三个人的身上，曹丕、曹植和曹彰。曹操是怎么选拔的呢？

方法一

有意安排，
随意表现，关注核心素质

曹操早年娶一妻两妾，妻丁夫人无子，妾刘氏生曹昂，卞氏生曹丕、曹彰、曹植、曹熊。曹昂早逝，卞氏继夫人位。据记载，曹操使丁夫人母养昂，昂死于穰，丁夫人哭泣无节，操怒而出之，以卞氏为继室。卞氏成正室，如此一来，卞氏所生的四个儿子，自然成了继承曹操之位的候选人。在此四子中，曹熊年幼，尚无能力继位；曹彰"好为将"，对太子之位不感兴趣，只剩下曹丕和曹植两人进入了继位的角逐之中。

建安二十一年（公元216年），曹操晋爵为魏王，曹丕和曹植争夺太子之位的竞争进入了决定性阶段。对这两个儿子，曹操也拿不定主意让谁来接班，他在犹豫，在比较，在考察，这就使得继位之争更为激烈。

一开始曹植是很占优势的。曹植机警聪敏，才华横溢，据说，他年少时很像小时候的曹操；长大后，文艺才能十分突出，多才多艺，反应特别机敏，他非凡的文才在当时几乎无人可比，在曹操精心安排的多次文章"比赛"中，都写得比曹丕快，比曹丕好，很受大臣们的称赞和曹操的喜爱。丞相主簿杨修[1]，是当时很有名的才子，他和曹植经常在一起吟诗作赋，切磋文章，他一心想辅助曹植登太子之位，为曹植出谋划策，尽心尽力。另一位大才子丁仪，也是颇有名气的，曹操曾经想把一个女儿嫁给他，但曹丕嫌丁仪一只眼睛不好，极力反对，曹操只好作罢。丁仪因此怨恨曹丕，他与其弟丁廙，利用各种机会，多次在曹操面前称赞曹植的才华，努力劝曹操立曹植为嗣。

曹植虽然在机敏和才华方面频频胜过曹丕，但在关键事件的较量上，曹植却常常落败。曹丕除占据年长优势之外，还有两个很重要的优势：一是他的心机比曹植多。热衷于写优秀文章的曹子建，才华横溢，但有太多的艺术性的天真，在韬略和计谋上不是曹丕的对手。二是

---

[1] 杨修（公元175—219年），字德祖，弘农华阴（今陕西华阴东）人。东汉末期文学家，太尉杨彪之子，以学识渊博而著称。建安年间被举为孝廉，任郎中，后为丞相曹操主簿。后被曹操杀害，时年方45岁。

曹丕的谋士过硬。"太子四友"陈群、吴质[1]、朱乐，还有司马懿，个个经验丰富、心计过人。反观曹植身边的人，虽然是当时的一流的才子，极为聪明，但都有太多的文人气质，自负狂傲，率性而为，情绪不稳定，切磋文章是行家里手，而参谋用略却是隔靴搔痒，抓不到关键之处。

通过几次重要的事件，我们可以分析出导致他失宠的原因。

一、卖弄才华适得其反。有一次曹操领兵出征，文臣武将和曹丕、曹植兄弟都到路旁恭送。曹植在送别的场面上出口成章，文辞华丽，为其父歌功颂德，其表现十分精彩，在场的大臣们听了无不佩服，曹操也十分高兴。曹丕却很紧张，不知道该怎么做，谋士吴质在他耳边悄悄说："王当行，流涕可也。"聪明的曹丕随即醒悟，面对着即将出征的曹操，跪拜告别时泪流满面，依依难舍，表达了一个孝子对父亲出征的难舍之情。曹丕诚孝的样子使"操及左右咸欷歔"，众人觉得虽然曹植极有才华，但是流于表面，爱做表面文章，还是曹丕更加忠孝至诚。

二、酒后失态惹怒曹操。曹植喝醉酒，乘车马行至邺宫司马门，喝令守门者开门让路。这司马门可不一般，它是只有曹操出入时才能打开的。曹植竟敢擅自出入，曹操知道后勃然大怒，把曹植狠狠地训斥了一番。又有一次，曹操想让曹植到边疆去历练历练，于是，就令他和一位将军领兵出征，出发前的那天晚上，曹丕假惺惺地带着酒去为弟弟送行，并大大地夸赞他，祝贺他出征胜利归来，表示弟弟如果成功他会真心高兴的，他频繁地敬曹植喝酒，让曹植那天晚上喝得呼呼大睡。到第二天，当出征队伍已在外面整装待发，领兵的武将已在点名，曹植还在熟睡，他错过了出征的时间，这可是大罪过。曹操知

---

[1] 吴质（公元177—230年），字季重，济阴（今山东省菏泽市定陶县）人，三国时著名文学家，曹魏大臣。吴质一向喜欢结交权贵，又倚仗曹氏父子权势，作威作福，引起人们的反感。公元２３０年夏，吴质病故，被谥为"丑侯"。吴质的儿子吴应一再上书申辩，为父叫冤，直到吴质死后二十四年才改谥为"威侯"。

道后，取消了曹植的统兵资格，对他非常失望，感觉这位才华横溢的儿子难堪大任。

三、治家不严没有管好身边人。曹操一贯提倡节俭，不准妇女穿绸衣。有一次，曹操在铜雀台上看见曹植的妻子穿着绣花的绸衣在园林中游逛，下严令责罚。曹植的妻子违背禁令，在曹操看来，就是曹植治家不严。

曹植属于极有才华的人，举止洒脱，我行我素，不喜欢循规蹈矩，在诗坛、文坛上表现出创新的意识，这是优点、是长处；而在政坛上，这种诗人气质显然是不合时宜的，甚至被认为是犯上作乱。曹植这位大才子，在三国文坛上傲视群英、才学超人，深得其父曹操的赏识，但在实质性的政坛争斗中，他还是被更具有政治素质的曹丕比下去了。

曹操最关注的核心素质包括远见、自制、情绪稳定、政治经验、管理手腕等，在这些方面善于"御之以术，矫情自饰"的曹丕要比曹植强过很多，曹操最终放弃了曹植。

方法二

选择接班人，也选择匹配的接班模式

古往今来很多组织新老管理班子交接的成功都证明了一点：选了一个合适的新领导，还要有一种匹配的接班模式。这是曹操很高明的地方。

接班人选拔与管理工作，无论对于国家还是对于企业而言，都是最重要的一个问题，这是一个传承问题，没有了传承就不会有发展。纵览历史，在接班人管理上，从古到今都会面临四大难题。

第一个难题：人去楼空，群龙无首。于是乎，四梁八柱互相之间争权夺利，搞"群殴"。好好的一个团队，就这样垮掉了。

第二个难题：蜀中无大将，廖化作先锋。没有注重人才培养，后继无人。

第三个难题：赶鸭子上架，勉为其难。能力和职业兴趣根本都不合适，但是还是要选上来干，结果心思根本不在工作上，该干的干不好，不该做的却做得不错。比如宋徽宗就爱搞文化，搞绘画，练书法，这样的人当接班人，他自己的业余爱好肯定搞得好，国家的事情肯定干不好。

第四个难题：威信不足，四面楚歌。说话没人听，工作没人做，最后政权摇摇欲坠。

所有这些难题都反映出一个问题就是缺乏接班人的培养计划，没有一开始就去培养接班人，反而把这最重要的工作扔在了一边。婚礼举办得红红火火，结果把新娘的事给忘了。这就是思维模式有问题。

因此，做接班人的培养选拔工作，要从你上任的第一天开始就要正式考虑。中国历史上有几个比较典型的接班人模式，这些模式对企业搞好接班人计划有很好的借鉴作用。

第一个模式：托孤大臣模式

最典型的就是周武王托孤于周公。武王伐纣后的第二年，武王就去世了，所以实际上他没有享受到胜利的成果。伐纣这件事情是文王和武王两代人用了很多心血才操作成功的，两代领导人把这事情做好后，还没享受到胜利成果，身体就垮掉了，周成王登基上殿的时候，是由周公抱到皇位上去的。周公在旁边辅佐他，天下大事都是由周公处理的，成王就是一个符号。

托孤大臣模式的优点在于：皇帝年纪小，有一个位高权重的人能够帮助他尽快进入角色，完成企业的过渡。但是它也潜伏着巨大的危机，孩子很小，孤立无援；大臣很大，有势力有党羽，很可能会引发政变或者夺权。历史上的托孤大臣及其家人，有好下场的不多，像霍光、鳌拜还有明代的张居正都是这样的。

第二种模式：垂帘听政式

依靠母系家族力量，由母亲或者祖母辅佐皇帝。比如汉武帝、康熙和其祖母，还有光绪、同治和慈禧太后，都是典型的垂帘听政模式。垂帘听政模式的好处在于：人有亲情关系，都是自己人、一家人，感情上更可靠一些，而且彼此比较了解，容易沟通。垂帘听政模式的最大危机在于两条：第一，虽然是亲妈，但亲妈有娘家人，有舅舅、有姥爷，往往让外戚夺权了。娘家人也是可怕的。一个人是正人君子，但你不能保证他的三亲六故都是正人君子。第二，垂帘听政的帘一旦垂下来了就不愿意收回去，听政最后变成了把政。为了保持政权一直在自己手里，垂帘后的人有可能希望帝子前的人永远不要长大，一旦长大了怎么办，要么把他变成智障，要么弄死了再换一个年纪小的！

第三种模式：群子竞争式

比如，清朝的皇帝康熙有很多儿子，儿子多了有好处，选择的面会大一些，可以选出更好的人来掌管天下。相马不如赛马，拉出去跑一跑就知道谁最好。不过问题也出来了，儿子们各自拉帮结派，朝廷里面党派纷争，钩心斗角。自己人跟自己人斗，人还没选出来，队伍先出了问题。

权衡再三之后，曹操来了一个折中，他采取了托孤和垂帘相结合的方法。

一、速封卞后。建安二十四年七月，曹操颁布策书："夫人卞氏，抚养诸子，有母仪之德。今进位王后，太子诸侯陪位，群卿上寿，减国内死罪一等。"出身卑微的卞氏[1]，正式成为高贵的魏王王后。这年，

---

[1] 卞皇后（公元160—230年），姓卞氏，琅邪开阳（今山东临沂）人，曹丕、曹彰、曹植和曹熊的母亲。原本是倡家，即出身于汉代专门从事音乐歌舞的乐人家庭，二十岁时被曹操在谯纳为妾，建安初年，曹操的正妻丁夫人被废，卞夫人便成为曹操的正妻。

她五十八岁。

卞皇后容貌出众，性格温和，个人修养很好。据史料记载，卞皇后每次随军征行，遇到白发苍苍的高龄老者，一定要停下车来与之打招呼，表示问候；同时赐以绢帛，并且常常情不自禁、泪流满面地说："唉！只恨我的父母已不在人世了。"

曹操建立大业之后，次子曹丕被立为其地位的继承人。当左右侍者希望身为母亲的卞皇后"倾府藏赏赐"以示庆贺时，卞皇后却非常冷静地回答说："丕儿被立，只不过是因为他年长而已。至于作为母亲的我，所考虑的只是在今后对他的教导方面不要出什么差错而已，又哪里可以想着大加赏赐以示庆贺呢！"侍者们诺诺称是。面对如此大喜之事，能如此淡然而谨慎地待之，不要说对于一个出身低微的女子，即便对于一个男子来说，也殊非易事。难怪曹操听到这件事后，对卞皇后大加称赞道："怒不变容，喜不失节，故是最为难。"

《魏书》曾有以下一段记载："太祖（即曹操）常得名珰数具，命后自选一具，后取其中者。"面对珍宝奇玩，一般人肯定要选档次最高的上品，而卞皇后却选取了一个中档的。曹操问她这是什么缘故，卞皇后回答得非常巧妙："取其上者为贪，取其下者为伪，故取其中者。"她不想成为贪欲者，也不想做一个言不由衷的虚伪女子，所以才做出这样的选择。

卞氏成了王后，但是不搞"一人得道，鸡犬升天"。每次会见亲戚时，都要同他们谈论节俭之道，告诫他们不要骄奢淫逸、纸醉金迷。而且在请亲戚吃饭时，居然真的不设特别高档的菜肴，只用家常便饭待之。这样一来，难免有人私下议论，说卞皇后为人太薄情。对此，卞皇后不以为意。曹操的嫡妻是丁夫人，至于卞皇后，起初只是曹操所纳的一个小妾。因此，她常常被丁夫人欺负，后来丁夫人被废，卞氏升为继室，成了名正言顺的王后，却能够不念旧恶，对丁夫人处处以礼相待。卞皇后的宽广心胸不仅令丁夫人刮目相看，也令更多人对

253

之油然产生钦佩之情。曹操是建安二十五去世的，去世前一年，在自己身体每况愈下的情况下册立卞氏为王后，用意很明显，就是希望将来卞氏可以站出来主持大局。事实也是如此，曹丕继位，卞后起到了主持大局、稳定人心的作用。

二、安排曹丕做副丞相，给他提供发展的平台，在这个平台上，曹丕形成了自己的小团队，核心人员是"太子四友"，另外还有一些朝廷重臣也表态支持曹丕。尽管没有进行托孤大臣的专门安排，但是曹丕的羽翼已经丰满，支持者已经到位了。同时曹操还做了另一件事，就是剪除竞争者曹植的羽翼，杀了曹植最主要的支持者杨修。曹操杀杨修有多方面的原因，其中削弱反对派力量，为曹丕扫清障碍是一个重要的因素。

方法三
获得身边重臣的支持，以防范风险

在立储的问题上，曹操专门秘密征求过身边重臣的意见。尚书崔琰认为："《春秋》之义，立子以长。加五官将仁孝聪明，宜承正统。琰以死守之。""五官将"即曹丕，当时曹丕任五官中郎将。尚书仆射毛玠认为："近者袁绍以嫡庶不分，覆宗灭国，废立大事，非所宜闻。"东曹掾邢颙说："以庶代宗，先世之戒也，愿殿下深察之。"

曹操特别招来有智囊之称的太中大夫贾诩，他屏退左右，很严肃地问贾诩，该立谁为太子。颇有谋略的贾大夫对曹操的问话默然不答，曹操很急，又问："与卿言，而不答，何也？"贾诩这会儿回答了，他说："属有所思，故不对耳。"曹操急忙又问："何思？"贾诩狡黠地说："思袁本初、刘景升父子也。"曹操一听，哈哈大笑，作为深谙时势的杰出政治家，曹操对贾诩在他立储问题上的主张了然于胸。

当年，袁本初，即袁绍，承继着"四世三公"的家业，辉煌一时，袁绍有三子：袁谭、袁熙、袁尚。袁绍偏爱小儿子袁尚。袁绍死时，未立嗣，逢纪、审配与袁谭不和，伪造遗命立袁尚为主，结果造成袁氏兄弟分裂，袁谭、袁尚互相攻杀，其内耗最终彻底削弱了袁氏的实力，宏大家族最终败亡，为曹操所灭。刘景升，即刘表。刘表有两个儿子：刘琦、刘琮。刘表先是偏爱刘琦，后来又不喜欢他，死前立刘琮为嗣，刘琦十分失落。曹操南征，刘琮投降，而刘琦投靠刘备，兄弟俩分道扬镳，刘表在荆州的事业也彻底毁了。贾诩深思着"袁本初、刘景升父子"，这非常明显地是在提醒曹操，袁绍、刘表在立储上的问题是前车之鉴，是深刻的教训，及时立嗣极为重要；嫡长继位极为关键，只有这样方能避免往后的祸害和衰败。对此，谋略家曹孟德，当然是心中有数的。贾诩实际上是在用历史的经验教训，来说服曹操立长继位。这些重臣对于曹丕的支持和关键时刻的表态使得曹操对接班传位的事情有了完全的把握。

建安二十五年（公元220年）正月，曹操还军洛阳。当月，病死在洛阳，终年六十六岁。

临死之前，曹操留下了遗嘱。《三国志》记载，曹操遗令曰：天下尚未安定，未得遵古也。葬毕，皆除服。其将兵屯戍者，皆不得离屯部。有司各率乃职。敛以时服，无藏金玉珍宝。从大局入手提前指定接班人，创造条件为接班扫清障碍，这是曹操的政治远见；同时，不搞铺张浪费，节俭办丧事，这也体现了曹操一贯的不好奢华的作风。曹操在最后的岁月里，在大事大局上没有犯糊涂，保证了权力的顺利交接，为曹丕取代汉献帝建立新政权奠定了基础。

曹操去世后，在司马懿、陈群、贾逵和陈矫等人的帮助下，曹丕顺利登上魏王宝座，并且于当年十月，代汉称帝，国号魏，追尊曹操为太祖武皇帝。中国历史又开始了新的一页。

曹操是中国百姓家喻户晓、妇孺皆知的历史人物。千百年来对曹操的评价褒贬不一，誉之者称其为命世英雄，毁之者称其为逆臣贼子。

其实"金无足赤，人无完人"，曹操是一个乱世的英雄，他也有他的缺点和他的历史局限性，比如诡诈多疑，心狠手辣，好战嗜杀等，但是这些都不会掩盖他的才华和功绩。他雄才大略，统一北方，发展生产，安定民生，知人善任，才华横溢，这是无法泯灭的历史事实。

管理箴言
先求真实，再求真理；先研究正常，再研究正确。

什么花完美无缺？答：假花。什么苹果完美无缺？答：假苹果。什么样的人完美无缺？答：虚构的人。只要是真实的东西都会有缺点、有毛病，但是我们要秉承一个原则：先求真实，再求真理；先研究正常，再研究正确。曹操的一生是真实的一生，也是精彩的一生。他的一生，是一个小人物成长为大人物的奋斗史，也是一个飞鹰走马的不良少年成长为雄才大略的管理者的个人发展史，从曹操身上，我们可以看到很多、学到很多、想到很多。历史不会重复它的事实，但是历史会反复重复它的规律，知过去才可以图将来，希望我们大家都能全方位看待历史，使用管理学、心理学，乃至博弈论、组织行为学等方面的观点，去重新审视那些发生在过去的人和事，从历史中学到更多的规律、积累更多的经验，把这些宝贵财富运用到实践中，去追寻和创造我们个人，以及我们这个民族更加美好的明天！

出 版 说 明

本书以作者在CCTV-10《百家讲坛》所作同名讲座为基础整理润色而成，并保留了作者在讲座中的口语化风格。